用心理學趣讀三國！

善用眼淚打江山的梟雄

劉備

陳禹安．著

英雄，不在逆境中產生，就在逆境中消亡。

——題記

自序

三問「心理說史」

「心理三國三部曲」是「心理說史」的開創之作，在十周年紀念版出版之際，很有必要釐清讀者們最關心的幾個問題，其實主要就是三個：「心理說史」是什麼？從何而來？去往何方？

心理說史是什麼？

在「心理三國」系列出現之前，國內從未有過這種集歷史、心理和文學於一體的寫作形式，既像歷史小說又像心理分析，很難歸於已有的類別。系列作品的第一部《心理關羽》，在出版過程中關於書名的爭議從未停息。「心理三國」的內容曾在天涯論壇連載，先後有幾十家出版社表達過出版意願，但幾乎沒有一家不想把書名改換的，因為當時沒有人確切知道《心理關羽》到底在表達什麼。但改來改去，卻都覺得沒有一個其他的書名能夠統攝《心理關羽》的豐富內涵，於是這一獨特的書名就幸運地被保留了下來，並沿用到整個「心理說史」系列的其他作品中。

「心理說史」關鍵在於「心理」兩個字。實際上，把這兩個字當作動詞而不是名詞就容易理解了。「心理三國」就是用心理學去梳理、剖析三國的歷史進程及關鍵細節，《心理關羽》就是用心理學去梳理、剖析關羽一生的心路歷程。

一開始寫「心理三國」的時候，我主要運用的是社會心理學，但自然而然地，人格心理學、發展心理學、進化心理學、認知心理學、生物心理學等應需而入，甚至還引用了全球心理療癒領域大量的研究成果。同時，我本人對於「心理」的理解，也超越了現代學科體系所設定的邊界，把自己對中國傳統文化中的儒釋道以及西方哲學體系的更深感悟融入其中。

從我個人的角度來看，也許「心」理比「心理」更接近真正的內涵，我甚至有這樣一個觀點：這個世界上，和人的社會屬性、文化屬性相關的知識，只有一門心理學。所謂的哲學、人類學、社會學、管理學、行銷學等，實質上都是心理學。

所以，心理說史就是用「心」去梳理歷史、述評人物。

說到歷史，也許又會引發一個爭議。「心理說史」的開創之作——「心理三國三部曲」參照的底本是《三國演義》，而不是所謂的正史《三國志》。讀者們難免會質疑，《三國演義》能算是歷史嗎？

三國是非常特殊的一段歷史，短短幾十年，卻是整個中國歷史中最膾炙人口、廣為人知的，這要歸功於《三國演義》和各種戲劇、評書的民間傳播。如果你和非歷史專業的三國迷說，草船借箭的不是諸葛亮，而是孫權；華雄不是關羽斬的，而是孫堅幹的，也沒有溫酒這回事……恐怕這些三國迷會找你拚命。

從心理學的角度，信即為真，將大眾一致信以為真的資訊視為歷史，其實並無不可。這同樣可以推及廣為人知的《水滸傳》、《紅樓夢》的解讀。

細品《三國演義》，我們還會發現，這其實是中國人代代相傳的集體創作，也是中國人集體潛意識的外顯。《三國演義》中隱藏的是中國人國民性的基因密碼。從而，用心理學加以解剖，就更有其必要性，也更有其正當性了。

當然，心理說史在處理其他的歷史時，會尊重基本史實，但讀者們也必須明白，從來就沒有所謂百分百真實的客觀歷史，任何紀錄都會帶有記錄者主觀感受的痕跡以及個人視角及表述能力的限制。

「心理說史」從何而來？

2007年初夏，我突然從每天平均工作十二小時以上的繁忙節奏中脫身，有了很多的閒置時間。當時，我就想用一種不一樣的方式來闡述歷史。於是，在一台黑色的索尼電腦上不知不覺敲下了三萬字，這就是《心理關羽》的前十節。

寫完這三萬字，突然意興索然，我就放下了，那台電腦後來也不見了。但幸運的是，這些文字在一個隨身碟中留下了備份。整整兩年之後，一個非常偶然的原因令我想起這些文字，然後把它們發到了天涯論壇，每天發一節。剛開始的時候，並沒有什麼動靜，我原想發完這十節，也就該結束了。沒想到第九節發出後，跟帖瞬間火爆起來。網友的熱情讓我覺得這樣的文字也許是有價值的。於是，整個三部曲就一氣呵成了。

所以，「心理說史」本是無心插柳之舉，剛開始的時候，我並不知道我後來會寫出十幾部作品，也不可能想到「心理三國」能夠以數種文字、多個版本風行於世。

一個嬰兒初生之際，人們可能不會急於為他暢想未來，但「心理三國」系列在編寫此自序時已經十周歲了，我們不免要考慮它的未來。

「心理說史」將去往何方？

十年來，我一直在思考這個問題。

歷史到底是什麼？如果歷史僅僅是過眼雲煙，「萬里長城今猶在，不見當年秦始皇」，那麼，事過多年之後，我們去學習歷史、剖解古人又能得到什麼？

從人性的基底來看，所謂歷史，其實是一間巨大的心理實驗室，一打開門，看到的卻是正在發生的現實。歷史，其實不是古人的故事，而是我們每個人自己的故事。基於此，我們也就發現了心理說史的基本價值——剖析古人心理，感悟現實人生。

每個人都是在不斷成長的，每個人的一生其實都有一條心路歷程。我們往往以固定的一個標籤去看待一個人，但一個人並非只代表是一張臉譜。

美國作家狄帕克．喬普拉寫過一本小說——《人子耶穌》，從人的角度描寫了《聖經》中缺失的耶穌從十二歲到三十歲的歷程。喬普拉感慨地說：「不管是否信奉基督教，人們把耶穌看成是靜態的。耶穌沒有煩惱，也不會成長。耶穌在伯利恆的馬廄裡一生下來就是神聖的，終其一生都是如此。」所以，他反其道而行之，把小說的主題定為：一個有潛力成為救世主的年輕人，發現了自己的潛力並學會了實現自己的潛力。

喬普拉對耶穌的成長的理解，其實也應該正是我們對任何一個人——無論是歷史風雲人物，還是現實中普通人——成長的理解。

我希望「心理說史」能夠讓歷史在心理學中復活，讓人性在心理學中鮮活，從而在歷史學、心理學和文學的交叉之處，留下一個不一樣的印記。「看透歷史，講透人性」，這就是「心理說史」必須承擔的歷史使命，也是「心理說史」一直在努力前往的未來。

我們在歷史上所做的每一分努力，都應該是為了讓現實更美好。

2019年12月29日星期日
下午3：38於杭州別館13B

初版自序

三國的兩部歷史
——兼談心理學家的歷史觀

在中國人的心目中，三國這段歷史有著特殊的地位。但稍一深究，就會發現無論是其存續的時間長短，還是對整個歷史進程的作用，都與它所表現出來的巨大影響力嚴重不符。

這是因為三國一直有兩部歷史。其中的一部歷史靜靜地躺在故紙堆中，問津者寥寥無幾；而另一部歷史則在田間地頭、市井巷陌為人所津津樂道。前者就是以《三國志》為代表的所謂「正史」，而後者就是以《三國演義》為代表的，包括小說、戲劇、民間傳說等多種傳播形式的「非正史」。

三國在中國乃至在整個中華文化圈的巨大影響力顯然來自後者。這是一個讓執著於歷史真相的歷史學家們頗感無奈及尷尬的事實。但這一事實，卻也正是驗證心理學上的「易得性直覺」的最佳例證。從人類的認知機制來看，那些形象具體、活色生香、充滿想像、飽含情感的資訊自然更容易被吸收、被認可、被傳播。

西哲培根有云：「讀史使人明智。」我們回望歷史，就是為了從中汲取智慧，以更好地走向未來。那麼，問題就來了。

我們應該讀什麼樣的史呢？

歷史學家當然希望人們去讀他們眼中的正史，而不要讀以訛傳訛的那些非正史。但心理學家的歷史觀似乎有所不同。

首先，心理學家認為從來不存在絕對真實的歷史。

心理學家烏爾里克・奈塞爾在美國航太飛船「挑戰者」號爆炸的那個早晨，詢問埃默里大學的一組大學生，他們第一次聽到這個消息的時候處於什麼樣的情形。所有被詢問的學生都寫下了清晰的紀錄。大約三年後，他讓四十四個依然在校的學生再次回憶當時的情形。在這之後寫的回憶文章中，沒有一份與當年寫的完全吻合，約有四分之一的學生寫下的是完全不同的。

哈佛大學心理學系主任、著名記憶學專家丹尼爾・夏克特所著的《記憶的七宗罪》一書，告訴我們：健忘、分心、空白、錯認、暗示、偏頗、糾纏七種背離真實狀況的現象普遍存在於每一個人身上。

可見，記憶並不那麼靠譜，而歷史作為人類的集體記憶，在其記錄者的概括、刪減以及有意無意的扭曲的過程中，自然也會出現無可避免的偏差。

所以，歷史必然不可能全然真實。如果堅持唯有讀正史才能使人明智，那就是泥古不化了。

其次，心理學家秉持「知方為有，信即為真」的特殊歷史觀。

人類不是上帝，不可能全知全覺。比如，人類在沒有發現細菌之前，並不知道有細菌的存在。所以，只有被人們認知到的，才是「有」或「存在」的，除此之外的事物，只能歸結為「沒有」或「不存在」。

而那些有幸被歸為「有」或「存在」的事物，也只有人們信了，才算是真的。這就是「信以為真，不信以為假」。

心理學上的安慰劑效應，說的是病人雖然獲得無效的治療，卻因相信治療有效，而讓症狀得到舒緩的現象。比如，美國有位「二戰」老兵，經診斷，他疼痛了五年的膝蓋患有退行性關節炎。醫生對他施行了全身麻醉，然後在膝蓋的皮膚上切了一個口子，並沒有做真正的手術。但這位老兵事後卻覺得膝蓋完全好了，而且多年來第一次可以不依靠拐杖行走。即便醫生事後告訴他真相，他也絕不相信自己接受的只是「安慰性診療」。

只要信以為真，就會對人產生影響。只有信以為真，才會對人產生影響。這一認知規律同樣也適用於歷史之於後人的作用。

在《三國演義》中，「溫酒斬華雄」是關羽的英雄壯舉，「草船借箭」是諸葛亮的神機妙算。試問有多少人知道，在《三國志》中華雄是孫堅殺的，草船借箭是孫權所為呢？又有多少人願意相信這才是真實的歷史呢？

清王朝的奠基者努爾哈赤對《三國演義》深信不疑，直接影響了他身邊的人。他的兒子皇太極繼位後，就從《三國演義》中學了周瑜的反間計，離間崇禎皇帝與袁崇煥，結果竟然真的害死了大明朝的護國長城袁崇煥。這發揮作用的顯然不是真實的歷史吧？

「穆桂英掛帥」、「十二寡婦征西」這些楊門女將的故事膾炙人口，流傳甚廣。可其中最重要的人物穆桂英壓根兒就不存在，甚至連穆桂英的丈夫楊宗保也是個子虛烏有的人物。儘管如此，楊家將的故事仍激勵著無數男兒熱血沸騰，精忠報國。

隋文帝楊堅在尚未奪得帝位之前，因為容貌出眾、有王者之相而遭到嗜殺成性的北周宣帝宇文贇的猜忌，面臨性命之憂。堅信楊堅必成大業的術士來和，卻在受宇文贇指派為楊堅看相後，刻意回護楊堅，說他最多只是大將軍之相，從而幫楊堅保住了性命。這不是「信則靈」，又是什麼？

再如，我們都知道神話、童話、寓言都不是真實的，卻不能說它們起不到教誨作用。所以，與歷史學家不同，心理學家更為關注的是那些被人們信以為真的歷史，以及這樣的歷史到底能發揮什麼樣的作用與影響，而不一定去苦苦追尋所謂的歷史真相到底是什麼。

說到這裡，就有必要轉回來談談三國的兩部歷史了。因為，這牽涉「心理三國」系列作品創作藍本的選擇問題。

「心理三國三部曲」（《心理關羽》、《心理諸葛（繁中版：用心理學趣讀三國！軍師界頂流傳奇——諸葛亮）》、《心理曹操》）是嚴格依照羅貫中著、吳郡綠蔭堂藏版《李卓吾先生批評三國志》（即《三國演義》的前身）的敘事進程展開的。而「心理三國．逆境三部曲」（《心理劉備（繁中版：用心理學趣讀三國！善用眼淚打江山的梟雄——劉備）》、《心理孫權》、《心理司馬》）則有所不同。

這有兩個原因。

首先，《三國演義》褒揚劉備過甚，太過背離現實。比如，劉備兵敗徐州，在逃亡途中路遇獵戶劉安。為了表現劉備的仁德深得人心，《三國演義》設計了劉安殺妻，用妻子的肉款待劉備的情節。這樣的情節實在太過殘忍血腥，我在《心理劉備》中就棄之不用了。另外，也有一些情節根據心理邏輯的演進需要，適當採用了《三國志》的說法。比如，關於劉備皇叔身分的一些描述。

其次，在《三國演義》中孫權和司馬懿並非第一陣列的主角，故而對他們人生歷程的交代存在大量欠缺。這直接影響到對他們心理演化進程分析的完整性。為做彌補，我只能從《三國志》、《資治通鑑》等正史中擷取資料，並與《三國演義》對接融合。這顯然不是一件輕鬆愉快的事情，但也只能勉力為之。最後呈現出來的《心理孫權》和《心理司馬》其實是一個《三國演義》和《三國志》的雜合本。這多少讓我心裡有一些糾結。

在寫作過程中，偶然翻到《隨筆》雜誌（2014年第3期）上沈寧先生所寫的一段話：「事實上，《三國志》也已經有了演義的筆法，特別是裴松之的小注，記錄了許多演義故事。而《三國演義》則也是七分實三分虛，用了很多裴松之的小注故事，把《三國演義》稱為史傳，也是可以的。所以我想，古人做史都並不能絕對避免演義筆法，現今史家也沒有什麼理由，動輒以雜有演義而否定記史的文章。」這段話於我，自然是心有戚戚焉，也讓我大為釋懷。

另外，要特別提出的是，儘管心理學家不會苛求百分百的歷史真實，但這並不表明心理學家完全反對追求歷史真實，更不會刻意偏愛野史傳說。我之所以要為「心理三國」系列作品參考藍本的選擇大費周章予以說明，完全是因為三國有兩部歷史的特殊性。除了三國之外，「心理說史」系列的其他作品因為不存在影響遠勝正史的演義故事，也就無須多費口舌了。

事實上，運用心理邏輯來分析歷史，反而更能判斷出正史中相互矛盾的一些記載的真偽。

比如，關於春秋末期吳國權臣伯嚭的命運就有兩種記載。《史記》中說越國吞吳後，伯嚭為勾踐所殺，而《左傳》則記載伯嚭再討得勾踐歡心，繼續在越國擔任太宰。

《史記》、《左傳》均為正史，到底哪一個的記載是真實的呢？

《史記》是司馬遷所著，《左傳》則是根據魯國國史《春秋》所編，而《春秋》經過了孔子的筆削。司馬遷境遇坎坷，《史記》中處處可見他自澆內心塊壘的情感筆觸。孔子首創春秋筆法，並不大肆表露情感傾向，從而更不可能擅改歷史。從司馬遷和孔子的價值觀念來看，兩人均會衷心擁護「讓伯嚭去死」。

但孔子卻站在自己的相反立場，保留了關於伯嚭繼續在越國擔任太宰的紀錄，顯然更具可信度。而司馬遷對伯嚭命運的處理，更可能是為了宣揚正義而做了曲筆處理。

所以，我在「心理吳越三部曲」中採納了《左傳》的說法。

當然，這也只是我對歷史真相的一種選擇。我們必須明白，這世上其實哪有什麼正確的選擇，我們所有的努力無非是讓自己的選擇變得正確罷了。

2014年11月23日晚20：26於別館13B

目錄

桃園結義

徐州恩怨

誰是英雄

荊襄風雲

大夢成真

白帝落日

桃園結義

屌絲遭遇土豪 / 一介草民的皇帝夢 / 一隻很「貴」的小白鼠 /
誰有資格當老大 / 主見就是領導力 / 無數次親密接觸 /
背景決定前景 / 逼你上路的人

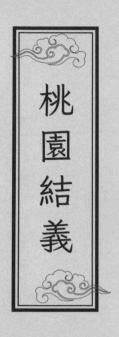

❶ 屌絲遭遇土豪

人海茫茫，有些不期而遇也許會改變一個人的一生。對劉備來說，那個偶然相遇並改變了他一生的人就是張飛。

這一天，劉備擠在人群中觀看涿縣城門牆上張貼的榜文。剛看幾句，劉備心中便波瀾翻湧，不由一聲長歎。

一旁的張飛聽到了劉備的歎息，並自以為聽懂了劉備的歎息，立即大喝道：「大丈夫不與國家出力，何故長歎？」

劉備回頭一看，只見一個身材高大、豹頭環眼、燕頷虎鬚、威猛無比的黑壯大漢，正用熱灼的眼光注視著自己。

這是劉備和張飛的第一次相遇。

很多人都低估了張飛這一聲大喝的影響力。人們印象最深刻的是張飛後來在長坂坡前嚇退曹操百萬大軍、嚇死小將夏侯傑的那一聲大喝。但是，如果沒有張飛今天的這一聲大喝，張飛根本就不可能在長坂坡露臉，而劉備也會錯失這個讓他日後成為風雲人物的機會。因為歎息之後，劉備就會默默收拾心情，轉身離開，從此與張飛再無交集。

這到底是怎麼一回事呢？

原來，天下出大事了。

這一年是東漢靈帝中平元年（西元184年）。冀州巨鹿郡張角、張寶、張梁三兄弟以行太平道為名，積十餘年傳教攏眾之功，發動「黃巾起義」，貧苦百姓應者雲從，徒眾多達數十萬人。當時天下共分十三州，黃巾軍竟然席捲青、徐、幽、冀、荊、揚、兗、豫八個州，一時間震驚朝野。漢靈帝召集文武百官，緊急商議後，立即派出中郎將盧植、皇甫嵩、朱儁等人各率精兵，征討剿殺黃巾軍。同時，為加強圍剿力量，又下令天下各州郡縣，招募義兵，掃除黃巾軍。

劉備、張飛剛才所看的正是是幽州刺史所發的招募義兵的榜文。

那麼，看了榜文之後，為什麼劉備會發出一聲歎息，而張飛卻對他一聲大喝呢？

很多人都會想當然地將張飛的舉動視為他魯莽個性的正常顯露。人們往往根據直接或間接的經驗，將某些性格特徵賦予某一類人，從而不假思索地形成對這一類別個體的頑固性第一印象。但這樣看待張飛就落入「以貌取人」的刻板印象陷阱了。

張飛長得五大三粗，在人們的刻板印象中，這就是莽夫的典型特徵。其實，張飛雖然外表粗豪，內心卻精細靈動。能夠佐證這一結論的事例很多，我們僅舉一例。

明人馮夢龍所著的《智囊》一書，集萃了中國歷史上諸多頂級智慧人物的故事，其中就有一則記載了張飛的事蹟。

劉備在攻取益州時，馬超來投，劉備對他十分禮遇，封他為平西將軍、都亭侯。馬超恃寵而驕，對劉備不怎麼尊重，見面的時候，竟然直接稱呼劉備的表字。關羽十分生氣，起意要殺馬超。張飛卻說：「不如咱哥倆給他做個榜樣，讓他懂得規矩。」第二天，劉備大會諸將。馬超入座後，見關羽、張飛的位置卻是空著的。抬眼一看，這哥倆正站在劉備身後，恭恭敬敬地給劉備當侍衛。馬超大驚，這才明白自己得意忘形了，從此對劉備恭謹有加。

馮夢龍因此慨歎道，後世一直將張飛當作粗人，實在是太冤枉他了。

話說張飛看了榜文之後，內心的成就需求立即被激發了出來。一直以來，他十分渴望擺脫一介草民的身分限制，出人頭地。但是，東漢末年社會階層的流動性嚴重僵滯，限制了張飛的夢想與雄心。而此時黃巾大作，天下大亂，張飛敏銳地覺察到這是一個非常好的機會，他立即起了從軍掃黃的念頭。

人們往往不願意獨自面對不確定的未來。只有當人們結成群體，人多勢眾後，才會有足夠的勇氣去消融恐懼。這就是「結伴需求」。

心理學家史丹利．斯坎特曾經做過這樣一個實驗。他找來一群被試，聲稱要對他們進行電擊實驗。在等待實驗時，被試可以選擇獨自等待，也可以選擇與參與同一實驗的其他被試一起等待，或者選擇與不參加這個實驗的人一起等待。

結果表明，那些預期電擊會很痛苦，並因此感到恐懼的被試，往往會選擇參與同一實驗的「難兄難弟」作為同伴，一起等待。

張飛雖然膽氣豪壯，但從軍殺敵畢竟是他平生從未經歷過的，難免有一些畏懼心理。張飛內心正在糾結之時，聽到了劉備的歎息，頓時如聞綸音。他推己及人，判定劉備可能也和自己有著同樣的需求，所以立即向劉備發出這一聲雄壯的邀約，以免錯過這個可以用來結伴壯膽的朋友。

張飛自以為聽懂了劉備的歎息，其實劉備的心思要比他想像的複雜得多。但不管如何，張飛的這一聲大喝誤打誤撞，也觸發了劉備的「結伴需求」。

劉備素來喜歡結交朋友，見張飛形貌威猛，氣勢迫人，眼神中滿是熱忱，不由走近張飛，說道：「敢問壯士大名？」

張飛爽朗地回答道：「我姓張名飛，字翼德，世居涿郡，家裡有不少田莊。我現在賣酒殺豬，專好結交天下壯士。剛才見您看了榜文，不知為何長歎？」

張飛一股腦兒把自己的家底全盤托出，看上去很像是有意炫富。但這其實是一種人際交往中極為典型的自我提升策略。誰不願意在與陌生人交往之際，把自己最好的一面（身分、地位、頭銜、財富等）展示出來呢？

人際交往的第一瞬間，在潛意識裡其實是一個比拼資源與實力，確定雙方社會地位高下和社會交往秩序的關鍵節點。史上最賣座的電影明星山繆·傑克森（以參演影片總票房達到七十四億美元創金氏世界紀錄）曾經說過：「只要是兩個男人待在一起，不超過半個小時，其中的一人就會獲得明顯的優越感。」在日益提倡平等的現代社會尚且如此，更何況等級意識森嚴的中國古代社會呢？

張飛起意要結交劉備，並不是存心要給劉備當小弟的。他自報家門，自炫家底，一方面是由於性格豪爽，另一方面也是要借著自己的殷實家底來獲得交往中的優勢地位。

張飛的這一番表露卻正好擊中了劉備的痛處。劉備聽了，一種強烈的自卑感油然而生，恨不得拔腿就走，離張飛越遠越好。為什麼會這樣呢？

原因很簡單。

殺豬賣酒的張飛家有不少田莊，而劉備卻家徒四壁，織席販履為生。

劉備是幽州涿縣樓桑村人，父親早逝，家中貧寒，既沒有田地莊園，也沒有肉鋪酒肆。他和老母親只是靠著編織草席、販賣草鞋勉強度日。

張飛和劉備雖然都生活在社會底層，但兩個人的境況實在不可同日而語。劉備在社會比較中顯然落了下風。那麼，他該如何應對張飛的問詢，以維護自己的自尊呢？

劉備當然可以據實回答，這並不會影響到張飛與他結交。張飛需要的是一個可以共同從軍的夥伴，並不是要刻意與劉備鬥富。如果劉備真的據實回答，那麼，他只能接受自己在兩個人的關係中居於弱勢地位。也就是說，劉備只能給張飛當一個小跟班兒。

很多人在這種對自己十分不利的社交場合，往往會不由自主地誇大其詞，甚至厚著臉皮撒謊，為自己爭取優勢地位。劉備卻不能撒謊，或者說不敢撒謊。畢竟，他和張飛都在涿郡土生土長，雖然兩人素不相識，但只要稍加查問，立即就能知根知底。如果劉備膽敢撒謊，用不了半天，就會被張飛揭穿老底，從此聲名掃地。更重要的是，劉備在看榜文的時候，手裡還提著沒有賣完的草鞋，這足以暴露他的生存狀態了。試問，有哪一個「富二代」或「官二代」會把織席販履當成自己的職業呢？

可是劉備絕不願輕易地屈居人下。在他的內心深處，一股雄心之火，已經被剛才的榜文點燃。他的雄心，百倍勝過張飛的夢想。也正因為這一雄心太過高遠，甚至有些驚人，劉備擔心自己力所不能及，這才發出了那一聲被張飛誤解了的歎息。

劉備到底該如何應答張飛？他的這一聲歎息又到底意味著什麼呢？

> 心理感悟：誤解其實是這個世界運轉的重要動力。

❷ —— 一介草民的皇帝夢

為什麼劉備看了榜文後，要一聲長歎呢？

一個人歎息往往是因為「心有餘而力不足」。那麼，這一紙榜文是如何激發出了劉備的「心有餘」，又是如何讓他感到「力不足」了呢？

人類的認知通病就是慣於從自我的角度看待問題、解決問題。各州郡縣根據皇帝旨意所發的「掃黃令」，也是如此。

這榜文只顧一味痛斥張角如何大逆不道、妖言惑眾，卻不知無形中為黃巾軍做了最有力的宣傳。本來不知道黃巾起義的人，由此知道了黃巾起義；本來不知道黃巾蔓延的人，由此知道了黃巾已席捲天下；而更為可怕的是，本來不知道用這一辦法來擺脫統治桎梏的人，由此也看到了取代漢室而自擁天下的可能性。

劉備這一年二十四歲，正是青春激揚，無事也想生非的年紀。涿縣城上的一紙榜文就如火星激濺，驚醒了劉備祕藏於心，卻又不敢言說的遠大夢想。

劉備的這一心態變換，可以用心理學上的「啟動效應」來加以解釋。

紐約大學的心理學家約翰·巴奇因為率先發現了「啟動效應」而名揚學界，但這一潛意識效應也因為太過神奇而讓他飽受非議。

巴奇設計的實驗是這樣的：他找來一些大學生，假稱檢測他們的語言能力，要求他們將一組散亂的單詞排列成一個有意義的句子。他分配給不同學生的單詞看似隨機，實際上是精心安排的。當學生們完成任務離開實驗室時，真正的實驗才正式開始——一名等待在走廊上的研究助理，偷偷地用馬表分別記錄了不同學生走過走廊的時間。

結果發現，那組被分配了「佛羅里達州」、「針織品」、「皺紋」、「痛苦」和「單獨」等單詞的學生明顯要比另外一組被分配了其他中性單詞的學生步伐緩慢，耗時更多。

為什麼幾個微不足道的單詞，竟能發揮如此之大的效力呢？

巴奇的解釋是，上述單詞在實驗參與者的潛意識中激發出一個老態龍鍾、行動遲緩的老年人形象，從而讓生龍活虎的年輕學生在隨後的舉止中不知不覺地「模仿」老年人。

這個神奇的潛意識效應讓巴奇深感驚訝，因為擔心引發心理學界的軒然大波，他將這項研究結果整整推遲了五年才予以發表。但發表後，質疑聲還是如巴奇先前所料，紛至沓來。

從心理學界對於啟動效應的質疑與紛爭足以看出，這一心理效應十分微妙，也十分神奇。

榜文上關於張角和黃巾起義的諸多措辭，正如上述實驗中的那些單詞，在劉備的潛意識中激發出了一個「心雄天下，敢冒天下之大不韙，自立門戶」的豪傑形象。

在劉備生活的時代，一介平民要想出人頭地，成為人中龍鳳，只有一條途徑——這就是當時的「察舉孝廉制」。

一個人若是因品行出眾、聲名遠揚而被所在郡國的首相或社會賢達看重，舉為「孝廉」，就算是有了出仕從政的資格。舉薦孝廉的名額非常有限，按照規定，郡國每滿二十萬戶人口才能推薦一名孝廉。這一制度的本意是好的，但到了東漢末年，積弊叢生。因為孝廉並無客觀量化的標準，於是漸漸淪為世家大族相互舉薦子弟、私相授受的工具。與劉備糾纏一生的對手曹操，就因出身官宦世家，很早就被「舉為孝廉」，順利走上仕途，剛剛二十歲就擔任了京城洛陽北部尉的要職。但身為普通百姓者要想擠進這獨木橋，無異於異想天開。所以，這條路劉備走不通。

後來，漢靈帝為了斂財享樂，公開賣官鬻爵。曹操的父親曹嵩就曾出錢一億，買到了太尉的高官。這等於在限制嚴格的察舉制之外新開了一條綠色通道。但劉備家徒四壁，根本拿不出買官的款項。所以，這條路劉備還是走不通。

而劉備的志向遠不只擔當一官半吏，在他的心中激盪著的竟是一個和張角一模一樣的「皇帝夢」！這可是一個會給整個家族帶來滅頂之災的驚人夢想！

一介草民能夠成為皇帝的唯一可能性就是起而造反，推翻漢室的統治。但要想這樣做，始終繞不過去的就是統治的合法性問題。

在當時的觀念中，朝廷實施統治的合法性來自天授，故而皇帝也稱「天子」。漢朝自劉邦初創，到劉秀中興，一直宣傳自己是真命天子。凡逆天而行者，必遭天譴，必被天厭，必敗無疑。

但張角巧借天意，以天反天，採用了一個非常高明的政治宣傳策略。

漢室王朝並不是從一開始就擁有天下的，為了證明自己的統治合法性，大力借助了戰國名士鄒衍提出的關於天命更替的「五德終始論」，經過數次改動，最終將漢定為火德。

所謂「五德」，就是木、火、土、金、水五行。這五行又與五色相匹配，分別是青木、赤火、黃土、白金、黑水。根據五行生克的原理，漢為火德，要取漢而代之，則屬由火生土。土對應黃色，故而張角要求部眾均以黃巾裹頭，號為「黃巾軍」，並喊出了「蒼天當死，黃天當立」的口號。

張角這樣做是為了大肆宣揚自己是土德之黃，代漢而立，完全符合天命。

此後一百年左右，曹魏代漢，曹操的兒子曹丕稱帝，年號定為「黃初」。孫權自立為帝，也先後採用了「黃武」和「黃龍」兩個年號。其用意都是要借助這個「黃」字來昭示統治的合法性，因為非「黃」不符天命，非「黃」不能騰達。

曹孫兩家苦心經營數十年，根基極深，但真正到了代漢而立的時刻，還是不得不借助「黃」的力量。

張角就像一個高明的啟蒙者，毫不費力地解開了劉備內心糾結已久的關於「統治合法性」的問題。劉備不由心為之一雄，氣為之一壯。

這是劉備在看到榜文後短短一瞬間內發生在潛意識中的思緒震盪。但是殘酷的現實很快讓劉備的思維從不由自主的潛意識層面回歸到理性思考的意識層面。

劉備和張角雖然都是草根百姓，但他們倆最大的不同之處在於一個姓劉，一個姓張。劉備雖然身分微賤，但他的姓氏卻是沾了皇家血脈的。劉備的「劉」和當朝天子漢靈帝劉宏的「劉」是同一個劉，都是大漢開國雄主劉邦的後裔。劉備的出身限制決定了他決不能像張角那樣反漢而立，而且只能站到黃巾軍的對立面上。

劉備頓時感到了「心有餘而力不足」的深深無奈，這才有下意識的一聲長歎。但問題是，一個賣草鞋的草民，好端端地怎麼會冒出一個異想天開的「皇帝夢」呢？

> **心理感悟：潛意識是開啟靈魂之門的唯一金鑰。**

❸——一隻很「貴」的小白鼠

這還要從劉備少年時的奇特經歷說起。

劉備家東南角的籬笆邊上，有一株桑樹生得異常高大，五丈有餘，而且形狀也與眾不同，樹冠猶如大傘，遠遠望去，就像車蓋一樣。

涿縣知名的風水先生李定看到這株桑樹，說了一句：「此家必出貴人。」李定的話影響力當然是很大的，但左鄰右舍見劉備家中一貧如洗，除了維持生計很「貴」以外，再也找不到別的什麼貴的，漸漸也就不怎麼把李定的話當回事了。

後來有一天，十幾歲的劉備在桑樹下和一群小夥伴玩耍爭鬧時，突然說了一句：「等我長大了，一定要乘坐像這桑樹般的羽葆蓋車！」

所謂「羽葆蓋車」，是指用鳥羽裝飾的天子專用車。劉備此時不過是一個鄉野小兒，連普通馬車都很少見到，怎麼可能知道羽葆蓋車呢？很多人據此判定這是後人在劉備發跡後，出於為尊者貼金而捏造的先驗美談。

但其實不然。

劉備雖然不可能知道什麼是羽葆蓋車，但他的父親卻是有可能知道的。

劉備的祖父劉雄是個有學識的人，年輕時，政治尚還清明，所以被推舉為「孝廉」，擔任過東郡范縣的縣令。劉備的父親劉弘雖落魄得多，但也擔任過官府的小吏。

知識越多越煩惱。劉弘看看自己家境寥落，想想當年劉氏先祖劉邦開天闢地，創立大漢的豐功偉業，不免經常心生感慨：「想我先祖，貴為天子，富有天下，乘羽葆蓋車，巡視四方，是何等雄姿英發，豪邁無雙！」

懵懂少年劉備雖然聽得不甚明白，但父親無限景仰的神情語態自然是能深切體味的。由此，在他幼小的心靈中，「天子」、「羽葆蓋車」這幾個字眼就成了無上尊榮的代名詞而留下深刻的印記。

那麼，劉備又為什麼會在與眾小兒嬉鬧時突然冒出這句話呢？

這其實是劉備的心理防禦機制在受到外界刺激時的一種無意識呈現。

心理防禦機制是指個體在面臨挫折或衝突的緊張情境時，在其內部心理活動中具有的自覺或不自覺地解脫煩惱，減輕內心不安，以恢復心理平衡的一種適應性傾向。

父親劉弘早逝後，劉備難免在與同伴嬉戲逐鬥時受氣而自尊受損，心理失衡。這種孤兒心態後來一直伴隨著劉備的一生，這也是他日後東奔西走，不斷投靠各路豪強，又不斷棄離而去以尋求自立的矛盾行為的重要心理動因之一。

受氣之後，劉備為了減輕自己的精神壓力，恢復心理平衡，自然而然地把自己所知道的最高等級的尊榮成就搬出來了。這種心理防禦機制叫做「幻想替代」，即個體透過暫時脫離現實，用幻想中的成功或成就來彌補、修復在現實生活中遭受的挫折與痛苦，以緩和情緒困擾，達到心理平衡。

劉備在想像中模擬出自己在未來成為皇帝，乘著羽葆蓋車，君臨天下，巡視四方的情形，這是凌駕於萬人之上的偉大成就。這樣巨大的成功，當然足以抵消當下一切蔑視與凌辱。

劉備這句話本來是說過就算了，一眾小夥伴也不可能來深究「羽葆蓋車」到底是怎麼回事。

眼看這句話就此煙消雲散，但無巧不巧，這句話正好被邊上的一個大人聽見了，頓時把他嚇出了一身冷汗！

這個人就是劉備的叔父劉子敬。劉子敬聽懂了劉備的潛臺詞，知道這可是大逆不道、株連九族的第一死罪。驚懼之下，劉子敬本能地將劉備叫到屋內，厲聲呵斥道：「你這個小王八蛋，胡扯什麼！難道想讓我們姓劉的遭受滅門之災嗎？」

劉子敬本想透過斥罵嚇住劉備，讓他以後不要再口出狂言。但他的過激反應對劉備反而是一種強化。冷靜之後，劉子敬隨即想起了風水大師李定當年所說的「貴人論」，頓時又是一喜。他將劉備的無心之語與大師的神奇風水預言一聯繫，兩者互為印證，效力倍增。劉備也因此從他眼中一個平平無奇的小兒搖身一變而成為命中注定的「貴人」。從此，劉子敬開始對劉備高看一眼，關愛有加。

預期可以在很大程度上改變一個人的發展歷程。

心理學家羅伯特・羅森塔爾在20世紀60年代做了一個著名的實驗。他給兩組學生分別發放了小白鼠和迷宮，讓他們訓練小白鼠走迷宮。在實驗之前，他告訴第一組學生，他們拿到的是比較聰明的小白鼠。同時，他也告訴第二組學生，他們拿到的是比較笨的小白鼠。一段時間後，第一組學生訓練出的小白鼠在走迷宮上的表現果然要比第二組好得多。

但事實上，這些小白鼠是隨機分配的，並無明顯的優劣之別。讓小白鼠表現大相徑庭的正是學生們所投射的不同預期。

羅森塔爾隨後推鼠及人，又做了一個類似的實驗。

他和助手來到三藩市的一所小學，聲稱對所有的學生進行智商測試。隨後，他們交給老師一份名單，告訴老師名單上的學生的智商極高，將來定會在學術上取得巨大成就。事實上，正如他們在小白鼠實驗中所做的一樣，這份名單也是隨機選取的。八個月後，他們重返學校，再一次測試了學生們的智商。結果，那些被描述為天才的學生在智商測試中的得分有了顯著提高！

這些學生並未被事先告知自己的智商出眾。但是知情的老師在這八個月中對他們的預期卻大為不同了。老師態度上的積極變化，無形中助長了這些學生的能力。這就是預期的巨大作用。

羅森塔爾的這一驚人發現，被稱為「自我實現預言」，即預言對相關者形成的社會預期和社會壓力最終導致預言的實現。

劉子敬態度上的劇烈變化，給了劉備一個巨大的預期強化，那句本該隨風消逝的話語隨之變成了「羽葆蓋車之夢」（亦即皇帝夢），牢牢釘入了劉備的潛意識中，永不磨滅。朦朦朧朧中，劉備似乎窺見了命運指派給他的角色和使命，這也成了他日後屢遭磨難卻不輕言放棄的堅強動力。

劉備的另一位叔父劉元起了解原委後，在劉備成為「貴人」之前，先成了劉備的「貴人」。

劉元起家底殷實，於是經常接濟此前不甚關注的劉備。一來二去，劉元起的老婆就有意見了，對劉元起抱怨說：「大家各過各的日子，你怎麼能經常這樣做呢？」劉元起說：「你知道什麼？這個孩子可不是一般人，將來光大我劉氏宗族，就靠他了。」

此時的劉備，雖仍懵懂無知，但在劉子敬、劉元起眼中，已經是一隻很「貴」的小白鼠了。對於父親早逝的劉備來說，這兩位叔父的關愛彷若天之饋贈，在某種程度上部分補償了劉備父親「缺位」帶來的不良影響。劉子敬成為劉備精神上的依靠，劉元起則成為劉備物質上的依靠。兩位叔父聯手，促進了少年劉備的健康成長，也讓他逐漸強化了自己「身為貴人，必得天佑」的潛意識。

劉備十五歲的時候，兩位叔父一致認為，應該讓他上學了，否則就會耽誤他必然光明的前程。

正在此時，出身涿縣的當世大儒盧植因病從九江太守的任上退歸，回到老家養病。盧植閒來無事，開館授徒。劉元起出資將劉備和自己的兒子劉德然一起送到盧植門下修學。

劉備因父親早逝，無人管教，野散慣了，並不十分喜歡讀書，但投在盧植門下，卻也讓他走出了鄉野的狹小視界，看到了更為廣闊的外部世界。正是在盧植門下，劉備表現出了對聲色犬馬、衣冠錦繡的喜好，但不幸的是，他的家庭根本沒辦法支撐起他的這一喜好。

求學期間，劉備與來自遼西郡的同學公孫瓚結為至交。劉備的這段求學經歷只維持了一年左右。盧植病癒後，又被朝廷起用為廬江太守。

學業半途而廢，劉備只能告別師友，回到家中。在此後長達十年的時間內，儘管他的夢想十分熾熱，但現實始終十分冰冷。劉備只能與母親靠織席販履維持生計。現實與夢想之間巨大的差距，讓劉備無比惆悵，也讓他漸漸泯滅了對未來的期望。

直到黃巾軍起，一紙掃黃令重新開啟了劉備的雄心。但多年的壓抑和貧瘠的現實還是讓劉備發出了浩然長歎。

> 心理感悟：預期可以讓「雁過無聲」變為「踏雪有痕」。

4 誰有資格當老大

劉備的歎息開啟了與張飛的交往，卻讓劉備陷入了自慚形穢的困境。劉備定了定神，沉穩冷靜地說道：「我本漢室宗親，姓劉，名備，字玄德。今聞黃巾賊起，劫掠州縣，我有心掃蕩中原，匡扶社稷，恨力不能耳！」

好一個「漢室宗親」！這四個字，一下子將劉備的身分地位拉升到與當朝天子相親相近的位置，無形中將王室的光環罩在自己的頭上。

自劉邦開創大漢王朝，至今已近四百年，劉氏子孫，繁衍生息，遍布天下，其中絕大多數都已淪為平頭百姓，只有極少數者保住了貴族地位。像劉備這樣的姓「劉」的，全天下沒有一百萬，也有五十萬。這一個落寞群體，其實已經沒有人（包括他們自己）將他們視為天潢貴胄了。而那些依然幸運地占據高位的劉氏子孫，比如荊州牧劉表、益州牧劉焉（劉璋之父）等，根本沒必要將「漢室宗親」這四個字掛在嘴上。

劉備在應答張飛時，打出了「漢室宗親」這張牌，卻成就了一個神奇的「占位效應」。所謂「占位效應」，就是透過率先將自己與某一群體普遍擁有或共有的資源連結定位，造成一種唯我獨占的認知錯覺。這一心理規律在現代廣告行銷中被廣泛運用，屢屢收到奇效。第一個運用的人是開創了現代廣告業的天才人物克勞德．霍普金斯。

20世紀初，霍普金斯為海尼根啤酒提出了「我們用高溫蒸汽來消毒酒瓶」，迅速讓海尼根的銷量從第五躍居第一。但事實上，每個啤酒廠都是這麼做的。

這就是「占位效應」簡單而又神奇的效力。而劉備運用這一法則要比霍普金斯早了一千八百多年！

占位效應之所以能發揮效力，是因為人類在進化中發展出了不假思索的快捷認知模式。人們往往傾向於快速做出判斷，而不是深思熟慮後再下結論。

劉備並沒有撒謊，他的血管裡流的確實是劉氏的血。他的措辭中早已給自己預留了退路。他說的是「我本漢室宗親」，而不是「我是漢室宗親」。雖然只是一字之差，但萬一張飛提出質疑，劉備猶有迴旋餘地。因為「我本漢室宗親」既可以理解為「我是漢室宗親」，也可以理解為「我本來是漢室宗親，現在不是了」。

雖然像劉備這樣淪落凡塵的漢室宗親人數眾多，根本不算什麼，但唯有他第一個公開為自己貼上這個鮮明的貴族標籤，起到了極為顯著的自我提升作用，無形中誘使張飛高估他的價值。

劉備的這一靈機應變，也讓我們窺見了他個性中那種強烈的不甘屈居人下的自傲因數。這才是草根劉備最寶貴的先天資源。

劉備後半段話語則不但有效應和了他剛剛為自己創設的新身分，也恰到好處地回答了張飛的問詢。

張飛聞言大喜，完全被「占位效應」擊倒，情不自禁地發出了最誠摯的邀請：「正合我意。我有莊客數人，可以共舉大事，如何？」

劉備與張飛攜手而行，到路邊的一個小酒店裡闊飲暢聊。

絕對不要以為張飛是個二百五，被劉備空手套了白狼。要知道，張飛雖富但不貴，而貴族的社會階層顯然高過一般富豪。而更重要的是，張飛姓張而不姓劉，對於國姓劉氏頗有羨慕之心。劉備在外姓面前說自己是漢室宗親，效果良好，但如果劉備是在自家村中宣揚自己是漢室宗親，宗族長輩們十有八九會認為劉備得了失心瘋，一個耳刮子就搧過去了。

劉備成功過了張飛這一關。這張「漢室宗親」的空頭支票也成了劉備日後唯一依憑卻屢試不爽的重要資源。

劉備與張飛在路邊的酒店言談歡暢，店外又來了一位推車大漢。大漢停好車子，入店對酒保說：「趕快拿酒來，我要趕去投軍，不要誤了我的大事。」

劉備、張飛正在談論從軍話題，自然對此十分敏感，聽到這個大漢的話語，立即轉頭望去。只見這位大漢身材竟然比張飛還要高大，面如重棗，脣若抹朱，丹鳳眼，臥蠶眉，頷下一部長鬚，相貌堂堂，威風凜凜。劉備頓時起了結交之意，邀請大漢過來同坐共飲。

劉備的用意無非也是結伴需求所致，在得知了關羽的投軍意向後，自然想多拉一個人入夥，以壯膽氣。

劉備問他姓名，大漢回答道：「我姓關名羽，字雲長。河東解良人。因本地有一豪強惡霸仗勢欺人，我將他殺了，逃難江湖已有五六年。剛剛聽說官府在招募義士破黃巾賊，我想去應募從軍。」

劉備今天「運氣不錯」，遇到的都是實誠人，無話不說。那麼，為什麼關羽在兩個陌生人面前，連自己殺人放火、流落江湖的往事都毫不隱瞞呢？

實際上這和此前張飛一樣，還是要在人際交往的第一瞬間，爭取對自己有利的地位評判。只不過，張飛是炫富，而關羽是炫威，希望以此來宣示自己勇猛過人，不容欺凌。

關羽回問劉備。劉備還沒回答，急脾氣的張飛早已搶著代他回答了：「這位是漢室宗親，姓劉名備，字玄德。我是張飛張翼德。我們也要去從軍破賊，你不如和我們結伴同行吧。」

「漢室宗親」這四個字再一次幫了劉備的大忙，關羽欣然同意入夥。三人情投意合，當即同去張飛莊上，共論大事。

至此，劉、關、張三個人結成了一個小團隊，那麼，誰來當老大呢？

很多人以為理所當然應是劉備當老大了，理由是劉備在三個人中年紀最大，但年齡雖然是一個重要因素，卻不是唯一因素。

一個自發形成的團隊的領導者往往是資源與實力綜合博弈後的結果。我們不妨來仔細比對一下劉、關、張三個人的綜合排名。

首先看家底。劉備家徒四壁，關羽流亡江湖，張飛卻頗有田莊。劉備好歹還算有個家，比關羽無家可歸略微強一些。總體而言，顯然是張飛排第一，劉備第二，關羽第三。

其次看文化素養。劉備只上了一年多學，並不怎麼喜歡讀書。關羽雖然流離浪蕩，但平時喜歡翻看《春秋左氏傳》。張飛家底殷實，當然有條件讀書。而且張飛還頗有藝術天賦，他的草書與仕女圖都有相當造詣。總體而言，張飛排第一，關羽第二，劉備第三。

再次看武功高下。關羽、張飛不相上下，可並列第一，劉備最弱，排最後。

最後再來比比身高。這可不是開玩笑。進化心理學的大量研究表明，在工作領域，個子高的男性和女性更具優勢，更容易成為組織的領導者。比如，在美國的總統選舉中，根據候選人的身高來預判最後的勝利者，準確率相當之高。在1928年到2008年間，一共舉行了二十一次總統選舉，其中個子高的贏了十七次，占百分之八十一。

劉、關、張三人的身高依次是七尺五寸、九尺五寸、八尺。東漢時一尺約合現在的24公分，那麼，劉、關、張的身高依次是一百八十公分、二百二十八公分、一百九十公分。三個人都是大高個子，但排名顯然是關羽第一、張飛第二、劉備第三。

綜合來看，最有資格當老大的不是劉備，而是張飛。但為什麼最終是劉備成了無可爭議的老大呢？這還是要歸結於「漢室宗親」這四個字的「占位效應」的神奇威力。

關羽、張飛沒有細究劉備的家族傳承史，就無條件地全盤接受了劉備的說法。這一方面是「占位效應」所造成的必然性的認知錯覺。關羽、張飛勇烈過人，並不是甘為人下的人，這一點從他們日後對待他人的表現就可以看出來。如果劉備不是靠著「漢室宗親」，撿了一個天大的便宜，是很難收服這兩個人的。另一方面，這也與當時時代的社會平均信用水準較高有關，大部分人還沒有做好時刻提防他人說假話的思想準備。「說即為真」，你劉備既然這樣說了，關羽、張飛也就信了，並不會找到劉備家裡去翻族譜查老賬。（世風日下後，占位效應極有可能成為騙子最得力的工具，不可不防。）

對於飽受階層歧視的張飛、關羽來說，跟著劉備一起闖蕩天下，沾上「漢室宗親」的光，顯然更容易出人頭地。為了讓沾光更加名正言順，張飛提議說：「我莊後有一個小桃園，我們不如宰馬祭天，宰牛祭地，三個人結為生死之交，如何？」

誰要是再說張飛是個有勇無謀的莽夫，那可真是有眼無珠了。

這個提議簡直說到劉備和關羽的心坎上去了。在未來數十年的歲月中，張飛的這個提議一直發揮著極其深遠的影響，不但界定了劉、關、張三人的基本行為框架，也經由劉、關、張三人在這一框架下的努力與奮鬥而極大地改變了歷史的進程。

心理感悟：與其哀歎自己缺乏資源，不如在身邊熟視無睹的事物中發掘資源。

5——主見就是領導力

張飛吩咐莊客準備好了一應祭拜之物。劉、關、張三人來到桃園中，對天地祈禱，焚香結拜。三人異口同聲，宣讀誓詞：「劉備、關羽、張飛，雖是異姓，今日結為兄弟，此後同心協力、救困扶危，上報國家，下安黎庶，不求同年同月同日生，只願同年同月同日死。皇天后土，永鑑此心。背義忘恩，天人共戮！」

這次結拜成就了一段流芳後世的契約式親緣關係，從此，三人以兄弟相稱，也以兄弟的行為準則自我約束，相互約束。這就是廣為流傳、廣為人知的「桃園三結義」。劉、關、張結義誓詞中的這句「不求同年同月同日生，只願同年同月同日死」更是成為日後中國人結拜兄弟的標準範本。

善於社會交往的人，往往以兄弟姐妹等來稱呼那些和自己沒有血緣、親緣關係的人。這不是沒有道理的。從進化心理學的觀點來看，兄弟姐妹等有著血緣、親緣關係的人，因為擁有相同（或部分相同）的基因而形成了互親互助的本能。這種本能的典型體現就是對相互間稱呼的敏感反應。一聲「大哥」或「兄弟」，頓時會喚醒潛意識中的親緣意識而迅速拉近彼此的距離，並促進親密關係的形成。這就是「親緣稱呼效應」。即便是對於沒有血緣關係的他人，冠以親緣稱呼，也能激起對方的這種本能反應。

即便劉、關、張不舉行這樣一個隆重的結拜儀式，也可以依年齒以兄弟相稱，並生發親緣稱呼效應。那麼，這個結拜的儀式是不是毫無必要呢？

並非如此。

首先，儀式並不都是花架子，儀式感會大大強化承諾的約束力。在這個結拜儀式上，參與者不僅僅是劉、關、張三人，還有天與地。祭天祭地，就是邀請最高等級的權威（天與地）來做一個見證。

其次，誓詞就是一紙契約，明確了承諾者的責任義務關係。泛泛而論的兄弟之交，一旦面臨危險境地或利益糾葛，往往會各人自掃門前雪。而劉、關、張的誓詞明確提出「同心協力，救困扶危」、「背義忘恩，天人共戮」。這就使得他們之間的親密紐帶更為緊密。誓詞還約定了三人團隊日後的終極使命。三個志同道合的人，顯然更能長久地維持親密關係。

劉、關、張三人因偶遇而形成團隊，又因隆重而公開的結拜儀式而讓團隊的凝聚力倍增。從此三人密不可分，親如一人。

結拜之後，關羽、張飛的「大哥」叫得十分親熱，彷彿自己也成了「漢室宗親」一般，但劉備的心卻懸了起來。他自己很清楚，「漢室宗親」這塊招牌的含金量並不高，如果關羽和張飛事後得知真相，會不會惱羞成怒，反目成仇呢？

劉備喜憂參半，關、張二人卻熱情高漲。

關羽、張飛的熱情緣自相互間意氣相投的激發作用。當幾個持有相同觀點的個體聚集成群後，就會將原先的觀點推向擴大化、極端化。這就是群體極化。張飛、關羽原本只是想各自投軍，現在卻想攏聚更多的人共舉大計。

張飛在桃園裡大擺宴席，派出自己的莊客四處聯繫鄉里的豪傑人士，拉他們入夥。很多好事少年得知後，主動來投。一連幾天，總計人數竟有三百之多。

這個數字讓劉、關、張大為訝異。但如果懂得人類群體根深蒂固的從眾性，就會知道，嘯聚三百人並不是什麼太難的事情。

生物學家詹斯．克勞斯花了二十年時間去破解各種動物和群體的集體行為。後來，德國的一家電視臺邀請他對人的群體性行為進行破解。克勞斯帶著研究團隊，前往德國科隆，募集了二百名被試參與實驗。

被試被帶入一間八千四百平方公尺的大廳。他們被要求不得相互交流，但可以在大廳內向著任何方向走動。被試行走時，需要遵循兩個簡單規則。第一，按照各自平常的速度，不快不慢地行走。第二，與其他人保持不遠不近的距離（一個臂長）。

克勞斯對人群的行走情況進行了拍攝。經過研究，他發現了其中的規律。當所有人各自行走一段時間後，漸漸地會形成兩個同心圓。組成同心圓的被試會沿著一個方向行走，而不是隨意在空間中亂走。這一規律在多次測試中都得到了驗證。

隨後，克勞斯在地板上畫上了一些符號，並私下對部分被試提出特別要求，讓他們往標有符號的特定方向行走。當然，他們依然要遵循前述兩個簡單的行走規則。這些被賦予特殊要求的被試並不知道群體中也有其他人被賦予了同樣的要求。

結果發現，當擁有明確的具體行走目標的人數占到了總人數的百分之五時，整個群體在不知不覺中就會跟著他們的方向行走。也就是說，在這個實驗中，克勞斯發現了「多數服從少數」的「百分之五領導法則」——只要少數派有著明確的目標，即便不公開宣示，也能在不知不覺中影響那些沒有明確目標的多數派而成為領導者。

雖然劉、關、張三人只占三百人的百分之一，但劉備打出了「漢室宗親」的牌子，公開喊出了「掃除黃巾，報效國家」的口號，影響力自然更大。要特別說明的是真正起作用的並不是劉、關、張的奮鬥目標，而主要是他們的行為。如果劉、關、張公開號召的不是「掃黃」，而是「從黃」，與朝廷作對，他們同樣也能嘯聚三百人。因為，社會群體的從眾往往具有盲目性，絕大多數人終其一生，也找不到自己的方向。這也正是法國社會心理學家勒龐將普羅大眾稱為「烏合之眾」的原因。

當然，先入為主的關羽、張飛不會這麼看，他們自然而然地將這一成果歸結為「漢室宗親」這塊招牌的號召力。由此，他們愈益覺得自己沒有跟錯人。而劉備也有效緩解了內心的忐忑不安，開始確信自己深得上天眷顧。

劉、關、張開始張羅軍器、服裝、馬匹等從軍必備之物。劉備、關羽都是窮光蛋，花的當然都是張飛的錢。儘管張飛家底殷實，也有些力不從心。正在此時，天上又掉下了一個大餡餅——莊客來報，兩位客商趕著一群馬，向張飛莊上而來。

劉備聞報，忍不住說了一句：「這是天佑我等，當成大事！」好笑的是，此時他根本不知道對方的來意。顯然，在一連串的幸運事件催化下，劉備的「天之驕子心態」已經開始恣意生發。

這兩個客商，乃是冀州中山郡人士，一個叫做張世平，一個叫做蘇雙。這兩人一向在幽州北面的鮮卑部落販馬，再賣回冀州。冀州在幽州之南，回冀州必須經過幽州。當他們趕著馬匹走到涿縣的時候，得知了朝廷徵募義兵，掃除黃巾的消息。

那麼，他們為什麼要來拜訪劉、關、張呢？

商人最擅長的就是計算利弊得失。蘇、張二人知道，戰事一起，生意就做不成了。不管是遇到黃巾還是遇到官軍，這些良馬都會被強行徵用。既然蝕本是無可避免的了，為什麼不在損失確實發生之前盡可能創造一點價值呢？正好這時候，劉、關、張的聲勢搞得很大，張、蘇二人當即決定，把這些馬匹當作一筆「風險投資」，投給劉、關、張，或許以後能有回報，不管多少，也是聊勝於無。

> 心理感悟：成為一個領導者其實很簡單，那就是先學會領導你自己。

6 —— 無數次親密接觸

劉備熱情接待了張、蘇二人，自信滿懷地申明，自己身為「漢室宗親」，一定要與民除害，扶助漢室。就他此時的境況而言，這句話多少有些不自量力。但豪氣干雲的表白，總是能感染他人。張、蘇二人的「投資熱情」隨之高漲，當場決定，除了五十匹良馬外，另外再贈給劉備金銀各五百兩，鑌鐵一千斤。

劉、關、張大喜，立即請來良工巧匠，打造兵器和盔甲。劉備為自己打造了雙股劍，關羽造了八十二斤重的青龍偃月刀，張飛造了丈八長矛。

一切準備停當後，劉備清點人數，發現又多了二百人。興奮得意之餘，劉備情不自禁地對兩位兄弟吐露了自己暗藏心底多年的祕密。這讓關羽、張飛更加堅信自己跟對了人，充滿了奮鬥的激情。於是劉備聚齊眾人，浩浩蕩蕩，前去拜見校尉鄒靖。自募兵榜文張貼後，陸續有零零星星的人前來投軍，但像這樣五百人裝備齊整的隊伍，極為罕見，而且領頭的還是「漢室宗親」。鄒靖喜出望外，馬上帶著劉、關、張去面見幽州刺史劉虞。

劉備臉色一變，內心再度忐忑不安起來。

這是什麼原因呢？

根子還是在「漢室宗親」這四個字上。

劉虞也姓劉，而且是成色更足的「漢室宗親」。

在別人面前，劉備尚可以強作鎮靜說自己本是「漢室宗親」。但在劉虞面前，劉備就有點心虛了。

劉備是沒有退路的，劉虞這一關必須要過。如果過不了這一關，劉備唯一擁有的資源頃刻間就會灰飛煙滅。

劉備只能帶著關羽和張飛，硬著頭皮來見劉虞。

沒想到，劉虞在得知了劉備的身分後，根本沒有深究他的宗室脈絡，而是欣然接受了他，並且根據兩人的年齒差別，模糊認親，以子侄之禮來待劉備！

這對於劉備來說，簡直就是一個天大的禮物！得到了劉虞的認可，等於為劉備的「漢室宗親」身分鍍了一層金。從此，劉備的「漢室宗親」就可以打上「原裝正品」的印記了。

不過，世間萬事，從來沒有只占便宜不吃虧的。當劉備頻頻從「漢室宗親」獲利時，實際也給自己套上了一條無形的枷鎖。這將會在未來的重大抉擇時刻牢牢束縛住他的手腳。

劉備為什麼能夠輕鬆過了劉虞這一關，並得到他的認證與加持呢？

是人際溝通中極為常見的「認知不對等」救了劉備。

在溝通中，每個人都會因應自己的需要而體現出選擇性，相互間的認知關注點往往是不對等的，不但會「以小人之心度君子之腹」，也會「以君子之心度小人之腹」。

劉備最關注的是自己的身分是否會遭到質疑。而劉虞最關注的則是劉備聚攏五百人馬這件事。這件事契合了劉虞的當前急需，令劉虞十分暢悅。而且，劉備忠心漢室的行為，正與他所宣稱的身分吻合，劉虞自然不會生疑了。

在「不對等認知」的作用下，兩個人的注意力擦肩而過，劉備幸運地再闖一關。

劉虞將劉備編入部屬，對他說：「只要你立了功，必當重用！」

劉備長長出了一口氣，他的人生奮鬥之路就此踏出了第一步。乍看起來，這第一步邁得還不錯。劉備頻頻得天之助，信心日足，彷彿看到了未來之路一馬平川。但生活其實是一個最高明的騙子，往往先用幾個甘甜果子誘你上路，然後再讓你嘗遍千辛萬苦，內心百轉千折，卻已沒有回頭路。

此時此刻可以說是劉備這一生中難得的快意時光。就讓他好好享受這短暫的美好吧，太多的坎坷與辛酸，太多的挫折與磨難，早已在前方靜伏守候著他了。

之後劉備率軍打敗圍攻青州的黃巾軍。這時他才獲悉，恩師盧植正是朝廷委派主持冀州掃黃的主帥。

劉備大為感慨，對關羽和張飛說：「此來若不能建立尺寸之功，有何面目見吾師於疆場！」

劉備未能因發奮苦學而得到盧植的舉薦，導致在家蹉跎多年。他知道，這一次再也不能錯過機會了。

劉、關、張三人衝鋒陷陣，奮不顧身，屢立大功。在同生共死的戰鬥中，劉、關、張三兄弟的感情日益深厚。

盧植得知劉備的表現後，十分欣慰，決定在掃平黃巾後大力保舉劉備。劉備大喜，以為有了盧植這個後臺，自己今後的仕途必將順風順水。就在劉備滿懷憧憬之際，意外發生了。

盧植率軍將張角圍在了廣宗孤城之內，雙方僵持不下。漢靈帝派宦官左豐到前線犒軍督查。當時，漢靈帝十分寵信張讓、趙忠等十個大宦官（號稱「十常侍」），宦官權傾朝野。這個左豐雖然不在十常侍之列，但奉皇帝之命出巡，自然是趾高氣揚，不可一世。

盧植生性忠直，一向對宦官弄權不滿。沒想到，這左豐竟然公開對盧植索賄。盧植大怒，毫不客氣地說：「軍費尚且緊張，哪有餘錢奉承天使？」

左豐吃了這一記閉門羹，又氣又急，懷恨在心，回去後立即在漢靈帝面前大進讒言，說什麼「廣宗小城，指日可破。只是盧中郎消極怠慢，擁兵不前，以致黃巾猖獗至今」。

漢靈帝被左豐蒙蔽，一怒下令，將盧植撤職，檻車押送回京問罪，另派他人督戰。盧植這一倒臺，劉備頓時失去了依靠，再一次淪為孤兒——官場上的孤兒。

此後不久，人數雖多但軍事素養極差的黃巾軍即被朝廷大軍剿滅。張角三兄弟先後死於疆場，黃巾餘部流散四處。朝廷論功行賞，劉備雖然功勞不小，但在官場上無人提攜，是很難出頭的。最後，劉備只是被派到中山郡安喜縣擔任縣尉一職。

安喜是個小縣，縣尉是輔助縣長管理治安的副手，只是一個很小的官兒。這與劉備的雄心相去甚遠，但是劉備顧不上失望，因為比失望更緊迫的是擔心。一個「漢室宗親」，立了許多功勞，卻只得了一個小小縣尉的職務，顯見這「漢室宗親」的成色並不怎麼樣。劉備非常擔心自己的失望會帶給關羽、張飛更大的失望，從而導致他們棄離而去。他們拋家捨業（尤其張飛是放棄了豐厚家產）跟著劉備闖蕩天下，顯然是不會滿足於給一個縣尉當跟班兒的。

殘酷的現實讓劉備清醒地認識到，「漢室宗親」只是一個虛無縹緲的名號，唯有關羽、張飛才是自己當下唯一的實打實的資源。關、張二人在掃黃大戰中的勇猛表現，堪稱夢寐難求的「萬人敵」。黃巾雖然暫時偃旗息鼓，但張角已經成功地啟蒙了無數豪傑的勃勃雄心。漢室傾頹之勢積重難返，未見好轉，更大的變亂或許正在醞釀之中。劉備覺得，關羽、張飛是老天爺對自己最大的恩賜，只要留住了他們，自己一定有機會一飛沖天。既然如此，那就必須善待、厚待這兩個兄弟，讓他們死心塌地地跟著自己。

話是這麼說，但拿什麼來善待、厚待關羽和張飛呢？

劉備雖然奮鬥了好幾年，卻依然是一窮二白。好在真正的感情，並不是靠金銀財帛堆砌出來的。劉備的辦法很簡單，只有八個字——食則同桌，寢則同床。奇怪的是，這個幾乎不費什麼本錢的辦法竟然收到了奇效。關羽、張飛兩個人深受感動之餘，立即用實際行動表達了對劉備的回報——每當劉備在大庭廣眾下安座時，關羽、張飛就畢恭畢敬地侍立在他身後，終日不倦。

在我們現代人看來，幾個大男人，一張桌子上吃飯，是很正常的事，而在一張床上睡覺，則有點難以接受。那麼，為什麼「食則同桌，寢則同床」能夠在劉、關、張三兄弟之間營造出親密無間、敬愛有加的深情厚誼呢？

這有兩方面的原因。

首先，這是「肢體接觸」在社會交往中之於營造親密關係所特有的神奇功效。

人類是一種群體性動物，與他人開展社會交往是人的天性。但是你並不能確保每一個你想要交往的人都心懷善意。所以，人們在潛意識中逐漸形成了根據交往對象的不同而設定不同的社交距離的思想。美國西北大學的人類學教授霍爾對此展開研究後，提出了四類社交距離，即親密距離（零至四十五公分）、私人距離（四十五至一百二十公分）、社交距離（一百二十至三百六十公分）、公共距離（三百六十至七百六十公分）。劃分這四類距離的本質是基於對他人不同程度的信任，以給自己留出足夠的防範距離。

劉、關、張「食則同桌，寢則同床」，三人間的社交距離顯然屬於第一類的親密距離。在這樣的距離中，難免經常出現「肢體接觸」。

心理學的諸多研究表明，適宜的肢體接觸會在人與人之間產生微妙的情感反應。比如，一項針對餐廳服務員展開的身體接觸與小費之間關係的研究就很有說服力。

當一名顧客走進餐館後，參與實驗的服務員透過投擲硬幣來決定是否在遞送帳單時觸碰這名顧客的肩膀。

結果表明，在沒有身體接觸的情況下，服務員們得到的小費平均為帳單總額的百分之十一點五，而只要服務員輕輕觸碰了顧客的肩膀，他們所得的小費就能超過帳單總額的百分之十五。

為什麼貌似不起眼的肢體接觸會有如此神奇的效果？

即使是小小的觸碰，也可以消融被觸碰者潛意識中的防範心理，激發出了信任與喜愛。在上述實驗中，這種信任與喜愛就透過小費的增加而體現了出來。

劉、關、張三人吃飯睡覺時相互之間無意的觸碰顯然更為頻繁，效果自然也就更為明顯。

很多人說劉備的江山是哭出來的。但從上述分析來看，毋寧說劉備的江山是睡出來的。因為，劉備的發家資本就是他這兩個勇猛無敵、忠貞不貳的兄弟，而他們之間的深厚感情就是來自一次隆重的公開承諾和無數次的親密接觸。

親密接觸帶來的是親密無間。關羽、張飛又為什麼會對劉備敬愛有加呢？

這就是第二個原因，即劉備和關羽、張飛之間除了是「兄弟關係」，還有一層「君臣關係」。

說到君臣關係，「食則同桌，寢則同床」的背後還有本朝廣為流傳的一段佳話。

東漢的開創者劉秀有一個幼年好友嚴子陵。劉秀從布衣發跡，成為皇帝後，有一天嚴子陵去看望他。劉秀「食則同桌」，盛情款待了嚴子陵，並留他在宮中歇息。為了表明自己不忘故舊，劉秀安排嚴子陵和他「寢則同床」，抵足而眠。既然睡到了一張床上，嚴子陵也就不見外了，呼呼大睡之際，竟把自己的臭腳丫子擱到了劉秀的肚子上。

第二天，負責觀測天象的太史進奏道：「昨夜客星犯帝座甚急。」客星，就是忽隱忽現的星。帝座，是北斗七星中的第二星，當時被視為帝王象徵。劉秀哈哈大笑，頓時想起了昨晚嚴子陵睡覺時的肆無忌憚，說：「朕與故人嚴子陵共臥耳。」

這個故事一經傳播，劉秀情深義重的美好形象頓時樹立起來，「食則同桌，寢則同床」也隨之成為君上善待臣下的文化象徵。

劉備的行為，不但完全汲取了這一文化象徵的魅力，也在無形中強化了他日後必為帝王的心理暗示。既然未來的君主劉備如此看重關羽、張飛，知恩圖報的關羽、張飛怎麼能對他不敬愛有加，盡心竭力加以回報呢？

一般認為，開創三分基業的曹操、孫權、劉備三人中，曹操是得了「天時」，孫權依憑的是「地利」，而劉備靠的是「人和」。天時也好，地利也罷，都有某種幸運成分在內，唯有人和，是一窮二白的劉備靠著自己一絲不苟的努力編織而成的。

劉備的「創業之路」，就是一條「人和之路」，就是從他善待兩位兄弟開始的。正是在安喜任上，波瀾不驚的日子裡，劉、關、張三人達到了忠貞不渝、顛撲不破的人際關係巔峰。

> 心理感悟：人們因為接觸而變得親密，而不是因為親密才接觸。

⑦——背景決定前景

劉備在安喜的閒居日子並未持續很久。

張角被剿滅後，以十常侍為首的宦官集團擔心立功者勢力坐大，就在漢靈帝面前說壞話。主將皇甫嵩、朱儁因此先後被免職。後來，漢靈帝又被攛弄下了一道旨意，對安置到各州郡縣擔任長吏的人進行清查，假冒軍功者以及不稱職者就地革職淘汰。

劉備正屬於被清查的行列。消息傳來，劉備仔細盤算了一下，自己從軍以後，大小三十餘戰，當然不屬於假冒軍功。自己到任後，雖只短短數月，但已讓安喜境內的治安大為好轉，顯然也不能說不稱職。所以，劉備雖然與郡守、督郵等上司素無人情往來，但也不太擔心自己會被革職淘汰。

這一天，中山郡負責監督考察本郡官員的督郵來到安喜縣。劉備帶著關羽、張飛出城前去迎接。督郵騎著高頭大馬，趾高氣揚而來。劉備見了，下馬施禮。督郵的頭仰得老高，眼睛斜視下方，也不說話，只是拿著馬鞭指了指劉備，以作答禮。

關羽、張飛見督郵如此傲慢，怒氣橫生，但見劉備恭謹有禮，只好強壓怒火。

督郵來到館驛，劉備忙前跑後，將他安頓好。督郵故意拖拉了半天才高坐廳上，與立於階下的劉備說話。

督郵開頭的第一句話就是：「劉縣尉是何根腳哪？」

所謂「根腳」，就是靠山或後臺。這個督郵，是官場上的一個老油子。這句話就是在投石問路了。

劉備自到任以來，從未到郡府拜碼頭，搞關係。在督郵看來，劉備這不符常規的行為釋放出了兩種可能的信號：一種可能是劉備的後臺或靠山很硬，直通京都高層，所以他倨傲無禮，不把郡守和督郵放在眼裡。如果劉備的後臺或靠山很硬，今天的這一場督查考核就是走個形式，馬上就過關了。另一種可能則是，劉備沒有什麼「根腳」，而是根本不懂官場規矩。如果是這樣，這次就得好好給他上一堂課，看他上不上路。如果還是執迷不悟，那就借著皇帝的這道旨意將他革職。

督郵這個投石問路的問題對劉備來說卻有點猝不及防。他天真地以為督郵的審查重點無非是看自己有沒有冒領軍功，以及是否稱職，這兩個問題劉備早已成竹在胸，卻不想督郵的第一個問題竟然是問出身。

從劉備此前的表現來看，他是一個自我監控能力頗高的人，能夠及時因應外部情境的變化而對自我言行加以針對性的調整。雖然督郵的問話在他意料之外，他還是立即聽懂了督郵的言外之意。

可是，劉備又有什麼後臺呢？

他唯一的靠山盧植早已因得罪宦官倒臺了。和盧植有袍澤之誼的皇甫嵩、朱儁也相繼倒臺了。如果他現在再說自己是盧植的門生，不但毫無用處，反而是睜著眼睛往槍口上撞了。

既然不能搬出盧植，那麼，為什麼不亮出此前一直屢試不爽的「漢室宗親」呢？

這是劉備唯一的資源，但生性警覺的劉備敏銳地覺察到了今日情勢的不同。這個督郵，一直在官場上廝混，如果只是簡單地說「漢室宗親」四個字，恐怕很難糊弄過去。

這時，劉備的急智又發揮作用了。

劉備略一定神，說：「我是中山靖王之後，自從涿郡投軍，剿除黃巾，身經大小三十餘戰。」

劉備沒有直接說自己是「漢室宗親」，而是說了「中山靖王之後」。中山靖王劉勝，是漢景帝劉啟的兒子，漢高祖劉邦的曾孫。劉備說自己是中山靖王的後代，等於還是變相說自己是「漢室宗親」。那麼，這兩者有什麼微妙的不同呢？

這其實表露了劉備面對督郵的不懷好意、盛氣凌人，內心隱隱浮現的不安心理。

當一個人內心發虛，急於證明自己的時候，往往會採用更為具體的描述，並提供更多的細節。顯然，明確無誤的「中山靖王之後」比籠統含糊的「漢室宗親」聽上去更像「漢室宗親」。

僅僅從明確無誤的角度，劉備並不一定非得說自己是「中山靖王」之後，他至少還有另外其他三種選擇。

他既可以說自己是劉邦之後，也可以說自己是漢景帝之後，還可以說自己是中山靖王之子——被封為涿縣陸城侯的劉貞之後（劉備出生於涿縣，封地在涿縣的劉貞最有可能是他的直系祖先）。但是劉備為什麼偏偏說自己是「中山靖王」之後呢？

劉備並不是隨口胡謅的，而是別有深意。

首先，他不能說是劉邦之後。因為劉邦是開國雄主，普天之下所有姓劉的，都可以說是劉邦之後，說了等於沒說。

其次，他不宜說是漢景帝之後。因為景帝身為皇帝，與劉備現時的底層官吏身分差距太過遙遠。說自己是景帝之後，攀龍附鳳的意味太濃，反而容易讓他人心生反感。

再次，他不屑說自己是劉貞之後。因為劉貞雖曾獲封侯爵，但很快就被漢武帝剝奪，分量不足，說出來並不怎麼光彩。

所以，綜合權衡之下，說自己是中山靖王之後是最合適的選擇。既可借其王爵之尊為自己撐腰，又不至於顯得過分張揚。

更重要的是，中山靖王劉勝妻妾成群，光是兒子就有一百二十多人，其子孫後裔繁多，難以考證查據。劉備的家族傳承記載早已湮沒無存，說自己是中山靖王之後，更容易抵擋他人可能生發的針對劉備皇族後裔身分的質疑。

不得不佩服劉備在緊急時刻的應變能力。就在與這來者不善的督郵接觸的短暫時間裡，劉備為自己準備好了堪稱最優解的對策。

劉備心想，這樣的回答應該能過關了吧。

自劉備在張飛面前，急中生智，打出了「漢室宗親」的招牌，一直順風順水，從未遭到質疑。但是今天，劉備一直擔心的事情終於出現了。

督郵聽了之後，並沒有質疑，而是直接給予否定。督郵大喝一聲，斥道：「胡說八道！你這廝詐稱皇親，謊報軍功！現在朝廷下了詔書，正是要淘汰你這等濫官汙吏！」

督郵為什麼會如此表現呢？

要怪也只能怪劉備的回答太過精妙了，讓督郵根本找不到一個可以著力質疑的地方。而督郵本來就是來找麻煩的，你不給他質疑的機會，他就只能直接否定了。

劉備一下子被督郵拿住了七寸，頓時手腳發涼，臉頰通紅，唯唯諾諾，說不出話來。這是劉備一生中極為罕見的被他人話語封嘴的情形。

督郵的否定，本身並不會讓劉備如此失態。劉備最擔心的就是關羽、張飛的反應。如果這兩個兄弟因為督郵的駁斥而對自己產生懷疑，那麼，劉、關、張團隊就面臨著散夥的可能。

劉備斜眼一看，關羽、張飛滿臉除了強壓著的憤怒，並無上當受騙後恍然大悟般的神情，心裡的石頭總算落了地。

為什麼關羽、張飛沒有因著劉備的啞口無言而產生懷疑呢？

這是因為，在關羽、張飛身上，一種叫做「信念固著」的心理機制早已生根發芽，從而幫助劉備渡過這個難關。

所謂「信念固著」，就是說當人們被灌輸了一種信念，並基於這種信念而進行了後續的思考及行動後，這種信念就會變得牢不可破，很難被相反的證據說服而改變立場。

關羽、張飛受劉備的「漢室宗親」吸引而選擇追隨他，此後「漢室宗親」又得到了商人張世平、蘇雙和幽州刺史劉虞的有力加持，關羽、張飛二人自然對此深信不疑。從而，督郵對劉備的駁斥並不會引發關羽、張飛的質疑。相反，關羽、張飛把督郵的行為視為對自己的攻擊而惱怒不已。畢竟，如果劉備真的是冒牌的「漢室宗親」，那豈不是說明關羽、張飛從一開始就錯了?!這世上，又有哪一個人樂於看到自己被別人指出錯誤呢？於是，劉備再次安然過關。

督郵「表演」了一通，揮手讓劉備退下，自顧自回房休息，就等著看劉備到底上不上路了。

> 心理感悟：在人生之路上，往往是背景決定前景。

8——逼你上路的人

劉備心神不定，回到縣衙，找來幾個在官場浸淫多年的小吏商量應對之策。小吏們略一合計，立時心知肚明，對劉備說：「大人，你不知道，督郵作威為難你，無非是索要賄賂。」

劉備不由歎了一口氣，連位高權重如盧植者，都無法倖免於索賄之災，何況自己呢？這縣尉雖只是個不入流的小官，但總算是擺脫了織席販履的底層生活，如果丟了這個職位，一時間也不知何去何從。

可要想保住縣尉這個職位，不賄賂督郵是不可能的。只是劉備素來貧寒，又不曾勒索百姓，哪裡有錢去行賄送禮呢？

劉備悶悶不樂，束手無策。督郵借著聖旨，狐假虎威，不得手是絕不會甘休的。這等奸猾官吏，最慣於利用明面上的規則來暗地施行潛規則，令人防不勝防。

第二天，督郵看劉備沒有任何動靜，立即使出了另一招。他將縣裡的文書小吏喚去，索要一應文書，想要從中找出劉備不稱職的鐵證。

劉備趕去求見通融，卻被拒之門外。

劉備怏怏而退。他的兄弟張飛卻憋不住氣了。在喝了一頓悶酒後，張飛怒氣衝衝，闖入館驛，一把揪住督郵，拖出門外，綁到一顆大柳樹上。張飛扯下柳條，對準督郵一陣猛抽！督郵嚇得魂飛魄散，痛得鬼哭狼嚎，連聲大叫「饒命」！

旁觀的人怕鬧出人命，知道非劉備不能叫停張飛，急忙跑去報告劉備。劉備趕來一看，張飛打得正起勁，已經一連打斷了十幾把柳條了。督郵見劉備來了，頓時忘了自己曾經對他傲慢不敬，哭求道：「玄德公救命！」

劉備見張飛打得起勁，心中頓感萬分暢快，此前所受的惡氣立即一掃而空！劉備恨不得衝上前去，搶過張飛手中的柳條，親手暴打一通。但他隨即想到後果，急忙喝住了張飛。

正在此時，關羽也趕到了現場。關羽看了一眼，對劉備說：「兄長立了這許多大功，只得了縣尉之職，還被這廝如此無禮對待。枳棘叢中，非鸞鳳之所。我們不如殺了這廝，棄官回鄉，別圖遠大之計！」

關羽這是告訴劉備不要有僥倖心理，現在已經把督郵徹底得罪了，唯有斬草除根，否則後患無窮。而殺了督郵後，此地當然不能再留，只有一走了之。

督郵一聽，嚇得魂飛魄散，一迭聲的「玄德公饒命」就像殺豬般，叫得分外急切響亮。

劉備該如何選擇？是饒了督郵，求得諒解，然後繼續在安喜廝混；還是殺了督郵，掛印而去，一走了之？

放過督郵，督郵記恨在心，日後一旦報復，難有寧日。而殺了督郵，則是公開與朝廷作對，這比放過督郵的後果更為嚴重。

劉備必須立即做出選擇。

關羽所說的「遠大之計」這四個字深深觸動了劉備。這是劉、關、張三兄弟不敢告人的最大夢想。關羽這麼說，顯然是在暗示對安喜歲月的不滿。畢竟，屈身於這樣一個貧瘠小縣，與期望中的王霸雄圖相差甚遠。劉備最擔心的就是關羽、張飛對自己失去信心，如果劉備選擇放過督郵，繼續苟且於安喜，就算督郵答應絕不報復，恐怕也會失去關羽的擁護。

急切之間，劉備拿定主意，做出了第三個選擇。他解下腰間的縣尉印綬，掛在督郵的脖子上，說：「你一貫為非作歹，就算殺了你也是罪有應得。但我今天還是留你一條活路，希望你好自為之。現在，這印綬就交給你，老子不幹了！」

說完，劉備招呼關羽、張飛二人，飛身上馬，絕塵遠去。

劉備看似給督郵留了一條活路，其實是給自己留了一條活路。如果真的像關羽說的那樣，將督郵一刀兩斷，那就犯下了殺害朝廷命官的重罪，恐怕四海再大，也難有劉、關、張三人的容身之地了。這一應對，再次展露了劉備急中生智的能力，也讓關羽、張飛更添敬意。

督郵大人撿回一條命後，卻不想放過劉備了。他立即上報郡守，差人追捕劉、關、張三人。

劉備從軍掃賊，浴血奮戰好幾年，好不容易混了個小官，卻不幸遭遇督郵，竟成了國家的逃犯，連原來的一介草民都不如。這是劉備遭受的第一次重大挫折，劉記創業團隊好不容易開創的一個小小局面，非但清算歸零，甚至可以說是連本帶利，蝕個精光！

很多人因此將督郵視為劉備命途中的大災星。但從另一個角度來看，督郵其實更是劉備的大貴人。劉備雖然志向遠大，不甘心在安喜埋沒一生，但每個人都有得過且過的惰性。如果不是督郵苦苦催逼，劉備也許很難下定決心放棄縣尉的職位，而再一次踏上奮鬥的旅程。

安逸會扼殺一切雄心壯志，痛苦才是思想的原動力。在狼狽不堪的逃亡日子裡，劉備開始了對天下大勢和自身命運的思考。

劉備從盧植和自身的遭遇出發，判斷如今的形勢是奸佞當道，小人橫行，貪腐肆虐，正人君子難有出頭之日，大漢朝恐怕已是積重難返。

基於這樣的一個認知前提，他更加深刻地認識到黃巾起義的必然性。張角雖然很快就被剿滅了，但黃巾餘部依然此起彼伏，想要代漢而立的雄傑人物不斷湧現。

這個判斷給了四處逃亡的劉備莫大的安慰。只要天下大亂，自己就不會缺乏出頭的機會；只要天下大亂，自己的遠大夢想就有可能實現。

人們傾向於把自己的思維方式投射向他人，認為所有人都像自己一樣以同一方式思考。這就是虛假共識效應。當劉備認定貪腐橫行，漢室將傾後，他認為別人一定也和自己持同樣觀點。但事實上，百足之蟲，死而不僵。漢室真正的衰亡至少還需要幾十年的時間。

不過，虛假共識效應帶給劉備的過度樂觀，也為他的持續奮鬥提供了足夠的勇氣。當然，凡事有利必有弊，過度樂觀帶來的美好預期在殘酷的現實面前一再碰壁也讓劉備備嘗艱辛，倍感無助。

儘管劉備對未來預期良好，但流亡的日子總是要一天天切實度過的。在機會尚未露臉之前，閒淡似水的日子無異於一種折磨。

督郵不但在行動上逼著劉備上了路，也在思想上逼著劉備上了路。夜深人靜之時，劉備一再反思了自己在「鞭打督郵」事件中的應對處置。儘管已經有所克制，但這依然是劉備這一生中第一次衝動行事。

衝動看似瀟灑，但其實代價巨大。對於一無所有的劉備來說，要重新找到一條晉升之路，並不那麼容易。劉備覺得，如果再給自己一次機會，他應該把自己的名聲經營得更好才對。名聲是最好的護身符。只有未雨綢繆，讓自己美好的聲譽配得上「漢室宗親」的稱號並廣為傳播，才是應對督郵之流「根腳之問」的最好方式。

要獲得美譽，其實是有捷徑可走的，那就是獲得當世名士的評價。比如，汝南名士許劭常在每個月的初一發表對他人的評論，時人稱之為「月旦評」。無論是誰，一旦獲得好評，立即身價百倍，名揚天下。梟雄曹操在沒有發跡時，一直死纏著許劭給自己來一次點評。許劭被逼得沒辦法，只好給了他「治世之能臣，亂世之奸雄」的評價。曹操由此名動天下。

但這條快捷方式對劉備來說卻是一條死胡同。因為，他的出身實在太過寒微，連名士的門都走不進去。

劉備只能依靠自己，從點滴的細節做起。善積跬步，亦可至千里；善積小流，亦可成江海。就在這深刻的反思中，劉備「勿以惡小而為之」的思想萌芽，漸漸生發。此後，在他漫長的奮鬥生涯中，幾乎再也沒有出現貌似酣暢淋漓，徒逞一時之快的事情。取而代之的是堅忍苦守，堅韌不拔，以至於人們忘記了劉備性格中也有堅硬暴戾的一面。直到劉備功成名就，在生命的暮年，為了給關羽、張飛復仇，他才再次衝冠一怒，傾蜀漢舉國之力，大舉討伐東吳。

心理感悟：人生中最值得感謝的就是那些逼你上路的人。

徐州恩怨

痛苦來自比較 / 給自己爭個座位 / 且讓小僧伸伸腳 / 不像英雄的英雄 /
孔子門前掉書袋 / 無法堅持的馬拉松 / 餡餅太大不敢吃 / 道德不是糊塗賬 /
空手套了白眼狼 / 一把不想殺人的刀 / 世上只有兄弟好 /
從將軍到奴隸 / 第三種可能性

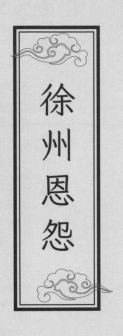

⑨ 痛苦來自比較

劉備的判斷是對的，天下果然又亂了，而他的新機會也隨之而來。

漁陽郡張舉、張純繼張角之後，起兵造反。張角只是自稱「天公將軍」，而張舉則更進一步，直接自稱「天子」。

逃亡中的劉備再一次得到了從軍討賊的機會。掃平張舉、張純後，劉備因再立軍功而被赦免了鞭打督郵之罪，並被任命為青州下密縣的縣丞。縣丞是縣令的助手，主管文職。後來劉備又被提升為高唐縣的縣令。至此，劉備的仕途成就已經追平了他的祖父劉雄。

劉備在高唐縣縣令的位置上坐了沒多久，黃巾餘黨攻破了高唐縣，劉備再次帶著關羽、張飛浪跡天涯，他的創業成果又一次清算歸零。

這個時候，天下更加亂了。

荒淫無度的漢靈帝在御宇二十二年後，在三十四歲的盛年駕崩。何皇后之子劉辯在靈帝駕崩後繼位為帝。何皇后之兄何進雖無能耐，卻因裙帶關係而擔任大將軍之職。靈帝死後，掌控權柄的十常侍為維護自身利益，有意改立靈帝另一子劉協為帝。而這必須先殺了大將軍何進。何進預知了宦官的陰謀，決心將宦官趕盡殺絕，卻被妹妹何太后阻止。

何進暗自決定，宣召並州牧董卓入京，徹底剷除宦官勢力。不料，宦官探知消息後，先下手為強，將何進殺死。何進部將袁紹又將宦官兩千餘人盡數誅殺。隨後董卓進京，憑藉武力把持了朝政，廢了少帝劉辯，改立劉協為帝。這就是漢獻帝。

董卓倒行逆施，濫殺百官，姦淫宮女，為所欲為，激得天怒人怨，但漢室眾臣一時懾於董卓的兵威，敢怒而不敢言。

形勢亂到了這般地步，天下許多雄傑之士，趁亂起事。一些州郡的實權人物，如渤海太守袁紹、南陽太守袁術、冀州刺史韓馥、兗州刺史劉岱、徐州刺史陶謙、西涼太守馬騰等擁兵自重，成了割據一方的軍閥。也有少數像劉備一樣出身草根的人，成了叱吒一方的英雄，比如孫堅，已被朝廷封為烏程候，獨霸一方。

唯有劉備，奮鬥了五六年，已邁入而立之年卻一無所成。劉備越來越焦灼，內心的不安全感也越來越嚴重。

人類的煩惱主要來自比較。比較有兩種，一種是縱向的自我比較，另一種是橫向的社會比較。縱向的自我比較往往和自我預期相關。劉備自小深受「羽葆蓋車之夢」的影響，對自己的預期極高。預期越高，與不盡人意的現實的落差就越大，煩惱也就越盛。這就注定了劉備這一生永遠也不可能像曹操那樣快樂。

曹操最初的夢想就是死後能夠在墓碑上刻上「漢故征西將軍曹候之墓」的字樣。也就是說，能夠拜將封侯，曹操就心滿意足了。所以，當汝南名士許劭給了他「治世之能臣，亂世之奸雄」的評語後，曹操立即歡欣鼓舞。曹操沒有做過「皇帝夢」，只是隨著事業的一步步做大，他的野心才逐漸膨脹起來，一步步走向僭越。這種自我預期的漸進式提高，帶來的是漸進式的快樂。而劉備一開始就心懷遠大夢想，而現實遭遇卻令他不可能一步到位，這就注定了現實與預期的每一次比較都會給劉備帶來無盡的痛苦。

橫向的社會比較則與參照物有關。在社會坐標系中，每個人都能找到「比上不足，比下有餘」的參照對象。劉備的雄心決定了他更願意進行向上社會比較。這一比較，差距就出來了。比不上袁紹、袁術這樣的世家子弟，劉備自覺情有可原，但是和孫堅一比，劉備的心態就失衡了。孫堅也沒有什麼背景，但卻一飛沖天。孫堅就像是一面鏡子，照出了劉備的庸碌無能。

無論是縱向比較還是橫向比較，帶給劉備的都是打擊。劉備的自信心嚴重受損。在殘酷的現實面前，他的孤兒心態前所未有地猛烈發作了，獨立奮鬥的勇氣一下子降到了冰點，找尋靠山的欲念變得異常強烈。

可是，環顧天下，誰又能成為劉備的靠山呢？

天無絕人之路。就在劉備彷徨無措之際，他得知了當年的同窗好友公孫瓚的消息。

公孫瓚已經大大發跡了！

與劉備屢遭坎坷完全不同，公孫瓚的仕途一路綠燈，暢通無比。結束了在盧植處的學業後，公孫瓚很快被舉為孝廉，順利踏入仕途，然後一路跑步前進，現已官拜奮威將軍，任北平太守，擁兵上萬，是雄踞一方的豪強。

公孫瓚是劉備當前唯一有用的社會關係。劉備顧不上慨歎命運的不公，急急帶著關羽和張飛，前去投奔。這是劉備一生中第一次依附他人。

公孫瓚見相別多年的同窗好友來投，十分高興，立即讓劉備擔任了別部司馬。這別部司馬等於是將軍的副手，是個級別相當高的參謀職位，同時又有一定的獨立處置權。

公孫瓚為何如此厚待劉備呢？

這固然是考慮到了同學情誼，但更重要的是出於公孫瓚的炫耀心理。任何一個正常的人都十分在意自己在他人眼中的形象。十幾年前，當公孫瓚與劉備握手道別時，他不過是一介白衣。如今，公孫瓚已經是奮鬥有成的成功人士。

在現實生活中，越是成功的人，越是願意出席同學會。公孫瓚也是同樣的心理，希望好好地在老同學面前炫示自己的成功。而最好的炫示，莫過於顯擺手中的權力。所以，公孫瓚毫不猶豫地讓劉備擔任了自己的副手。

劉備十分高興，一顆飄蕩無依的心終於安定下來。但隨後公孫瓚的做法卻讓他有點哭笑不得。公孫瓚轉而讓劉備「試守平原令」，也就是臨時代理平原縣令之職。這個新的任命，與別部司馬相比，更具獨立性，但職級卻降低了不少。這幾年來，劉備一直在縣級職務上打轉，從安喜縣尉、下密縣丞，到高唐縣令，再到如今的代理平原縣令。這一連串的縣官經歷，不由讓劉備覺得自己也許天生就是當縣官的命，所謂的「羽葆蓋車之夢」也許只是自己想多了。

儘管有些心灰意冷，劉備還是沒有展露在外，而是興高采烈地去平原上任。這是因為劉備並不是一個人在奮鬥，還有兩個兄弟跟著他呢。關羽、張飛兩人毫無怨言，跟著劉備來到平原縣。既然老大只是個縣官，關羽、張飛也就只能屈就馬弓手、步弓手之職了。

當劉備在平原縣苦熬歲月之際，天下的形勢再一次發生了重大的變化。

董卓的殘暴不仁，激怒了曹操。曹操計畫行刺董卓，卻因臨陣怯場而告失敗，只能棄官逃回故鄉。隨後，曹操招兵買馬，號召天下義士，共同討伐董卓。

曹操的這一舉動，把準了時代的脈搏，一時間應者雲從，很快就聚攏了十八路豪強。除曹操外，還有渤海太守袁紹、南陽太守袁術、冀州刺史韓馥、豫州刺史孔伷、兗州刺史劉岱、河內郡太守王匡、陳留太守張邈、東郡太守喬瑁、山陽太守袁遺、濟北相鮑信、北海太守孔融、廣陵太守張超、徐州刺史陶謙、西涼太守馬騰、上黨太守張揚、長沙太守孫堅等。

討伐董卓雖然是曹操發起的，但曹操知道自己的聲望還不足以服眾，因此推舉四世三公、門生故吏滿天下的袁紹擔任盟主。除了袁紹的兄弟袁術對此不甚服氣之外，其他豪強都沒有意見。

劉備的恩主公孫瓚作為北平太守，也參與其中。蟄伏已久的劉備憑直覺就知道這是一個大好的施展機會。他和兩位兄弟熱血沸騰，懷著急迫的心情，跟著公孫瓚投入到這一場伐董的大戰中。

> 心理感悟：比較是痛苦之母。

⑩ 給自己爭個座位

十八路聯軍浩浩蕩蕩，殺奔汜水關前。董卓聞報，急派帳下驍將華雄領兵增援汜水關。

聯軍這邊的濟北相鮑信為了搶功，派兄弟鮑忠迎戰，卻被華雄一刀斬為兩段。袁紹再派聯軍第一猛將孫堅出戰，也被華雄輕鬆擊敗。

華雄挾連戰告捷之威，大罵搦戰。袁紹急忙召集聯軍各首腦開會商議應對之策。劉備不想錯過與這些天下風雲人物面對面的機會，鼓起勇氣，示意關羽、張飛，一起跟著公孫瓚走入大帳。在這大佬雲集的軍帳中，他們連落座的資格都沒有，只能以親隨的身分，乾巴巴地站在公孫瓚的身後。

袁紹發問：「誰能迎戰華雄？」驍勇無敵的孫堅受挫大敗一事極大地打擊了這些曾經豪氣干雲的聯軍首腦，一時間大帳內寂靜無聲。

袁紹舉目環視，忽聽到公孫瓚背後傳來一陣冷笑之聲。發出這冷笑聲的當然就是劉、關、張三兄弟了。

他們為什麼要冷笑呢？

有兩個原因。

第一，這是一個等級森嚴的強情境，對於身處其中的人約束力極大。按照不言自明的情境規則，面對盟主袁紹的發問，劉、關、張三人作為公孫瓚的親隨，地位卑下，是沒有發言權的。尤其是在其他大佬都還沒有開口的前提下，劉、關、張率先開口，就是不懂規矩的大不敬行為。

第二，這是劉、關、張三兄弟在自我提升意識推動下，不由自主地想要展示自我的一種表現。堂堂十八家豪強，竟受困於一個華雄，自然令顧盼自雄的劉、關、張三兄弟暗生輕蔑之意。

總之，劉、關、張的冷笑無非是要引起大佬們的注意，為自己爭取一個揚名立萬的機會。

果然，袁紹抬眼望了過來，見這三個人狀貌雄偉，卻一個也不認識，好奇心一下子就上來了，問公孫瓚道：「公孫太守背後站的是什麼人啊？」

公孫瓚伸手把劉備叫到身側，對著眾人說：「這位是我幼年時的同窗好友，現任平原令，姓劉名備，字玄德，乃是漢室宗親。」

公孫瓚一下子推出了劉備的三個身分標籤：老同學、平原縣令、漢室宗親。這個次序正符合公孫瓚潛意識中對劉備的認知深刻程度。公孫瓚此前從未聽劉備自稱「漢室宗親」，只是新近不時聽關羽和張飛提起。公孫瓚替劉備打出「漢室宗親」這張牌，也是多少覺得在這一群官高爵厚的大佬面前，縣令一職太過卑微，必須用「漢室宗親」來抬抬色。

公孫瓚這樣的介紹，雖是好意，卻把劉備推到了頗為尷尬的境地。一個漢室宗親，竟然只能給人當親隨，連座席都沒有，豈不是很丟人？劉備剛剛因冷笑而奮發的自信一下子就蔫了半截。如果是他做自我介紹，在這樣的情境下，一定是羞於說出「漢室宗親」這四個字的。

一旁的曹操插嘴道：「莫不是大破黃巾，多立功勳的劉玄德？」

公孫瓚回答道：「正是！」

劉備雖感尷尬，但盟主袁紹卻把「漢室宗親」四個字聽進去了，馬上說：「既然玄德是漢室宗親，左右，取座席來。」

劉備看看身旁不是侯爺，就是將軍，不是刺史，就是太守，而自己不過是一個最末流的縣令，自信心更加不足，連忙道：「我一個小小縣令，怎敢安坐？」劉備選擇淡化漢室宗親的身分，只以縣令的身分示人，正說明了他自信心的不足。

袁紹卻道：「我不是敬重你的職位，而是敬重你是帝室之胄，又曾立過大功。不要再推辭了。」

劉備畢竟還是沾了「漢室宗親」的光！而袁紹的認可，再一次在公眾面前強化了劉備的這個標籤。東漢末年，椅子尚未從西域胡地傳入，人們都是席地而坐。左右侍從拿來一張席子，鋪在階下最末處。劉備坐定後，關羽、張飛就像往常一樣，兩手叉腰，站在他身後。

劉備雖然敬添末座，但這一張座席對於他的意義卻十分重大。這一個軍帳中的十八張座席上，囊括了東漢末年的一大半精英。未來幾十年的風雲激盪，幾乎均由在座者掀發主宰。劉備經由這一座，獲得了和這些風雲人物勉強平起平坐的資格。儘管在座者還是有人看不起劉備，但劉備畢竟也算是正式踏上了第一等級的政治舞臺。此後，在機緣垂顧和苦苦奮鬥後，劉備最終得以與大帳中的曹操、孫堅之子孫權一起笑到了最後，成為三分天下的締造者。

這時帳外的華雄催戰甚急，帳內的群雄只能打點精神應對。

袁紹歎息道：「可惜我的上將顏良、文醜尚未趕到，只要有一個在此，哪裡容得華雄如此倡狂？難道我們十八路大軍，竟然沒有一個人能敵華雄嗎？」

眾人默然，卻聽階下一人大叫道：「小將願往，斬華雄之頭，獻於帳下！」這人正是關羽。剛才劉、關、張三人站著的時候，只能發聲冷笑。劉備有了座席，關羽的膽氣也壯了不少，因此敢大聲求戰。

袁紹一喜，問道：「此人是誰？」公孫瓚答道：「正是玄德的兄弟關羽。」袁紹又問：「現居何職？」袁紹果真是個沒腦子的人，這個問題其實根本不用問。關羽的大哥劉備不過是個縣令，關羽還能有什麼像樣的職位呢？

公孫瓚只能如實回答道：「現跟著劉備充任馬弓手。」

袁紹尚未回話，旁邊的袁術卻實在憋不住了，大聲呵斥道：「你一個小小的弓手，竟敢胡言亂語！難道是欺負我們軍中沒有大將嗎？來人，給我亂棒打出大帳！」

袁術為什麼會如此發作呢？

原來，袁術是個特別注重門第出身的人。別說是關羽這個不入流的馬弓手了，就連他同父異母的兄長，此刻正擔任盟主的袁紹，袁術都很看不起。

袁紹與袁術都是袁逢的兒子，但袁紹的母親是袁家的一個婢女，而袁術的母親則是袁逢的正妻。袁逢的大哥袁成沒有兒子，袁逢就將袁紹過繼給袁成。袁紹因為成了袁成的嫡子而擺脫了庶出的卑賤身分。但袁術卻一直覺得自己比袁紹更為高貴。

在袁術看來，像關羽這樣的身分，根本沒資格站到大帳中，又怎麼能代表聯軍前去迎戰華雄呢？

正在尷尬之際，曹操出來打圓場了。曹操說：「公路兄息怒，此人既然敢口出大言，想必有真才實學。不如讓他出馬一試。如果他打不贏華雄，再問罪不遲。」

袁紹一聽兄弟發怒，也覺得有幾分道理，說：「派一個弓手出戰，確實有失體面，必被華雄恥笑。」

曹操卻說：「此人儀表堂堂，氣勢凜然。華雄怎麼可能看出他是個弓手？」曹操的這句話很有意思，透露了他是一個對於外表拒絕敏感度很高的人。這樣的人，非常擔心自己的外表不夠出眾而遭到冷遇，同時也對外表出眾的他人十分景仰。曹操本人身材矮小，相貌平平，關羽的高大威猛，一下子就折服了曹操。曹操對關羽的喜愛與欽佩，從這一刻就深深地扎下了根。所以，曹操才會不遺餘力地為素不相識的關羽撐腰。

二袁見曹操力挺關羽，只好賣個面子，不再阻撓關羽出戰。曹操隨即給關羽倒了一杯酒壯行。關羽因受了袁術的惡氣刺激，立時進入了勇猛無敵的喚醒狀態，連這一杯酒也趕不及喝下，就飛身出帳，上馬直奔華雄而去。

只聽帳外鼓聲大震，喊聲沖天。過不多時，鑾鈴響處，關羽縱馬回到中軍大帳，不及下馬，就將華雄的首級擲於帳前！而這個時候，曹操給關羽溫的那杯酒依然未冷。這就是「溫酒斬華雄」！

關羽就此一戰成名。他的兄長劉備憑著「漢室宗親」的名頭在中軍帳內給自己爭來了一席之地，而關羽則是憑著自己的出色武功在諸位豪強的心中給自己搶來了一席之地！

劉備見兄弟如此爭氣，不禁又驚又喜。他坐在帳中，原本內心發虛，垂首低眉，現在關羽給他掙足了面子，不由膽氣豪壯，挺胸收腹，坐得又正又直。

心理感悟：爭奪人心裡的位置比爭奪廳堂上的位置更重要。

11——且讓小僧伸伸腳

關羽賺足了面子，袁術可就丟大臉了。袁術正在懊惱之際，張飛受了關羽壯舉的感染，不甘示弱，大聲喝道：「俺哥哥斬了華雄，咱們不趁此殺入關中，活捉董卓，更待何時！」

袁術聽到張飛在大帳中又是一番大呼小叫，不由氣上加氣，大聲呵斥道：「我們大臣尚且謙讓，你一個小小縣令手下的小卒，怎麼敢在這裡無禮？統統給我趕出帳去！」

自視極高的袁術先是侮辱關羽，現又侮辱張飛，夾帶著把已成座上之賓的劉備也侮辱了一番。一個人只有內心足夠強大，才不會輕易為外界的負面評判所動。而人在微賤時，自尊往往不穩定，很容易受傷害。袁術的言行，深深刺痛了劉備。此後，劉備終其一生，都把袁術當成絕不寬恕的敵人。但此時此刻，劉備初入帷幕，並沒有多大的話語權，他既不能為自己分辯，也沒有能力維護兄弟。

就在這個時候，救星再一次出現了。這個人依然還是曹操。

曹操為關羽撐腰，是被關羽非凡的外表所吸引，而他這一次為張飛說話，則是因為袁術那種因門第高貴而目無餘子的傲慢也傷到了曹操。曹操雖是漢相曹參的後裔，但他的祖父卻是一個宦官，而宦官素來被士大夫階層看不起，與袁術家的「四世三公」無法相提並論。

曹操說：「行軍打仗，立功者賞，何必計較什麼貴賤呢？」

袁術見曹操又來多事，更是暴怒，大聲道：「既然你們重用一個縣令，那我告退就是了。」世家子弟骨子裡的那種傲慢與偏見溢於言表。大帳中的很多人不禁暗暗搖了搖頭，在心裡給袁術畫上了一個大大的叉。

眾人不歡而散。曹操卻暗中給劉、關、張送去酒肉。酒肉是送給三兄弟的，但曹操真正想結識的只有關羽。

再說董卓得知華雄被斬，立即兵分兩路，派李傕、郭汜增援汜水關，自己則帶著王牌大將呂布，趕往虎牢關鎮守。袁紹聞報，也分兵兩路，派公孫瓚、孔融、張揚、陶謙等八路豪強去攻打虎牢關。劉、關、張自然也是在這一路。

這呂布手持方天畫戟，胯下赤兔馬，銳不可當。民間對於三國武將的功力有一個排名，說是「一呂二趙三典韋，四關五馬六張飛」，這「一呂」指的就是呂布。

呂布出馬，無人可擋，一連斬殺了聯軍三四員大將，驚得八路豪強面面相覷。呂布得意揚揚，蔑視群雄。這時，張飛按捺不住，挺起丈八長矛，縱馬直奔呂布，口中大喊道：「三姓家奴休走，燕人張飛在此！」

兩人大戰十數合，張飛漸漸不支。關羽見狀，擔心兄弟有失，立即拍馬上前，與張飛合戰呂布。呂布從未遇到如此強大的對手，只好奮力迎戰。

正是這一仗奠定了呂布三國第一勇將的地位。雖然他的武功比關羽、張飛稍強，但打不過關羽和張飛聯手。然而在情境催逼之下，他的潛能被極大地激發出來，竟與關羽、張飛打了個不相上下。關羽此前「溫酒斬華雄」的神蹟猶在眼前，而呂布竟然可以獨立對抗關、張二將卻不落下風！

實際上，關羽斬華雄，是受激後處於「高度喚醒」狀態下的超常發揮。當關羽處於這一狀態時，是天下無敵的。但一個人不可能持續保持高度喚醒狀態，關羽今天的武力處於正常狀態，所以呂布才能抵得住關羽和張飛聯手。

旁觀者是不知內情的，只會以一個業已建立起來的固化認知來看待關羽。而當他們將關羽作為一桿秤來稱量呂布時，呂布天下無敵的第一勇將的形象也就隨之成型了。

劉備在一旁看得焦躁起來：一是兄弟本該「有難同當」。關羽已經衝上去幫張飛了，劉備顯然不應該袖手旁觀。二是如果關羽和張飛聯手還拿不下呂布，那麼此前關羽斬華雄所樹立起來的品牌價值（這是劉記團隊此刻最為寶貴的資產）就要大大貶值了。劉備再也忍不住了，揮舞雙股劍，拍馬衝上去，加入了戰團。

其實，劉備還是急了點。要是他再耐心等上幾個回合，呂布就該力絀不支了。劉備這一上去幫忙，其實是幫了倒忙。

大將馬戰並不簡單等同於打群架，倚多為勝。劉備武功比戰局中的其他三個人差得太遠。他一加入，自然就成了最薄弱的環節。關羽、張飛反而得分心留神保護他，以免打贏了呂布，卻喪失了老大。呂布眼看不支，瞅準劉備，急刺一戟，趁著劉備躲閃之際，飛馬便走，急急退回虎牢關中。劉、關、張趕至關下，關上箭矢石塊如雨驟落，劉、關、張只能收兵而退。

劉備雖然幫了倒忙，但勇猛無敵的呂布畢竟是被劉、關、張聯手擊退的。劉備自然和兩位兄弟一起被視為英雄。這一段故事，也因此被稱為「三英戰呂布」。

呂布這一敗退，極大地影響了董卓的信心。董卓隨後派人去策反正在攻打汜水關的孫堅，被孫堅嚴詞拒絕。董卓本來只要鐵心死守汜水關和虎牢關，聯軍未必能輕易破關而入，但董卓懾於聯軍的威勢，聽從了謀士李儒的建議，主動棄守，並燒毀了都城洛陽，挾帶著漢獻帝遷往長安。

但這對聯軍來說，並非全是好事，因為世上很少有靠得住的聯盟。大功告成之日，往往是聯盟分崩離析之時。

果然，曹操主張乘勝追擊，永絕後患。但盟主袁紹卻沉浸在勝利的喜悅中，對曹操的提議置之不理。十八路豪強中支持袁紹的不在少數。曹操痛恨這些人小成即安，缺乏長遠打算。氣憤之下，他帶著本部人馬追趕董卓，但卻被打得大敗，幾乎全軍覆沒，差點連命也丟了。曹操無顏回見各路諸侯，只好收拾殘兵，自投揚州去了。

孫堅則搶先在後宮的熊熊火光中搶到了漢室的傳國玉璽。他如獲至寶，立即私自藏匿，不料卻被袁紹探知。袁紹強行向孫堅索要玉璽，孫堅矢口否認，兩人不歡而散，孫堅自顧自領兵回程。傳國玉璽流落民間，意味著漢室已傾，一個群雄逐鹿的時代開始了。

袁紹隨即寫了一封信給荊州刺史劉表，讓他半路截住孫堅。劉表依言行事，從此與孫氏結下世仇。聯軍裡的兗州刺史劉岱，向東郡太守喬瑁借糧。喬瑁不給，劉岱就翻了臉，連夜引兵襲擊喬瑁，將喬瑁殺了，接管了喬瑁的部屬。

袁紹眼看無力節制，引兵自去往關東。盟主一走，各路豪強紛紛作鳥獸散。至此，東漢末年豪強割據的局面正式形成，各路大佬為了爭奪地盤，不念舊情，大打出手，不知掀起了多少腥風血雨。

對劉備來說，這一次的伐董之行，收穫頗豐。他不但在時代的風雲人物面前亮了相，露了臉，而且讓自己漢室宗親的身分獲得了公認。更重要的是，這對劉備來說，還是一堂意味深長、意義深遠的心靈勵志課。

此前，他屈居底層微賤職位，很少有與高層精英打交道的機會，難免有些自信不足。當他面對面與這些巨頭大佬親密接觸後，也就有機會撩開他們的神祕面紗。這些所謂的精英人物，並非個個格局宏闊，也未必人人謀略遠邁，好多人只不過是機緣巧合，竊據高位罷了。而其中有些人的拙劣表現，甚至讓劉備覺得還遠不如自己。由此，劉備的自信心得到了大幅提升。

明代張岱所著的《夜航船》一書中曾經記載：一個僧人搭夜航船出行。船艙擁擠，大家擠在一起睡覺。其中有一個書生高談闊論。僧人知道自己水準低，蜷縮著腳，躺在那裡不敢吱聲。有人問書生：請問澹臺滅明是一個人還是兩個人？書生道：當然是兩個人。這人再問：請教堯舜是一個人還是兩個人？書生道：當然是一個人。僧人聽了後，說道：既然如此，且容小僧伸伸腳。

劉備就像這個故事中的僧人一樣，在見識了各路豪強的「真我風采」後，不但敢於伸腳，也敢於伸手，染指天下了。

這是劉備人生中極具里程碑意義的一次經歷。

劉備跟著公孫瓚，回到了北平。公孫瓚為了表彰劉備的功勞，提升他擔任平原國的國相。這平原國統轄包括平原縣在內的六個縣。

劉備在職位上再進一步，心情自然舒暢無比，決心要在平原相的位置上好好幹出一番事業來。

心理感悟：不識廬山真面目，只緣身在此山外。

⑫ 不像英雄的英雄

就在劉備擔任平原相的時候，天下的形勢再次發生了巨變。司徒王允巧用美人計，離間誘引呂布刺殺了暴虐橫行的董卓。董卓的部將李傕、郭汜等人興兵作亂，殺了王允，控制了漢獻帝。顛沛流離的漢獻帝剛脫虎口，又落狼吻。這時，青州黃巾，聚眾百萬，再度發難。李傕聽了朱雋建議，宣召曹操去青州掃黃。曹操借勢而起，大破黃巾，將其精銳收編為三十萬「青州兵」，從此有了起家之本。他占據了兗州，大肆招攬文武人才，雄霸一方。

曹操發跡後，派人去接父親曹嵩及一家老小，到兗州安住。路過徐州時，徐州刺史陶謙有意示好曹操，專派校尉張闓護送。不料張闓見財起意，將曹嵩全家四十餘口盡數殺了，卷財而遁。

曹操聞訊後，痛徹心扉，將賬記在陶謙頭上，立即發動大軍，橫掃徐州。陶謙不敵，屬下別駕從事麋竺建議向北海太守孔融求救。

孔融與陶謙一向交好，正想出兵，不料管亥率黃巾十餘萬前來，將北海團團圍住。孔融派將出戰，卻被管亥斬了。孔融坐困愁城，一籌莫展。

正在危急之際，壯士太史慈殺入重圍，主動入城來見孔融。原來，他在外避難之時，家中獨居老母曾得孔融接濟照顧。太史慈剛剛歸家探母，得知孔融被圍，太史慈之母就讓兒子去為孔融效力，以作回報。

太史慈勇武過人，主動提出願意帶兵一千，出城廝殺。但孔融不知他虛實，不敢貿然行事。太史慈一再請求說：「如果不能幫助太守解圍，我也無顏回去見家中老母。」

孔融想了想，對他說：「我聽說劉備就在離此不遠的平原縣，此人是當世英雄，如果能請他前來援助，內外夾攻，就可以解圍了。」

孔融將劉備稱為當世英雄，話雖是這麼說，其實他並不怎麼看得起劉備。孔融是一個非常驕傲的人，但很多人，尤其是現代的人們，受制於「孔融讓梨」這一廣為流傳的故事所蘊含的刻板印象，而誤將他當作一個謙恭禮讓的人。

孔融十歲的時候，去拜謁當時的名士李膺。可是，李膺的架子很大，如果不是名士，根本不予接見。孔融對看門人說：「我是李家的世交。」看門人一聽，不敢怠慢，立即通報。李膺見了他，卻根本不認識。李膺問他：「請問你和我有什麼交情呢？」孔融回答道：「從前我的祖先孔子和你家的祖先老子有師友之誼，所以，我和你是累世之交呀！」李膺見這個小小孩童如此聰明伶俐，大為驚奇。旁邊正好還有一位名士——太中大夫陳煒在場，李膺誇讚孔融，陳煒就開玩笑說：「小時了了，大未必佳。」意思是你小的時候聰明，大了就未必聰明了。孔融應聲答道：「如君所言，您小時候一定很聰明吧。」頓時噎得陳煒說不出話來。

這個故事固然展露了孔融的聰明勁兒，但也透露了他絕非謙遜之輩。孔融出身名門，幼得大名，一路光輝燦爛地成長，自然就養成了他放言無忌，目無餘子的性格（孔融最終也因為自己的狂放言行而被曹操所殺）。這樣的一個孔融，怎麼可能看得起一事無成，僅靠一個虛頭巴腦的「漢室宗親」上位的劉備呢？

那麼，孔融又為什麼要說劉備是當世英雄呢？

劉備是沾了關羽的光。孔融心目中真正的當世英雄不是劉備，而是關羽。當初十八路聯軍討伐董卓時，關羽溫酒斬華雄的神奇一幕牢牢印刻在了孔融的腦海裡。這也是他不想借太史慈殺賊，而是要他去向劉備求救的原因。孔融覺得，只要關羽一到，必然是「手到賊除」。

太史慈拿了孔融的親筆書信，突圍而出，去見劉備。

一路上，太史慈一直在犯嘀咕。他本人和劉備素不相識，也沒有聽說過他的英雄名聲，而從孔融的話中也可以聽出他和劉備並沒有什麼特別的交情。劉備肯不肯答應一個素昧平生的人的求救，拿出自己最寶貴的兵力資源來援助另一個不甚相干的人呢？

不過，太史慈一想到孔融說劉備是「當世英雄」，多少放了點心。太史慈一向以「英雄」自許，而一個英雄，必然應該像他本人那樣，急人之難，毫不猶疑，拔刀相助，不求回報的。（虛假共識效應在太史慈身上發揮效力了。）

太史慈趕至平原，見到劉備，簡單訴說緣由，並將孔融的親筆書信呈上。劉備打開書信看畢，默然半晌，才淡淡地問道：「你是何人？」

這四個字甫一出口，太史慈的心就涼了半截。劉備的做派和孔融口中的「當世英雄」可也差得太遠了吧！

劉備也有他的苦衷。

首先，他和孔融並無深交，從未與孔融有過書信來往。幾年前共伐董卓時，孔融並不曾拿正眼看過他。此刻太史慈送來的這封信，焉知不是偽贗之作？

其次，他和太史慈並不相識，焉知太史慈不是故意前來行詐？

最後，劉備的這點家當並不是他自己的，而是公孫瓚的，貿然出兵援助他人，一旦失敗，怎麼向公孫瓚交代呢？

最後劉備的這一遲疑，卻給太史慈留下了非常不好的第一印象。有孔融的「英雄」定論在先，太史慈對劉備的預期是很高的。預期越高，失望就越大。太史慈眼看大事要黃，急中生智，借著劉備的問話，說：「我是東海的一個平頭百姓，與孔融非親非故，也不是他的鄉黨。只是不忍看到孔北海被黃巾禍害，激於義憤，這才替他到您這裡求救。孔太守和我，雖然與您素不相識，但早就聽說您的仁義之名，一定能夠救人於危難之中，所以我才甘冒奇險，突圍前來，冒昧向您求救，請您明察！」

太史慈的這番話，隱藏著一個極為巧妙的說服策略。這就是「中間立場策略」。

我們知道，一個人的立場與他的利益是密切相關的。太史慈作為孔融的使者，其立場應該和孔融完全一致。但太史慈卻將自己與孔融巧妙地分割開來，把自己包裝成一個不相干的第三者，即「中間立場」。這樣，太史慈就不是出於自身的利益考量來向劉備求救的，太史慈的行為就是見義勇為之舉。一個和孔融沒有利益關聯的第三者，都能夠以道義之名，冒死突圍前來向劉備求救，那麼，有著「仁義」名聲的劉備又該怎麼做呢？

答案不言自明。

劉備自己都不知道什麼時候有了「仁義」之名，並且還名聞天下。但沒有一個人願意拒絕這樣的名聲。這正是劉備一向來最希望擁有的名聲，而且這還是名聞四海的孔融所說的（太史慈所說的話都被劉備理解為孔融之語）。劉備聽了，頓時覺得熱血沸騰，正容答道：「孔北海也知道這世上有個劉備嗎？」立即吩咐關羽、張飛，點起三千人馬，趕往北海救援。

事實上，孔融對太史慈之母有恩，太史慈必須要回報孔融。兩者之間是有利益關聯的。太史慈雖然沒說假話，但他巧妙隱藏了他和孔融之間的恩惠回報關係，將自己包裝成不折不扣的「中間立場」。如果太史慈將這些背景如實說出，勢必會影響說服的效果。

太史慈就這樣利用「中間立場策略」，成功地取信於劉備，完成了求援的重任。但劉備最後所說的這句話，一下子暴露了劉備的「非英雄」、「不自信」的心態，從而影響了太史慈對劉備的觀感。

在太史慈看來，一個真正的英雄，是不會為任何強權、重譽所折腰的。如果前來求救的不是孔融，如果孔融不是享譽四海的名流，你劉備是不是就不會拔刀相助了呢？這樣的劉備，顯然不符合太史慈對「英雄」的定義。

劉備是個非常擅長延攬人才的人，大多和他有過接觸的人，往往被他的魅力吸引而心甘情願地追隨於他。比如他的兄弟關羽和張飛，還有公孫瓚手下的驍將趙雲，無不如此。這太史慈也是一員猛將，卻因在特殊的情境下與劉備交往而形成了不良的第一印象。這也導致劉備錯過了太史慈這個難得的人才。太史慈最終和英武過人的孫策惺惺相惜，一見傾心，成了東吳的悍將。

劉、關、張與太史慈率兵趕至北海。果然如孔融事前所料，關羽輕鬆斬了管亥，北海之圍輕鬆而解。

> 心理感悟：英雄的成色中容不得任何一點猶豫的雜質。

⑬——孔子門前掉書袋

劉備解了北海之圍，孔融將他迎入城中，大擺筵席，盛情款待。劉備做的這件事，為他的仁義名聲大廈奠定了堅實的基礎。從此以後，在天下人的認知中，「仁義」成了劉備最炫目的社會標籤。

席間，孔融想起北海雖安，但徐州猶遭塗炭，而單憑自己的實力，恐怕是奈何不了曹操的。既然關羽如此神勇，為什麼不借助他的神威去解徐州之圍呢？

孔融當即對劉備述說了陶謙好心辦了壞事，遭到曹操瘋狂報復的事情。劉備說：「我知道陶恭祖是個實誠君子，沒想到竟然遭受如此無辜之冤。」

孔融見劉備只是表示同情，沒有主動赴援之意，便毫不客氣地對劉備提出了新的請求：「玄德公您是漢室宗親。今曹操不仁，倚強凌弱，把陶謙逼得沒辦法了。聖人曾經說過：見義不為，無勇也。您何不和我一起去救徐州之難呢？」（劉備的漢室宗親身分在經過了多次的傳播強化後，至此已成公論。）

孔融又給劉備出了一個難題。

這個難題和當初太史慈請求劉備出兵北海是一樣的。要知道，劉備的兵馬並不是他自己的，而是公孫瓚撥給的。劉備未經請示公孫瓚，擅自發兵北海已經是違規僭越了。現在，孔融還想要他「一錯再錯」，劉備不免有些踟躕。但是，孔融說話的水準很高，動不動引經據典，搬出聖人的話來壓人，讓人很難拒絕。這個聖人其實就是孔融的老祖宗孔子。他引用的這句「見義不為，無勇也」，出自《論語·為政篇》。

劉備猶豫了一下，鼓起勇氣拒絕道：「不是我想推辭，只是我兵微將寡，不敢輕舉妄動。」

劉備的口才也算是不錯的了，但可惜他遇到的是孔融。孔融十歲的時候，就能將一個天下名士說得啞口無言，更何況他現已飽經世故，久歷風霜，詞鋒更為老辣辛刻。

孔融咄咄逼人地說：「我和陶恭祖不過是一面之交，尚且要傾盡北海之錢糧，前去救援。玄德公，您是當世英雄，怎麼能沒有仗義之心呢？」

孔融的套路和太史慈大致相仿，都是採用「中間立場策略」。事實上孔融和陶謙關係非常不錯，但孔融卻說「不過是一面之交」。而孔融的言辭比太史慈更為直接尖銳，因此威迫力也就更大。再加上孔融是當時天下名氣極大的人，本身的權威度非常高。這幾個因素一綜合，劉備的拒絕之詞再也無法說出口。

劉備只能說：「劉備當然願意前往徐州救援。不過要請文舉公先行前往，容我去公孫瓚處，再請三五千人馬，隨後便去。」

孔融擔心劉備是以緩兵之計來推脫，直言不諱地說道：「玄德公切勿失信！」這句話明顯透出了對劉備的不信任，話很難聽，但道德綁架的力度極大，強悍地封死了劉備所有的僥倖心理。

劉備受激不過，回擊道：「您以為我劉備是什麼人啊？聖人云：自古皆有死，人無信不立。劉備無論借不借得到兵馬，都會趕到徐州和您會合！」

劉備見孔融頗有輕視自己的意思，十分氣惱，氣急之下，劉備也想起了一句「聖人云」。這句話也是出自《論語》，是《顏淵篇》中的一句。但劉備記錯了一個字。原文應該是：自古皆有死，民無信不立。而更可笑的是，劉備學藝不精，這個引用屬於典型的牛頭不對馬嘴。

原文是這樣的：

子貢問政。子曰：「足食，足兵，民信之矣。」子貢曰：「必不得已而去，於斯三者何先？」曰：「去兵。」子貢曰：「必不得已而去，於斯二者何先？」曰：「去食。自古皆有死，民無信不立。」

翻成白話文就是：子貢向孔子請教治理國家的辦法。孔子說：「備足糧食，充足軍備，取得百姓對政府的信任就可以。」子貢問：「如果迫不得已要去掉一項，三項中先去掉哪一項？」孔子說：「去掉軍備。」子貢又問：「如果迫不得已還要去掉一項，在剩下的兩項中先去掉哪一項？」孔子說：「去掉充足的食物。自古以來誰都會死，但（統治者）如果失去百姓的信任，就無法立足了。」

雖然今天我們都把「民無信不立」理解為一個人不講信用就無法立足，但這與孔夫子的原意大相徑庭。在東漢末年，尤其是在孔子的嫡派子孫、當代大儒孔融面前，劉備這樣的引用純屬孔子門前掉書袋，魯班門前掄斧子，出了一個洋相。

孔融聽了，忍住沒有戳穿劉備的謬誤。畢竟劉備已經賭咒發誓，孔融的目的已經完全達到，沒必要讓人家太過難堪。但孔融的表情中所包含的蔑視之意，卻讓劉備在此後很長一段時間內如芒刺在背，很不自在。

劉備素來不愛讀書，當年跟著盧植學的東西，多半早就還給盧植了。在和孔融的這一次口舌較量中吃了大虧之後，劉備領悟到，引用聖人權威語錄是混入上流社會必不可少的一個要件，也是加強說服力的妙招。但前提是一定要嫻熟準確。此後，劉備痛定思痛，戎馬倥傯之餘，不時拿出《論語》來翻上一翻。他下的這番功夫倒是沒有白費，後來在一個極為危急的情境下派上了大用場，救了自己的命。這是後話，暫且不提。

再說劉備，去見公孫瓚述說救徐州之事。

公孫瓚微微皺了一下眉頭，說：「曹操與你無冤無仇，陶謙與你非親非故，你何必要去蹚渾水呢？」

公孫瓚這是在委婉地表示不滿。他舉薦（起用）劉備任平原相，主要目的是為了對付袁紹。現在，袁紹占據了冀州，和公孫瓚控制下的幽州相鄰，當年的兩位老戰友，如今已經成了死對頭。如果劉備帶著人馬去解徐州之圍，袁紹就可能乘虛而入。而且，幫著陶謙對付曹操，難免會損失兵力。這對公孫瓚的大局來說，是很不利的。

劉備聽懂了公孫瓚的意思，但他已經答應孔融，不敢食言。孔融是當世大儒，名播四海，如果遭到他的惡評，劉備好不容易建立起來的名聲就會毀於一旦。劉備想了想，說：「我去之後，善言相勸，用不著動兵。」劉備的意思是，我去了不動武，只做和事佬，就不會損傷兵力了。

公孫瓚忍不住笑了起來，心想：「玄德賢弟，你想得也太天真了。你和曹操是什麼關係？人家是要報殺父之仇的，憑你幾句話，就退兵不打了？」說：「曹操自恃豪強，怎麼肯聽你良言相勸呢？」

劉備看公孫瓚還是不同意，終於把「撒手鐧」使出來了：「我已經答應了孔北海，怎麼能失信於人呢？」

這句話擊中了公孫瓚。因為他是一個心腸很軟，不善於拒絕的人。人在本能上，是希望取悅身邊的每一個人的。而拒絕，會消耗大量的心理能量。公孫瓚明明知道同意劉備出援徐州，不利於自己的戰略大局，但他始終做不到硬邦邦地拒絕劉備。當劉備說自己不能違背承諾後，公孫瓚最終同意了。

他說：「玄德，你去吧。我借給你兩千馬步軍。」

劉備聽了大喜，不客氣地又提了一個要求：「我還想借趙子龍一起去。」公孫瓚不便拒絕，只能同意。

像公孫瓚這樣的人，也許是最好的朋友，但卻一定不是最好的領導者。他寧願讓自己受傷害，也不忍心拒絕朋友的請求。這樣的性格，注定是無法在殘酷的政治角鬥場上生存的。後來，公孫瓚果然被袁紹攻破，自焚而死。

劉備立即清點人馬，帶著關羽、張飛和趙雲，向著徐州進發。

> 心理感悟：不懂得拒絕的人，往往和成功無緣。

⑭——無法堅持的馬拉松

劉備趕至徐州，只見孔融和另一路前來救援的人馬因為害怕曹操的兵威，遠遠地在徐州城外駐紮。劉備與孔融會合後，憑藉關羽、張飛、趙雲之勇，殺散曹兵，搶開一條路，進入徐州城。

陶謙將孔融、劉備迎到府衙，吩咐設宴款待。陶謙仔細打量了劉備一番，見劉備儀表氣度不凡，內心暗喜，隨即就做了一個讓所有在場者大驚失色的舉動。

陶謙吩咐糜竺取來徐州牧的牌印，當場就要交給劉備。

劉備嚇了一跳，急忙問道：「德祖公，您這是何意？」

陶謙說：「方今天下擾亂，帝王懦弱，奸臣弄權。玄德公您是漢室宗親，正應力扶社稷。老夫我已年過六旬，無德無能，朝夕不保。您是當世豪傑，正是管領徐州的最佳人選！我自會表奏天子，請您萬勿推辭！」

劉備頓時驚呆了！

此時天下大亂，各路割據勢力為了搶地盤正打得頭破血流。虛假共識效應再一次影響了劉備的判斷：人人都在搶地盤，你陶謙竟要無條件奉送？顯然這是不可能的，陶謙一定是在演戲試探自己！

劉備急忙拜伏於地，以最卑微的姿態但卻十分堅定地拒絕道：「劉備雖是漢朝苗裔，但功微德薄，現擔任平原相之職，尤不稱職。這次前來徐州相助，實出於大義。德祖公何出此言，莫非懷疑劉備有吞併之心？我若有此念，皇天不佑！」

陶謙卻說：「玄德公，我是真心誠意要將這徐州讓給您的。」劉備只是搖頭，絕不相信陶謙會發自內心地出讓徐州，堅辭不受。

那麼，陶謙為什麼要主動出讓徐州呢？這到底是真心，還是試探呢？

這可以說是整個三國中最大的一個謎團。這件事之所以匪夷所思，是因為人類對於自身的意志力之謎的揭開還要在約莫兩千年後。一旦洞透人類的意志力祕密，這個謎團也就迎刃而解了。

陶謙這一怪誕行為的背後，深藏的正是他內心不易為外人覺察的意志力衰竭。

美國佛羅里達州立大學的心理學家羅伊・鮑邁斯特曾專門研究了人類的意志力極限。他設計了很多實驗，讓人們在實驗室裡努力用自己的意志拒絕美食誘惑、排除干擾、壓制憤怒、把手浸入冰水中，等等。最終他發現，無論他給被試布置什麼樣的任務，人們的意志力都會隨著時間的推移而消失殆盡。鮑邁斯特由此得出結論，人類的意志力是有限度的，如果在某一項任務上持續投入過多，就會導致意志力衰竭。而一個意志力衰竭的人，必然走向放棄或放縱。

比如，很多剛剛參加馬拉松賽跑的業餘選手，很容易半途放棄。這往往不是因為他的身體狀況絕對不能堅持，而只是他的意志力出了問題。唯有放棄，才是當時最快意的一種解脫。

陶謙已經六十出頭，身體狀況不是很好。他就像一個不得不帶病上路的高齡馬拉松選手，竭盡全力地去應對曹操的瘋狂攻擊。陶謙苦苦堅持，體力與心智雙重透支，意志力日趨衰竭，如果再堅持下去，可能連命都沒了。地盤再重要，也不如命重要。

所以，儘管在別人眼裡，徐州是一塊大肥肉，陶謙卻認為是一個燙手的山芋，恨不得早日脫手。但陶謙對漢室忠心耿耿，在責任感的驅使下，唯恐所托非人。這樣的矛盾糾結又加劇了他的意志力衰竭。眼看油盡燈枯，如果劉備再不來，恐怕陶謙的這一場「馬拉松」是再也堅持不下去了。所以，他才會乍一見到劉備，就恨不得立即將身上的重擔移交給劉備。

那麼，陶謙為什麼要將徐州交給毫無交情的劉備呢？他的老朋友孔融不也是一個很好的選擇嗎？從陶謙所說的話語裡，可以看出他選擇劉備有兩個理由。

第一，劉備是漢室宗親，而徐州是漢室疆域。從身分上來說，劉備理應擔負起管領徐州的責任。

第二，劉備是當世英雄，從能力上來說，完全可以勝任管領徐州的重任。

實際上，陶謙還有一個原因沒有直接說出來。這就是劉備的千里赴援，彰顯出了他的仁義品格。孔融是老朋友，出手援助是分內的事。劉備與他素無交情，仗義而來更顯難能可貴。正是這一點感動了陶謙，前述兩點才會顯得分外迷人。

陶謙也知道，自己的舉動太過驚世駭俗，很可能會引發整個徐州政壇的非議，從而阻撓劉備順利接掌徐州。為此，陶謙不得不加大對劉備的「溢美」程度，提升劉備的整體形象，以便他配得上接管徐州。

但是陶謙沒有想到，他遇到的最大阻撓竟然來自劉備本人。

劉備為什麼要拒絕這個從天而降，砸到自己頭上的大餡餅呢？

這個問題的答案在孔融身上。

要知道，劉備本來是不想來蹚徐州的渾水的。但是，孔融憑藉自己的強悍口才，用「仁」和「義」這兩條道德之繩，「綁架」了劉備，並且用「玄德公切勿失信」加以強化刺激。劉備不得不來，來了之後，也不得不按照「仁」和「義」的標準行事。如果他坦然接受了徐州，那就等於在事實上宣告自己是為「利」而來的，從而與他刻意營求的「仁」和「義」的名聲絕緣。

正因如此，不管陶謙是出於真心還是假意試探，劉備都是不會接受徐州的。

為了推脫開陶謙深不可測的「美意」，劉備只能逆著陶謙的腔調，著力貶低自己，弱化自己的形象，以達到拒絕的目的。

劉備此前一直自稱「漢室宗親」，也坦然接受了眾人的公認。但是當陶謙在這樣一個特殊的情境下也這樣稱呼他時，他卻改稱自己為「漢朝苗裔」。「漢室宗親」和「漢朝苗裔」，在本義上並無太大的不同。

但相對而言，「漢朝苗裔」卻是一種疏離性表達，意在表明自己與漢室的關係並不那麼親近，從而也無須為受領漢室之土——徐州擔責。這是為了否決自己在身分上的勝任性。

劉備還自我揭醜，說自己擔任平原相都不怎麼勝任，以此來反證自己並無足夠的能力管領徐州。這是在能力勝任性上的自我否決。

隨後，劉備還特別點明自己是為義而來的，並發誓賭咒說自己絕無覬覦之心。這顯然是說給現場的裁判官——孔融聽的。貧窮的人往往比富有的人更重視名聲。因為窮人除了名聲之外，別無所有。一旦失去了名聲，就真的無法生存了。劉備此刻的境遇也是如此，他並沒有多少政治資本，如果被人視為不仁不義之徒，那就徹底失去了實現遠大夢想的可能。

陶謙與劉備的推來讓去，讓孔融看不下去了。說實話，孔融也對陶謙的做法大惑不解。但他此行前來的目的，並不是來見證徐州移交的，而是要先行解決曹操圍城的當務之急。孔融出言相勸，總算讓這場「鬧劇」暫時消停了下來，重新把目光投向大敵曹操身上。

劉備提出先給曹操寫一封信，曉之以理，勸其退兵。劉備這樣做，是自以為和曹操有點交情。當初聯軍伐董，關羽溫酒斬華雄後，曹操曾暗中送來酒肉禮物，要和劉、關、張結交。劉備據此判斷曹操多少會賣點面子給自己。

但現實是很冰冷的。曹操看了劉備的信，臉色一變，破口大罵：「劉備算個什麼東西，竟敢來勸我退兵？」正想翻臉將使者殺了，立即攻城，卻見謀士郭嘉使了個眼色。

郭嘉湊到曹操耳邊，說：「主公不如好言好語寫封回信，麻痺劉備，然後趁機攻城，豈不更好？」

曹操聽了，臉色又是一變，立時換上一副笑臉，對著使者說：「我是恨劉備和我這麼好的交情，卻不早來見我。既然有信在此，待我寫一封回信給他。」

使者被蒙在鼓裡，更加相信劉備和曹操確實交情不薄。就在使者等待曹操寫回信的時候，曹操得到了飛馬快報。

原來，呂布趁著曹操遠出，攻占了曹操的大本營兗州。對曹操來說，兗州比徐州重要多了。如今老巢有失，再在徐州戀戰不去，就會兩面受敵。曹操立即決定，退兵回師，奪回兗州。

曹操隨即想到，既然事實上已經不能繼續攻打徐州，不如賣一個順水人情給劉備，讓他記著這筆恩情，以圖後報。這個念頭一起，回信就很好寫了。曹操不但同意了劉備的請求，還在信裡將劉備大大地誇了一番。

使者拿了回信，回到徐州，報告了這個大喜訊。真是來得早不如來得巧，所有的巧事都讓劉備趕上了。劉備運氣爆棚，輕輕鬆鬆就為徐州立了一大功。

> 心理感悟：放棄和放縱有一個共同的父親——心理疲勞。

⑮——餡餅太大不敢吃

陶謙見劉備僅用一封書信就輕巧退了悍猛之敵，十分高興。他不僅為徐州重獲平安而高興，而且為自己再次託付徐州找到了一個充足的理由而高興。

慶功宴上，酒過數巡，陶謙又挑起了這個話頭：「老夫年邁，體衰力竭，兩個兒子也沒什麼出息，擔不起國家重任。玄德是帝室之胄，德才兼備，可以接替老夫掌領徐州。我就可以退歸養病了。」

此前，劉備在猝不及防間果斷拒絕了陶謙。當時，劉備根本沒有時間來細細思考這件事背後的價值。但隨後，劉備回過味來，才明白自己拒絕的其實是一個稱霸天下的機會。

這些年來，劉備東奔西走，一直沒能像其他豪強一樣，迅速借勢而起，擁有自己獨立的地盤。公孫瓚對他算是很不錯的了，但也只是讓劉備成為他本人掌控之下的平原相。劉備以為自己已經錯過這個好機會了，沒想到陶謙竟然再一次送上了「煮熟的鴨子」。

陶謙的理由其實挺充分的。上一次劉備可以說是無功不受祿，但這一次可大大不同了。劉備已經成功拯救了徐州，就憑這份功勞，他應該受之無愧了。

那麼，這一次劉備又會如何表現呢？

劉備說：「孔文舉讓我來救援徐州，是出於大義。如果我因此占了徐州，不知道的人就會說我是大不義。」

每個人都有努力保持前後一致的內在衝動，以免被人恥笑為善於偽裝或見風使舵。劉備既然拒絕了第一次，時隔不久，就不得不拒絕第二次。否則，他第一次的拒絕就會被人理解為假意作秀，這對劉備經營自己的名聲大大不利。唯有多拒絕幾次，才可以逐次消融掉背離一致性的負面影響。這正是中國人社會生活中屢見不鮮的場面。

陶謙，包括已經明白了陶謙真實心意的部下麋竺、陳登等人都是這樣想的。所以，麋竺、陳登都站出來「幫助」劉備從形式上克服他的心理障礙。

麋竺說：「現在天下大亂，漢室衰微，正是建功立業的好時機。徐州向來殷富，戶口百萬。請玄德公千萬不要推辭！」

劉備說：「此事絕不敢當！」

陳登跟上，說：「陶府君體弱多病，不能署事，玄德公還是不要推辭了。」

劉備卻說：「袁公路出身豪門，名望很高，又駐在附近，為什麼不讓他來掌領徐州呢？」

陳登說：「袁術驕奢無度，根本不是有為之人，怎麼能把徐州交給他呢？」

孔融在旁，聽到劉備提到了袁術，觸動了敏感神經，說：「袁公路不過是塚中枯骨，哪裡是憂國憂民的人？玄德，你不要管他了。今天之事，是上天給你的大好機會，錯過了就後悔莫及了！」

當初，「仁」和「義」這兩條道德之繩就是孔融綁在劉備身上的。解繩還須繫繩人，現在孔融已經發話了，劉備可以坦然接受了吧？

但劉備還是堅定地予以拒絕，以至於連旁邊的兩位兄弟關羽和張飛也看不下去了。

關羽、張飛從來沒有忘記，三兄弟多年來一直憧憬著逐鹿天下，但卻苦於沒有立身之基，如果大哥劉備今日得了徐州，豈不是天賜良機嗎？

關羽決定「幫」一下大哥。

關羽非常聰明，知道劉備非常注重名聲與面子，說：「大哥，既然徐府君真心盛情，您不如暫領州事！」

關羽的《春秋》還真不是白看的。他的意思是讓劉備當「臨時工」，暫且替陶謙掌管一下徐州。千萬不要小看了這個「暫」字。這可謂是一「暫」值千金，深得中國幾千年政治謀略之絕頂奧妙！

這個「暫」字的妙處就好在進退自如，既可以立得權力之實，又可以抵禦口舌之非。而一旦上了手，大權在握，臨時工要自我轉正還不是分分秒秒的事兒？

劉備聽了，內心一動，卻聽張飛緊跟著來了一句：「又不是強奪他的州郡！來來來，把徐州的牌印交給我，不由我大哥不肯！」

張飛的這句話實屬畫蛇添足，幫了倒忙。張飛外形粗豪，在人們的刻板印象中，這樣的人有勇無謀，不會耍花花腸子，說出來的都是大實話。正因如此，他的這句話破壞力極大，彷彿劉備心裡早已是千肯萬肯，只是迫於面子才一拒再拒。

別人這樣說，劉備還可以忍受。但自己的兄弟這樣說，就等於把劉備往火坑裡推了。劉備大叫一聲，說：「你們要陷我於不義，我還不如死了算了！」拔出劍來，就要自刎！幸好一旁的趙雲手疾眼快，一把奪下了劉備的佩劍。

那麼，劉備為什麼要這樣苦苦拒絕呢？

他並不是在作秀。他是真的在心裡過不了這道坎！

每個人都會根據社會價值標準來衡量付出與得到之間的關係。如果這兩者不相匹配，不勞而獲，或少勞多獲，都會導致「過度合理化效應」，在內心激發不安與惶恐。通俗地說，天上真的掉了餡餅，如果這個餡餅太大的話，並不是每一個人都敢於受之無愧，心安理得地吃掉它的。

徐州正是一個過於巨大的餡餅，在劉備內心引發了強烈的「過度合理化效應」。劉備認為按照自己為拯救徐州所做的貢獻，根本配不上得到徐州這樣的酬勞。他為什麼如此低看自己的功勞呢？

在人類的認知機制中，存在著一種「體驗認知」，即我們身體的知覺會對我們的思維方式產生強烈影響。

在一個精心設計的心理學實驗中，一群被試手持不同重量的寫字板開始了實驗。首先，實驗者拿出一些不常見的外國硬幣，讓被試在寫字板上寫下他們所估計的幣值。結果，那些手持較重寫字板的被試的估值明顯高於手持較輕寫字板的被試。

接下來，這些被試需要再次判斷在一次重要的決策會議上發言的重要性。這項決策和被試的切身利益有關。結果，手持較重寫字板的被試，明顯比手持較輕寫字板的被試更為重視這次會議，並傾向於積極發表自己的觀點。

最後，研究者提出了幾個觀點，要求被試表達認同或不認同。結果，手持較重寫字板的被試在維護自己所認同的觀點時，語氣更為肯定，對觀點的維護也更為堅定。

可見，身體對於重量（分量）的感知最終對於人們的立場、觀點、神態、語氣等都產生了強烈的影響。

再回到劉備的認知判斷中來。

劉備是靠著輕飄飄的幾頁信紙勸退了曹操的。這和真刀實槍、血腥廝殺之後迫使曹操退兵相比，雖然最終的結果是一樣的，但顯然在知覺分量上大為不同。如果劉備是以後一種方式拯救了徐州，那麼，他對自我功勞的判定就會「重如泰山」。而一信退敵，看似神奇，功勞卻多少顯得有點「輕如鴻毛」。

劉備覺得自己當不起這份巨大的酬勞，再加上他想要保持一致性的欲望也十分強烈，他只能堅定地予以拒絕。

拒絕是最好的行銷。劉備二次拒領徐州，深深感動了在場諸人。從此以後，他的仁義之名、高大形象，迅即傳遍大江南北，成為萬人景仰的偶像。這才是劉備走向輝煌的真正起點。

陶謙看劉備以死相拒，知道這一次徐州又讓不成了，不由淚如雨下，說：「玄德公，你要是捨我而去，我死不瞑目啊！」

眾人見陶謙如此傷心，不由紛紛轉而勸劉備留在徐州。

陶謙又說：「徐州附近有個小沛，玄德若肯顧憐我，就屯軍小沛，隨時救援，以保徐州！」眾人以為劉備又會予以拒絕，但沒想到，這一次劉備痛快地答應了。

要知道，劉備是因道義而來的。那麼，在徐州平安之後，就應該為道義而回。他來徐州，徵得了公孫瓚的同意，並獲得了他的額外助力。如果劉備留在徐州，就等於是投靠了陶謙而背棄了從未對不起他的恩主公孫瓚。顯然，這樣的行為是極不道德的。

一分鐘前，劉備還是道義的化身；一分鐘後，劉備就背棄了道義。

這是為什麼呢？

心理感悟：政治才略與道德缺陷是骨肉相連的連體嬰兒。

⑯ 道德不是糊塗賬

劉備在公孫瓚和陶謙之間轉換門庭的行為，可以在潛意識上找到心理根源。

劉備幼失恃怙帶來的孤兒心態不斷驅使著他寄人籬下，尋找依靠，而源自皇帝夢的雄心壯志卻又驅使著他要去自立門戶。這兩種不同方向的心理動力之間的博弈，始終是劉備一生中永不停歇的心靈拔河。

放棄公孫瓚，選擇陶謙，並不是簡單地換了個靠山。人們對於曾被自己拒絕過的東西，其實在心理上還是劃歸自己所有的，並始終「天真地」認為，只要自己想要，隨時就能如願以償。劉備兩次拒領徐州後，也必然產生類似的想法。而且，陶謙年老體衰，疾病纏身，很可能會再次出讓徐州。那麼，屯軍小沛就是一個很好的選擇。

但最大的問題是，劉備一向以道德完人為追求目標，而且他前期的所作所為已經讓自己固化在這個標籤上了。那麼，當他做出這個轉換門庭的行為後，他自己怎麼能轉過這個心理死彎呢？

其實，並不僅僅是劉備會遭遇這樣的道德困境，所有的人都概莫能外。久而久之，人類在進化中，逐漸形成了一種「道德自洽機制」。當人們做了符合道德的好事善舉後，就彷彿在自己的道德銀行中存進了一筆款項。反之，當人們自己做了壞事或者縱容了他人做壞事，就如同消耗了道德銀行中的一些款項。道德帳戶，進進出出，只要能大致保持帳戶的平衡，不至於出現長時間的巨額透支，人們也就能心理平衡了。

這樣的道德自洽機制形成後，自然會出現各種形式的變種。甚至有的人的道德帳戶餘額滿溢後，會不由自主地放縱自己做一些壞事。

劉備也是這樣。正是他義助徐州，毫不居功的行為，導致了他毫無愧色地做出了背離公孫瓚，屯軍小沛的決定。道德不是糊塗賬，但這多少有些諷刺意味。

劉備決定留下了，關羽、張飛當然是進退相隨的，但趙雲卻沒有留下來。劉備雖然不捨，卻也無法強留，只能以熱淚送別，讓趙雲帶著公孫瓚的兩千人馬回歸幽州。

劉備屯居小沛後，忽然驚喜地發現，小沛雖小，但卻是大漢開國雄主劉邦的龍興之地，素有「千古龍飛地，帝王將相鄉」的美稱。劉邦當年冊封的十八個諸侯王中，出生於小沛的竟然有十人之多。而且，蕭何、曹參、周勃、樊噲、王陵這些先後擔任大漢丞相的俊傑也都是沛縣人。

這樣一個神聖的所在，充滿了積極正面的心理暗示，當然會讓劉備浮想聯翩。既然先祖劉邦能夠以一介草民之身，以小沛為起點，開創了不世奇功，我劉備為什麼就不能呢？劉備深信不疑地認為，命運安排自己來到這裡，就是要明示自己，那個遠大的夢想一定會成為現實！

正當劉備在小沛信心百倍、勵精圖治之際，陶謙的生命卻已走到了盡頭。

陶謙病體漸覺不起，於是找來糜竺、陳登商議後事。

糜竺說：「上次曹操從徐州退兵，是呂布襲擊兗州的緣故。我想曹操是不會放過徐州的。府君前番兩次想讓位給劉玄德，現在病勢沉重，不如再次交托給他吧。」

陶謙當初挽留劉備，讓他在小沛安身，其實就是一個緩兵之計。糜竺等人對此心知肚明，故而直言不諱地建議陶謙三讓徐州。

陶謙依言，將劉備請來，再一次提出了相同的請求。這一次劉備會不會痛快地接受呢？

劉備竟然還是不接受！

劉備當然知道徐州是好東西，可是陶謙幾次三番地出讓，卻不由讓他生出了一絲疑慮。既然這麼好的東西，為什麼不留給自己的兒子呢？為什麼一定要給沒有血緣關係的外人呢？劉備眼看推託不過，就把這個疑問拋出來了：「陶府君，您有兩個兒子，為什麼不把重任交給他們呢？」

陶謙確實是有兒子的，一個叫陶商，一個叫陶應。

陶謙點了點頭，說：「說實話，我是有點私心的。我這兩個兒子，實在太不成器了，根本擔不了這麼重的責任，只能到鄉下去種種田。老夫死後，還希望玄德公您多多照應他們啊！但千萬不要讓他們入仕為官。」

看來，陶謙是很愛他的兒子的。也正因為這樣，他自己在徐州牧任上，心力交瘁，不堪重負，因此不願意讓兒子再來遭這份罪。

劉備一聽，心中最後的一個結打開了。這時候，如果再不接受徐州，可就真的是天大的傻子了。但劉備從來沒有執掌過這樣一個人口百萬的大州，難免有些自信心不足。

劉備說：「我一個人，怎麼管得了呢？」

陶謙見劉備的口風終於軟了，十分高興，連忙說：「我這手下的糜竺、陳登，都是很不錯的人才。我還可以為你推薦一個人。這個人是北海人士，姓孫名乾，可以當你的好助手。」說完，急忙派人將孫乾請來與劉備相見。

陶謙在做了這許多安排後，終於油燈耗盡，辭別人世。

劉備就這樣一步登天，成為徐州之主，正式邁入了封疆大吏的行列。大漢天下，共有十三州，能夠擔任州牧的也只有區區十三人。從此以後，劉備完全可以和袁紹、袁術、曹操、公孫瓚這些割據一方的豪強平起平坐了。

這一年，劉備三十五歲。十一年前，他二十四歲的時候，和關羽、張飛從軍掃黃，開始了創業之旅，雖然這一路上頗多挫折，但能夠用十年多一點的時間，成為州牧一級的顯赫人物，也算是很了不起的成就了。人海茫茫，多少聰明才智之士，費盡心機，終其一生，也無法登上如此高位。劉備的發跡雖然比袁紹、曹操等人晚了好多年，但我們要看到，劉備是零起點的，毫無依憑，完全靠著個人的奮鬥才走到了這一步。

早在少年時代，劉備就有了根深蒂固的皇帝夢。與這個夢比起來，州牧才不過是剛剛起步。劉備還必須繼續努力，有了這一次頗為意外、極其幸運的成功，他對自己的未來更加充滿信心。

但命運經常是會「詐和」的。他會暫時讓你攀上生命的高峰，卻很少讓你從此一路順風，如願登頂。它讓你爬得越高，往往是在為下一次的摔打加大落差，讓你摔得越重。很少有人能夠經得起這樣的沉浮起落。只有真的英雄，才能夠穿越逆境，走向勝利。

劉備是不是也要經受這樣的考驗呢？他能夠成為真正的英雄嗎？

高興之餘，劉備也不時思考，為什麼這樣的幸運會從天而降，落到自己的頭上。對於這一類的問題，只要人們願意，總是能找到讓自己滿意的答案的。對劉備而言，與得到徐州相比，當初救援徐州就是一件微不足道的小事。做了這麼小小的一件善事，卻得到了如此豐厚的回報，這樣的小小善事，難道不值得一做再做嗎？

所以，劉備的答案就是「勿以善小而不為」。這與他當初在鞭打督郵後總結出來的「勿以惡小而為之」，互相呼應，成為他此後奉行一生的人生信條。

> 心理感悟：不要揮霍你的道德資產，更不要透支你的道德餘額。

⑰ 空手套了白眼狼

劉備在徐州牧的寶座上，屁股還沒坐熱，債主就追上門來了。

這位債主就是呂布。

曹操從徐州退兵後，將呂布打得大敗。呂布走投無路，部下陳宮就給他出了一個主意。陳宮說：「當初我們進攻兗州，曹操不得不退兵，這才讓劉備得了徐州。我們為什麼不去投奔劉備呢？」

呂布一想，對啊，要不是自己，劉備怎麼能憑空得這麼大一個便宜呢？不找他還找誰啊？這樣，呂布就上徐州來了。

劉備聽說呂布來投，非常高興，立即說：「呂奉先乃當今之英雄，我們必須出城迎接！」糜竺連忙勸諫道：「呂布是個虎狼之徒，明公絕不可收留他，否則必然傷人！」

糜竺對於呂布的判斷頗有「基本歸因錯誤」之嫌。

人類的歸因可以分為兩種，一種是性格歸因，一種是情境歸因。性格歸因是將人們的行為歸結於其內在的性格特質所致，而情境歸因則是將人們的行為歸結於外部環境因素的影響所致。但人們在為他人下判斷時，往往忽略了情境的影響，而傾向於使用性格歸因。這就是普遍存在的「基本歸因錯誤」。

糜竺說呂布是「虎狼之徒」，就是在說一種內在的性格特質。呂布先殺義父丁原，投奔董卓，再度拜其為義父；後來又殺了董卓，依附於王允。其實，呂布的這兩次弒殺義父，是有本質區別的。第一次殺丁原，可以說是見利忘義；而第二次殺董卓，其實是大義滅親，而這其中也有很多外界因素在起作用。但在基本歸因錯誤的認知驅使下，普天下人都將呂布視為寡廉鮮恥的小人。後來，呂布又先後去投奔袁術、袁紹等人，但都因為他已經背上的這個負面標籤，要嘛被拒之門外，要嘛被小心提防。總之，無論呂布走到哪兒，都不招人待見。

糜竺勸諫劉備不要收留呂布，顯然與社會對呂布的普遍認知是一致的。

但奇怪的是劉備偏偏沒有「人云亦云」，反而為呂布辯護說：「上次如果不是呂布偷襲兗州，我們徐州怎麼能保得平安？別說收留呂布了，就是他找我要徐州，我也得讓給他。」

麋竺及眾人見劉備說得斬釘截鐵，也就不再勸了。劉備隨即自領軍兵數千，出城三十里，前去迎接呂布的到來。

在這件事的處理上，可以看出劉備不僅僅是溫文隨和的，他的性格中也有堅定執著的部分。只要他自己做了決斷，就不再聽他人的意見，甚至會一意孤行。在此後很多關鍵的節點上，劉備都展露了這種性格特點。這其實是成功者的一種必備素質，但如果過於執著，也會造成極大的危害。

劉備為什麼會沒有像麋竺以及絕大多數人一樣，落入「基本歸因錯誤」的認知窠臼呢？

在劉備心中，此時占據上風的是一種「初成功膨脹」心態。巨大的成功，必然會極大地提升一個人的自尊水準，從而讓這個人更加自信，大幅度高估自己的個人魅力與操控力。尤其是當一個人剛剛取得成功之際，這種自我膨脹的心態表現得更為明顯。

劉備初掌大權，春風得意，不可避免地自我感覺良好。而呂布的來投，正契合並強化了他的「初成功膨脹」心態。

呂布的發跡要比劉備早了很多年。早在劉備落魄之時，呂布就已經地位顯赫，名揚天下了。他剛投奔董卓，就被任命中郎將，封都亭侯。刺殺董卓之後，又被任命為奮武將軍，假節，儀比三司，進封溫侯，與王允同掌朝政。

呂布還是一員不可多得的猛將。當初在虎牢關前，關羽、張飛兩個人都沒有打敗他。劉備絕不會認為自己當初是幫了倒忙，他一定認為，如果不是自己上前助陣，光靠兩個兄弟是不能擊敗呂布的。喜歡高估自己的貢獻，這正是人之常性。但劉備這樣的認知，自然也就提升了呂布的價值，即呂布大於關羽、張飛之和。

這樣一個地位顯赫、勇猛過人的豪傑現在都要來投奔自己了，劉備怎麼能不心花怒放呢？這除了說明自己已經是一個天下公認的大人物之外，還進一步助長了他對未來的美好預期。得了呂布，不啻如虎添翼。別人也許駕馭不了這員猛將，但我劉備上符天意，下合民心，德才兼備，怎麼就不能用好呂布呢？

所以說，劉備熱情、隆重接待呂布，其實是在潛意識裡為自己大肆喝彩。他的這一番心思，旁人自然是難以體會的。眾人只能尊重他的決定，一起去城外迎接呂布的到來。

賓主相見，落座說話。

呂布不知劉備心意，說：「我自從刺殺董卓後，又遭李榷、郭汜之亂，不得已飄零關東，投奔二袁，都不相容。上次使君力救徐州，我趁機襲擊兗州，不料反被曹操所害。現在我來投奔使君，不知尊意如何？」

這番話說得低調謙虛，卻又綿裡藏針，完全不是呂布慣常的風格。這其實是陳宮事先想好教給呂布的。其目的就是透過委婉地表功，引發劉備受惠後的感動與內疚，同意收留呂布，以作補報。

劉備一聽，感到很不好意思，連忙說：「陶府君新近歸天，無人管領徐州，因此劉備暫時掌攝州事。天幸將軍來到徐州，劉備理應將徐州讓給將軍掌管。」說著，作勢要解下懸掛腰間的徐州印信。

劉備倒不是真的心甘情願要把徐州讓給呂布。他覺得，自己這麼一讓，呂布必然倍感壓力，絕不敢輕言接手。那麼，整套場面活也就算完結了。只要今後厚待呂布，也就算是合理補償了。

但是劉備絕沒有想到，呂布的手竟然不由自主地伸了過來，等著要接劉備的印信！

顯然，過度合理化效應並沒有在呂布身上發揮作用。人和人之間對「度」的理解是大不一樣的。劉備覺得「過度」的東西，呂布卻並不覺得「過度」。呂布的伸手，是他的潛意識衝動，但他隨即看到站在劉備身後的關羽、張飛，虎視眈眈，有拔劍之勢，立即清醒過來。

呂布隨即假笑幾聲，說：「我呂布不過是一勇之夫，怎麼能當徐州牧呢？」

劉備又再謙讓幾句，陳宮在一旁說：「強賓豈敢壓主？劉使君，你切勿懷疑我們別有心機啊。」

劉備這才作罷，吩咐設宴款待呂布。

第二天，呂布依禮回請劉備。關羽、張飛提醒劉備要小心。劉備卻說：「我以善心待人，人絕不肯負我。」他剛剛總結出了「勿以善小而不為」的人生法則，自然要時時加以運用，以期再得厚報。收留呂布，當然屬於善行，又無須額外付出什麼，劉備自以為空手套了白狼，其實他是空手套了白眼狼。

劉備帶著關羽、張飛赴宴。酒喝到一半，呂布突然請劉備進入後堂的臥室中，讓自己的妻子女兒前來拜見劉備。呂布的用意很明顯，是想和劉備建立更為親密的私人關係。

劉備再三謙讓，呂布卻說：「賢弟受禮無妨。」

呂布的年紀比劉備大，發跡比劉備早，叫劉備一聲「賢弟」，利用「親緣稱呼效應」來套套近乎，倒也並不出格。但沒想到，一旁的張飛聽了這一聲「賢弟」，卻突然發飆了。

張飛拔出佩劍，大叫一聲：「我哥哥是金枝玉葉，你是人家奴婢，怎敢叫我哥哥做賢弟！你過來，我和你鬥三百回合！」

張飛的叫聲，威猛無比，後來在長坂坡上甚至嚇退了百萬曹軍。此刻，他在呂布臥室中的這一聲暴叫，當場就嚇壞了呂布的妻女，也讓劉備十分尷尬。劉備是存心要與呂布交好，援為己用的。張飛這麼一攪和，劉備只好讓關羽把張飛拖了出去，並連聲向呂布道歉。呂布默然不語，這一場酒宴就此不歡而散。

張飛為什麼會如此失態呢？

其實，這是出於張飛對呂布一種本能的嫉妒心理。張飛素以勇猛無敵著稱，但當年在虎牢關前一個人與呂布交戰，卻頗為不敵。當兩個人分屬不同陣營的時候，張飛並不會表現出嫉妒。但現在呂布也投到了劉備手下，張飛的勇猛標籤在呂布這面鏡子的折射下，不免黯然失色。

當他人影響到了自己個性或才能上的獨特性，就會引發針對這一特定他人的強烈偏見。這就是獨特性衝擊。

而且，呂布不甘於當劉備的下屬，竟與劉備稱兄道弟，進一步加大了張飛的獨特性衝擊。在劉備陣營中，只有關羽、張飛是劉備的結義兄弟，現在你呂布叫劉備賢弟，也加入了兄弟行列，豈不加倍剝奪了張飛在與劉備關係上的獨特性？更為甚者，呂布自恃年長，還將在兄弟位次上凌駕於劉備之上，豈不是更讓關羽、張飛無法忍受？

劉備該如何來收拾這個爛攤子呢？

> 心理感悟：他人是判定我們成敗、尊卑的鏡子。

⑱——一把不想殺人的刀

劉備原意是想留呂布在身邊，好生接納。但張飛和呂布已經撕破了臉，不可能相安無事，共處一城。劉備只有好言寬慰呂布，安排呂布去小沛駐紮。

但這樣一來，劉備就失去了對呂布就近控制的可能性。這也為後來的惡性事變埋下了禍根。可見，劉備總結的「勿以惡小而為之」還是很有道理的。張飛忍不住一時之怒，最終葬送了劉備這份從天而降的大好基業。

再說曹操得知劉備唾手而得徐州的消息後，肺都氣炸了。一怒之下，曹操立即要再次發兵，攻打徐州。但謀士荀彧卻建議他先去掃平黃巾餘黨。曹操果然是個人傑，為了戰略大計，硬生生忍下了這口氣。曹操做了一個正確的抉擇，攻克汝南、潁川後，勢不可當，又將漢獻帝控制在手中，遷都許昌，從此把持朝政，擁有了「挾天子以令諸侯」的獨家優勢。

大事初定，曹操得知了呂布投奔劉備的消息，不由又想起徐州了。曹操聚集文武商議。許褚提出要帶兵前去討伐，荀彧卻提出，不如好好利用一下漢獻帝。

曹操心領神會，以漢獻帝的名義冊封劉備為鎮東將軍，宜城亭侯，正領徐州牧。人在家中坐，福從天上來。劉備的徐州牧頭銜本是陶謙私相授受的。現在有了皇帝的詔書，就是名正言順的了。況且，皇帝還給了他鎮東將軍的稱號和宜城亭侯的爵位。劉備此時的成就已經追上他的先祖陸城侯劉貞了。

這是曹操平生第一次「挾天子以令諸侯」。曹操擔心劉備得了好處，卻未必知道是誰給他的好處，所以特意交代使者要對劉備講清原委。使者見了劉備後，著重指出：「這都是曹將軍在皇帝面前力保使君的結果。」

曹操給劉備這麼多好處，其目的就是想把劉備變成一把可以幫他殺人的刀。就在劉備深表感激之際，使者又拿出了一封曹操的密信。密信上寫得很明白，就是讓劉備殺掉呂布。

可是劉備並不想被人當刀使。呂布是他出於名聲考慮並頂著僚屬們的反對壓力，強行留下來的。如果剛得了曹操的一點好處，就把呂布殺了，這和已經被天下人視為見利忘義之輩的呂布又有什麼區別？現在曹操的勢力比以前更大了，為了一個呂布而得罪曹操，是不是也很不明智呢？

劉備糾結難斷，只好召集一眾文武商量對策。

張飛一聽，馬上就高興了，第一個表態：「呂布這個無德小人，趕快殺了吧。」劉備白了他一眼，說：「人家窮途末路來投奔我，我要是殺了他，可就是大不義啊！」

劉備拋出了「大不義」這頂帽子，其他人就不能多說什麼了。這場商議自然無果而終。

第二天，呂布打著祝賀劉備獲封的名義主動上門了。呂布不傻，他是來探聽風聲的。

呂布剛一進門，張飛拔劍就要砍他。劉備急忙攔住。呂布大驚，問道：「翼德，你為什麼總想殺我？」

張飛說：「曹操說你是個不義之人，讓我哥哥殺了你！」張飛把實情一說破，劉備頓時別無選擇。他立即拿定了主意，喝走張飛，把呂布叫到了後堂，拿出了曹操的密信給呂布看。

呂布看完信，說：「這是曹賊故意挑撥我們之間的關係啊。」

劉備堅定地說：「兄長不要煩惱。劉備絕無此意。」

呂布告別而去。儘管劉備保證絕無壞心，但張飛幾次三番要動手，在呂布心中蒙上了一層厚厚的陰影。

呂布走後，關羽、張飛又來追問劉備為什麼不殺呂布。

劉備說：「曹操想讓我和呂布自相殘殺，他自己坐山觀虎鬥。我們為什麼要上當呢？」

關羽覺得劉備說得有道理，但張飛還是嚷嚷著要殺呂布。

劉備計議已定，給曹操寫了一封回信，也不明著拒絕，只是說「容我緩緩圖之」。

曹操一計不成，又生一計。這一次，曹操吃準了劉備的軟肋。我曹某人的密信你可以置之不理，但你是漢室宗親，又剛剛接受了朝廷的冊封，皇帝的話你總不能不聽吧。曹操以皇帝明詔的名義，讓劉備去討伐袁術。同時，又暗中派人去知會袁術，說這是劉備主動上表要這麼幹的。

曹操沒能挑動劉備和呂布之間的內訌，就想挑起劉備和袁術的爭端。

明詔一下，劉備竟然馬上就同意了。其實，劉備不是中計，而是正中下懷。

首先，在劉備最痛恨的人的名單中，袁術排名第一。袁術自恃出身高貴，很看不起出身卑賤的劉備。在共討董卓的時候，袁術多次大放厥詞，侮辱劉、關、張三兄弟。

其次，袁術所占領的地盤南陽，與徐州相鄰。就算是沒有天子明詔，雙方遲早也要起衝突。既然如此，為什麼不借著天子的名頭，師出有名呢？

所以，劉備明知這是曹操的計，卻心甘情願地「依計而行」。

劉備要出征，首先要確保大本營的安全。

劉備問：「誰可以守城？」關羽當仁不讓地說：「我來守城。」

劉備想了想，考慮到張飛近期屢屢表現出來的腦殘行為，覺得還是帶著關羽去征討袁術為好。萬一有事，還可以和關羽商量商量。劉備說：「我早晚要和你商議軍機大事，豈能分開？」

張飛接腔說：「小弟願意守城。」

劉備說：「你守不得城。一來你酒後亂性，隨意鞭打士卒；二來你自作主張，不聽人勸。我很不放心。」

劉備訓斥張飛，其實是借題發揮。張飛身上的這些毛病，並不是今天剛冒出來的，而是一貫如此。劉備早不批評，晚不批評，偏偏還在這個時候，就是因為張飛嚴重擾亂了他收服呂布的謀劃。

張飛臉上一紅，急忙說：「小弟從今天起不喝酒了，也不打軍士了，別人的意見我也都聽著。」

劉備哼了一聲，說：「你要是能做到這樣，我就不擔心了。」

糜竺跟了一句：「只怕心口不一啊。」

張飛生氣了，說：「我跟了大哥這麼多年，從來沒有失信過。你憑什麼這樣說我？」實際上，這句話已經暴露了張飛根本不願意聽別人提意見的老毛病。但是他一發火，反而增強了他的說服力。糜竺頓時不敢多言。

劉備想了想，說：「你的脾氣性格我了解，我還是有點不放心。這樣吧，請陳元龍當軍師，管著張飛，不要早晚喝酒，不要誤事。」

安排好之後，劉備帶著關羽和三萬士卒，離開徐州往南陽出發。劉備不會想到，自己的這個安排竟是一個天大的錯誤！

張飛和呂布之間，已經發生了多次糾紛，勢同水火。劉備在的時候，尚且可以壓制住。劉備遠離之後，誰還能管得住張飛？劉備安排張飛守城，等於是在自家後院埋下了一顆威力巨大的定時炸彈。

果然，當劉備在前線與袁術相持之際，這顆定時炸彈就爆炸了。劉備汲汲營營，好不容易掙下的這份家底，竟然被炸得蕩然無存，徹底歸零。正所謂是，辛辛苦苦十幾年，一夜回到從軍前。

> 心理感悟：無利不起早，無利不當刀。

⑲ 世上只有兄弟好

劉備與關羽走後，張飛正式接管徐州。

張飛想起自己對劉備許下的戒酒承諾，不知道何日才能開禁，越想越是撓心。經過激烈的思想鬥爭，張飛決定趁著眼下沒有大事，先好好喝上一次，過足酒癮，然後再開始戒酒，等待劉備回來。

張飛召集文武，大擺宴席，宣布說：「今日大家盡此一醉，明日開始禁酒。」當某一項權利即將被禁止或剝奪之際，人們難免要在最後的時間裡盡情享用一番。但這一喝酒，還真就喝出事來了。

張飛希望人人痛飲自汙，法不責眾，足以抵消背著劉備喝酒帶來的負疚感。但席間有一個叫曹豹的官員，天生不喝酒。張飛苦苦逼曹豹破了戒，還痛打了他一頓。曹豹越想越生氣，連夜就派人去找呂布，煽動呂布趁著張飛大醉前來奪城。

呂布屢遭張飛凌辱，早就心生惡意，一聽有這麼好的機會，怎麼會不動手？呂布趁著月色明亮，又有曹豹接應，不費吹灰之力，攻入徐州城中。

張飛酒後不敢與呂布交手，帶了數十騎人馬，逃出城中，去找劉備。但劉備的家眷全都落入呂布之手。

張飛滿面悽惶，來見劉備，將情形說了一遍。眾人聽了，均大驚失色，劉備的內心卻一片冰涼！當眾人紛紛將矛頭對準張飛，指責他的愚蠢的時候，劉備知道，自己的愚蠢更加不可饒恕！

張飛和呂布勢同水火，劉備是早就知道的。這一次出征，劉備明知張飛不適合守城，但還是讓他守城。既然留張飛守城，就該帶上呂布出征，這樣既可以借呂布之威進攻袁術，又可以避免呂布和張飛發生新的衝突。這個兩全其美的辦法，並不難想到，但劉備還是疏忽了。所以，與其說丟失徐州是張飛的執行失誤，倒不如說是劉備的領導失誤。

劉備內心五味雜陳，充溢著對自己的不滿與懊惱。旁邊一眾人等，都等著他對這一事件給出一個定性的結論。劉備強自鎮定，說了一句：「得何足喜，失何足憂。」

這句話就顯出劉備的高明了。

眼下徐州已失，即便將張飛碎屍萬段，也已經無可挽回。而如果根據眾人當下的歸因認知，將一切責任都推到張飛頭上，對他加以重責，事後大家還是會明白其實劉備本人難辭其咎。既然如此，那還不如大大方方地接受殘酷的現實，不怪罪任何一人。

當然，劉備之所以能夠說出如此豁達的話，也和徐州得之太易有很大關係。如果徐州是劉、關、張浴血奮戰十數年，費盡千辛萬苦才得來的地盤，劉備絕不可能如此淡看得失。

劉備這句輕描淡寫的話，卻沒有引起關羽的共鳴。因為關羽看到的不僅僅是徐州的得失。關羽怒氣衝衝地問張飛：「嫂嫂在哪裡？」

關羽這一問，張飛才醒悟過來，頭垂得更低了，輕聲說道：「都失陷在城中了。」劉備一聽，心裡不由一緊。對於家眷，劉備顯然做不到「得何足喜，失何足憂」，於是默然不語。

關羽怒氣更甚，說：「你當初要守城時，說什麼來著？兄長吩咐你什麼來著？今天城也丟了，嫂嫂也失陷了，你死了都嫌遲，還有什麼臉面來見兄長！」

聽了關羽這番話，張飛立即拔出劍來，想要自刎。

世間之事，往往一報還一報。今天關羽出於義憤，對張飛苦苦相逼，日後張飛、關羽被曹操打散後在土城相會，張飛也是出於義憤，對關羽降曹一事苦苦相逼。

卻說劉備眼見張飛要拔劍自刎，頓時清醒過來。徐州已失，如果再損失一個勇猛無敵的兄弟，那可真是連老本也蝕光了。況且，自己本身也負有極大的責任，怎麼能讓張飛一個人以生命為代價背黑鍋呢？

但劉備也十分清楚，關羽那一番指責無論是站在管理的角度還是站在道義的角度，都是無可挑剔的。如果自己不能用一種合理的說法將其對沖消融，恐怕會傷了關羽的心，並在組織中營造出一種大家皆可不負責任的惡例，這更是劉備不願意看到的。

電光火石間，劉備一把抱住張飛，奪下他手中的劍，大聲說道：「古人有云：兄弟如手足，妻子如衣服。衣服破時，尚能縫補。手足若廢，安能再續？我們三兄弟桃園結義，立誓同生共死。今日雖然丟了城池老小，我怎麼忍心讓兄弟中道而亡？呂布雖然擄走了我的妻小，我們還可以想辦法去救啊！賢弟一時之誤，哪至於輕生呢！」

劉備自稱「兄弟如手足，妻子如衣服」這句話是古人所云，但其實是劉備本人的原創。這個套路他是跟孔融學的，孔融張口閉口就是「聖人云」。但顯然哪個聖人也沒「云」過這句話，劉備只好來了個「古人有云」。拉上虎皮做大旗，不但會讓說服的威力大增，也可以讓只有天曉得的那位古人來承擔這個奇特觀點的駭人之責。

由此也可以看出，劉備雖然讀書不多，但應變能力極強。從當初他急對張飛時說出的「我本漢室宗親」，到今日的「兄弟如手足，妻子如衣服」，這一份急智，比曹植的七步成詩不遑多讓。

劉備將妻子比做衣服，將兄弟比做手足，不僅僅是為了緩解張飛的自責，更是為了消弭自己內心的愧疚。因為，正是他自己的考慮不周，才會做出錯誤的安排，導致了無可挽回的局面。

細究劉備的心靈深處，這是一種被稱為「最小化策略」的心理防禦機制。

所謂最小化策略，就是從意識層面消除不愉快情感的一種心理過程。妻小失陷於敵手，必然導致劉備內心產生強烈的負面情緒。為了迅速恢復心理平衡，最見效的辦法就是將這一惡性事件本身的意義或價值最小化。既然「妻子」遠遠不如「兄弟」，損失也就算不得大；既然「衣服破時，尚能縫補」，也就不必苦苦苛責了。

劉備的這句話一說出口，首先對他自己是一種解脫。緊接著的就是張飛和關羽的深深感動。張飛自然不必多言。關羽同樣也是劉備的兄弟，他見劉備今日能夠如此對待犯了大錯的兄弟張飛，自然會想到，日後若是自己也犯了大錯，劉備必然也能這樣對待自己。關羽的預判果然沒錯，日後他被迫降曹，劉備同樣原諒他並再次接納了他。

壞事可以轉化為好事。劉備只用一句話，不但買盡了張飛的心，也買盡了關羽的心。三兄弟抱頭一場痛哭，這一重大意外事件也就翻篇了。從此，關羽、張飛對劉備更是死心塌地。而劉備的這一句話，卻傳播開去，流傳千古，成為兄弟義氣最重要的一條衡量標準。

劉備輕描淡寫，快刀斬亂麻處理好了這一次重大意外事件。但他此時還不知道，張飛無意間闖下的這個大禍，對他幾乎是一次致命的打擊。這至少導致劉備的成功晚了十多年。整整十二年後，劉備才好不容易「借」到了一塊立身的地盤。而這期間，劉備備嘗艱辛，幾至絕望。

劉備安撫好了兩位兄弟，自己也慢慢冷靜了下來。這個時候，無可言說的沉痛才無可避免地浮上心頭。

奧地利作家褚威格曾經寫過這樣一句話：「所有命運贈送的禮物，早已在暗中標好了代價。」

劉備這一路走來，雖然身無憑依，卻頗得上天眷顧。桑樹的吉兆、李定的預言、叔父的救助、拜師盧植、結識公孫瓚、結義關張、陶謙三送徐州等，無一不是命運饋贈的禮物。

每一份幸運的背後，都隱藏著一份等量的挫折。掛印安喜、敗逃高唐、坐失徐州就是劉備所付出的代價。

每個人看待世界的眼光是不一樣的。有的人只看見了挫折，而有的人還看見了幸運。只有慣於看見幸運的人，才是真正的幸運兒。只有這樣的人，在面對重大的人生挫折時，才不會一蹶不振，才不會自暴自棄。幸運的是，劉備近乎本能地對挫折採用了「最小化策略」，從而讓幸運凸顯出來。

一個自感幸運的人，自然更能淡定面對厄運。所以，雖然一切都已成空，雖然內心淒涼倉皇，但劉備依然沒有失去對未來的信心，沒有失去對自己的信心。

心理感悟：控制痛苦大小的按鈕存在於人的心靈中。

20 從將軍到奴隸

袁術對劉備恨之入骨，決不肯放過落井下石的機會。他得知呂布偷襲徐州得手後，星夜派使者前去知會呂布，許諾送給呂布軍糧五萬斛、良馬五百匹、金銀一萬兩、彩緞一千匹，收買他背後夾攻，徹底消滅劉備。

呂布大喜，他既已與劉備撕破臉皮，當然不會放過將劉備斬草除根的機會，以免劉備日後尋仇，更何況還有袁術的豪禮相送。呂布與袁術一拍即合，當即出兵去抄劉備的後路。在兩路夾攻下，劉備大敗，折損了大半人馬，不得不退至東海邊上的偏遠地帶。

形勢岌岌可危，只要袁術、呂布任何一方發起進攻，劉備都將全軍覆沒。

在這樣一個生死存亡的危急關頭，張飛這才意識到自己犯了多大的錯。關羽和其他一眾人等各個面色凝重，卻束手無策。一切的焦點都集中到了劉備身上。而劉備憑藉直覺，做出了一個非常艱難且令人難以置信的決定。這就是向呂布投降！

這是一個艱難的時刻，這是一個艱難的抉擇。劉備知道，任何的衝動都會讓自己和整個團隊萬劫不復。為了保留希望的火種，為了好好地生存下去，只能忍受這難以啟齒的恥辱，向曾經被自己好心收留的呂布投降。

劉備的這一個抉擇，和當年的韓信忍受胯下之辱的心情如出一轍。他們都心懷夢想，絕不希望因為意氣用事而判處夢想死刑。

德國原總理艾德諾曾經說過：「厚臉皮是上帝的禮物。」後世的人們，往往因為劉備的這個決定而將他歸入厚臉皮的行列。李宗吾在《厚黑學》中就明確說過，「劉備的特長，全在於臉皮厚」，其實這根本就是謬論。

所謂「臉皮厚」，就是對負面社會評價的不敏感。我們只要看看劉備這一路走來，孔融幾句話就逼得他傾力去救徐州，陶謙怎麼讓徐州他也不敢接受，就可以知道，劉備並沒有得到上帝的這份禮物，他的臉皮一點也不厚。三國中真正臉皮厚的是呂布。

劉備只是對未來滿懷信心，不甘心就此失去繼續奮鬥的可能，這才做出這個驚人的決定。這也正是劉備最偉大的地方。在沒有路的時候，他看到這一條路；在沒有選擇的時候，他看到了這一個選擇。

即便劉備選擇向呂布投降，呂布又是否會接受呢？成功的可能性很大。劉備此前收留了呂布，是有恩於他的。呂布不但不報恩，反而奪了徐州，對劉備欠下了雙倍的債。現在，劉備不但不索取回報，反而屈膝向他投降。呂布就是臉皮再厚，也不能第三次對劉備下狠手了。

劉備思量已定，對關羽、張飛宣布了自己的決定。張飛當場就差點炸了鍋。但他隨即想起禍是自己闖下的，如果不是自己愚蠢誤事，兄長又何必這樣作賤自己呢？這個念頭硬生生讓張飛消停了下來。關羽一開始也是很難接受，但冷靜一想，投靠仇人呂布確實是當下唯一的一條活路。關羽領會了劉備的深意，對劉備在絕境中的能屈能伸有了深刻的理解。劉備的這一思路與做法，對關羽的影響至深。後來，劉、關、張三兄弟被曹操打散，關羽在土山被圍後，經過激烈的思想鬥爭，最終向頭號大敵曹操投降。他的艱難抉擇，實際上就是對劉備這一做法的無意識效仿。

劉備隨即給呂布寫了一封信，說明了自己的投靠之意。呂布絕沒有想到劉備竟然會來這麼一招。饒是他臉皮再厚，也不能再對劉備下手了。他立即同意了劉備的請求，答應讓他再度駐守小沛，並把劉備的家眷全部交還。

劉備去見呂布，表示感謝。主客易位，相見的那一刻，呂布十分尷尬，急忙為自己的奪城之舉找一個理由，說：「我不是要奪你的城池，只是你的兄弟張飛仗酒欺人，我才來這裡把守的。」

照呂布的這個說法，現在劉備回來了，你應該把徐州還給人家才對。但呂布的臉皮畢竟是厚的，他絕不會像當初劉備那樣虛讓一番。因為小人總是把別人也當成小人的。呂布唯恐自己一讓，劉備真的就會收。

劉備早就做足了心理功課，表現得十分淡定，說：「我早就想把徐州讓給兄長你了。」在人屋簷下，不得不低頭。此前，呂布叫劉備一聲「賢弟」，張飛火冒三丈。現在，呂布再也不提「賢弟」二字，倒是劉備自己主動稱呼呂布為「兄長」了。

劉備回到小沛，心情平靜，關羽、張飛的情緒反彈卻很嚴重。他們倆越想越窩囊，憤憤不平，恨不得去找呂布拼個你死我活。

劉備在做了決策之後，是非常堅定的。他絕不會因為關羽、張飛的情緒波動而改變主意。但是，他也知道，光靠講大道理、分析形勢這些客觀手段（中心路徑說服）是很難彈壓住關羽、張飛的血性爆發的。劉備是最善於根據情勢不同而隨機應變的，他平靜而堅定地說了一句：「屈身守分，不可與命爭也。」

這句話彷彿天降甘霖，火速澆滅了關羽、張飛內心的熊熊怒火。為什麼這麼簡單的一句話會有這麼好的效果呢？

這是劉備第一次拿「天」與「命」來說事。這種說服的方式屬於外周路徑說服。「天」與「命」的神聖程度自然不用多言。劉備將當下的流年不利定義為「天時」與「命運」使然，這是非常巧妙的偷換概念。劉、關、張的這一場慘敗，明明是「人禍」，這樣一說就變成了「天災」。在「天災」面前，任何人的抗爭都是徒勞的，最好的辦法就是劉備所說的「屈身守分」。

劉備的話中有話。他強調天命，同時也是在有力地暗示自己曾經擁有的吉兆——上天早在二三十年前就已經借李定之口宣示了劉備必成貴人。既然如此，眼前的困窘與屈辱都是暫時的，必將成為過眼雲煙。為了必然到來的美好明天，吃一點苦頭，受一點委屈，又算得了什麼呢？

所以，劉備的意圖很明顯：兄弟，先忍著，等待時機，老天是站在我們這邊的。

關羽、張飛最擔心的是劉備向呂布投降後，永遠屈居其下，永遠受其凌辱。但劉備已經藉由這句話表明了自己的「屈身守分」，只是「以待天時」，而不是不顧廉恥，就此沉淪。關羽、張飛不由對劉備的高瞻遠矚心生敬意，也就按捺住了自己的情緒衝動，一切按照劉備的安排行事。

劉備就這樣完成了一次從將軍到奴隸的轉變。

從奴隸到將軍，人人都歡躍接受；從將軍到奴隸，卻很少有人能輕鬆面對。而最讓人難以承受的是，剛剛一步登天，從奴隸變成將軍，轉眼間就高樓跳水，又從將軍變成奴隸。劉備乘坐的恰恰是這種最大差別化的「人生雲霄飛車」。

這一次經歷給予了劉備前所未有的磨煉。梅花香自苦寒來，寶劍鋒從磨礪出。只有走出了苦難的沼澤、榮譽的廢墟，真的英雄才會百煉成鋼。當劉備處於他人生最低谷的時候，其實是為他日後走向人生的巔峰儲備好了觸底反彈的力量。

心理感悟：無論遭遇到多大的壞事，接受是享受的開始。

㉑——第三種可能性

袁術虛晃一槍，用厚禮誘引呂布抄劉備的後路。目的達到後，袁術立即食言，一丁點兒好處也沒給呂布。只是，袁術絕沒有想到，劉備竟然會向呂布投降，硬生生地在無路可走的絕境中找到了一條生路。

在先入為主的「驗證性偏見」的驅使下，袁術對劉備的人品更為不齒。但從戰略角度來考慮，劉備這麼做，給袁術出了一個大難題，袁術不得不再次拉攏呂布。

袁術派韓胤為使者，押送二十萬斛軍糧，去見呂布。袁術還寫了一封信給呂布，在信中大拍呂布的馬屁，卻把劉備貶得一文錢不值：

……術生平以來，不聞天下有劉備。備乃舉兵與術對戰。術憑將軍威靈，得以破備。

袁術的用意很明顯，就是要收買呂布，讓他袖手旁觀，然後自己進兵將劉備徹底消滅。

搞定了呂布後，袁術立即派紀靈為大將，向駐紮在小沛的劉備發起最後一戰。

劉備聚眾商議。張飛搶著要出戰，孫乾卻說：「如今小沛缺糧少兵，怎麼打得過？不如向呂布求救。」

張飛一聽，火氣就冒出來了：「這個賊廝鳥，怎麼肯來幫我們？」

張飛的這個反應是典型的自我設限。人們在社會活動中，透過親身經歷或觀摩他人而獲得了處事應對的種種經驗。這些直接經驗或間接經驗，能夠有效地提高人們的應對效率。但是無可避免地，經驗也會成為一種篩檢程式，將經驗之外的更多的應變可能性扼殺，從而限制了突破性創新。要想絕地求生、出奇制勝，決不能主動放棄任何看似荒謬的可能性。

在與呂布多次打交道中，張飛早已認定呂布是個反復無常、見利忘義的小人，和己方絕非同類。所以，張飛對呂布抱有強烈的外群體偏見，絕不相信呂布會在己方困難之際伸出援手（事實上，劉備此刻的困境就是呂布直接造成的）。

但劉備卻不這麼看。從他當初決定向呂布投降，就可以看出他不是一個輕易自我設限的人。他同意了孫乾的建議，立即派人向呂布求救。當然，劉備在處理這件事上沒有自我設限，並不等於他在處理任何事情上都能做到不自我設限。因為，即便是同樣的經歷，但每個人對於經驗的歸納、概括都是不一樣的。我們在日後也能看到劉備飽受自我設限煩惱的諸多反例。

那麼，呂布會不會理會劉備的求救呢？

呂布看了劉備的求救信，不禁犯了難，說：「兩邊都寫信給我。一個要我坐視不顧，一個要我伸出援手。我們該怎麼辦呢？」

呂布的頭號謀士陳宮說：「劉備今天雖然受困，日後必當縱橫天下，成為將軍的大敵，依我看，您不能去救他，以免自留後患。」

陳宮為什麼這麼說呢？或者說，他為什麼如此「看重」已經低賤到極點的劉備呢？

劉備屈身於曾經屈身於自己的呂布，看似奇恥大辱，但其實也向外界發出了一個可怕的信號。一個能夠這樣忍辱負重的人，對於對手來說，其實是一個極其可怕的人。春秋末期的越王勾踐就是一個最典型的例子。吳國大敗越國，勾踐不得不去吳國屈身為奴。勾踐忍辱負重，臥薪嚐膽，最終完成吞吳偉業。大多讀過一點書的人，都知道勾踐的這段往事。陳宮飽讀詩書，很自然地就將劉備的表現和勾踐聯繫在一起，所以力勸呂布不要管這件閒事，任劉備自生自滅。

陳宮的說法卻沒有顧及呂布的感受。劉備的再次屈膝，進一步導致了呂布的自我膨脹。呂布只是將劉備視為臣服於己的部屬，而不是一個可怕的對手。陳宮突出了劉備日後的危險性，無形中貶低了現時的呂布。這是呂布很不願意聽到的。

更重要的是，呂布恰好處於他這一生中頭腦最為清楚的時刻。他知道，袁術得了孫堅擄得的傳國玉璽後，野心膨脹，早有稱帝之意。袁術要當皇帝，必然要翦滅群雄。徐州與袁術的地盤接鄰，根據遠交近攻的法則，袁術第一個覬覦的就是徐州。一旦讓他如願滅了劉備，下一個就輪到自己了。所以，劉備不能不救，留著劉備，手上就多了一顆靈活機變的棋子。

呂布否決了陳宮的建議，親自引兵去救劉備。紀靈聞訊，十分惱怒，沒想到呂布拿了袁術這麼大的好處，竟然食言而肥。紀靈寫了一封信給呂布，委婉地表達了責怪之意。

俗話說，吃人的嘴軟，拿人的手短。呂布雖然臉皮厚，但也做不到肆無忌憚。在情勢催逼下，呂布竟然想出了一個好主意，派人分別去請劉備和紀靈到自己的軍帳中赴宴。

劉備接信大喜，立即上馬起行。關羽、張飛擔心呂布加害，急忙攔住。劉備說：「呂布不可能害我。如要害我，當初就不如不收留我們。」這個解釋頗有道理，關羽、張飛只能跟著劉備前往。

到了呂布營寨，呂布說：「我今天是特意來為你解困的。你日後要是得意，可不能忘了今日之恩。」陳宮的話多少還是起作用了。但像呂布這麼赤裸裸為自己的恩賜索要回報的做法，還是很少見的。可見呂布的臉皮確實不是一般的厚。劉備當然是頓首稱謝，連稱：「絕不敢忘。」

過不一會兒，人報紀靈來到。劉備不知道呂布的葫蘆裡到底賣的什麼藥，嚇了一大跳，當即要退席避讓。

呂布說：「我是特意請你二人一起商議的，切勿生疑。」劉備還是驚疑不定，坐在席上，戰戰兢兢。

紀靈下馬入帳，一看劉備坐在裡面，也嚇了一跳，第一個念頭就是上了呂布和劉備的大當了，當即轉身要走。呂布的手下根本就拉不住他。

呂布大步向前，走到紀靈身旁，一把扯住紀靈的臂膀，就像大人拎小孩一樣，把他拎進了軍帳。

紀靈嚇了個半死，急聲問道：「將軍這是要殺紀靈嗎？」呂布說：「非也。」紀靈又問：「將軍莫非要殺大耳賊？」劉備耳朵很大，因此被紀靈蔑稱為大耳賊。呂布又答：「非也。」紀靈這下更糊塗了，問：「願將軍早賜一言，以解我心中之疑。」

紀靈的思維模式和張飛是一樣的，非黑即白，不是殺我紀靈，就是殺我的對頭劉備。但殊不知，這世上還有第三種可能性。

呂布哈哈大笑，說：「玄德是我的兄弟，今天被你圍困，我是特意來救他的。」紀靈聽了，渾身冰冷，大驚道：「既然這樣，將軍就是要殺我紀靈了。」

呂布搖了搖頭，說：「我平生不好鬥，只好解鬥。你們兩家，還是罷兵吧。」

劉備當然沒意見，可紀靈怎麼肯同意？紀靈奉了袁術之命，帶領十萬人馬，還未交手，就罷兵退師，回去怎麼向袁術交代呢？

呂布又說：「我有一個辦法，就讓老天來決定你們兩家是戰是和。」呂布吩咐左右將自己的方天畫戟立在轅門外，說：「轅門距離此處有一百五十步。我如果一箭射中畫戟的小枝，你兩家罷兵。如果射不中，你們各自回營廝殺，我兩不相助。如果不聽我的話，我並力殺之！」

古時說一個人的箭術神奇，往往用「百步穿楊」來形容。呂布現在要一百五十步外射畫戟小枝，其難度遠遠大於「百步穿楊」，成功率極低。射不射得中，更多是取決於運氣，也就等同於呂布所說的「天意」。（呂布的這一做法，也是破除自我設限的一個成功案例。）

無論是紀靈還是劉備，對呂布射中畫戟小枝都不抱希望。紀靈認為答應呂布一試，並不會妨礙自己向劉備發起進攻，因此欣然同意。劉備內心打鼓，卻也不敢反對，因為一反對，呂布就加入紀靈一方，自己反而死得更快。劉備只好暗自向上天祈禱，希望呂布射中。

劉備的擔憂是多餘的。呂布雖說讓天意來做決定，但其實做決定的是人心。呂布對自己的射術極有信心，他計議早定，假託天意，不過是為了讓紀靈無言以駁。

呂布引弓，一箭射出，如流星經天，恰中小枝。帳上眾人詫異一時，隨即喝彩聲如雷。這一段故事，叫做「轅門射戟」。

這也是劉備的幸運時刻。雖然呂布射術神奇，但難免也有射失的可能。如今呂布一箭中的，倒驗證了劉備的洪福齊天。劉備一身冷汗後，對自己得天眷顧的幸運更是深信不疑。

紀靈卻呆立當場，不知該如何應對。他既不敢當場得罪呂布，又擔心回去會被袁術砍了腦袋。呂布得意揚揚，自命不凡，當場給袁術寫了信，為紀靈開脫。劉備總算是又過一道難關，暫保平安。

在劉備對呂布的感恩戴德之情尚未冷卻之際，呂布和袁術又再度勾結起來，上演了一幕結盟求親的好戲，成了利益共同體。

自此，在小沛招兵買馬、以圖東山再起的劉備還是成了呂布的眼中釘。一次因為張飛搶奪了呂布所買軍馬，呂布對小沛發起強力攻擊，再一次將劉備打了個落花流水。

劉備的家底又一次被徹底清零。當初，人家送他徐州，他還推三阻四地不肯接受。如今，他想在徐州安身，卻連立錐之地也沒有了。

經此一役，劉備心中最痛恨之人排行榜發生了變化，呂布的排名直線上升，與袁術並列榜首。

呂布和袁術聯手逼著劉備再次上路。這一次，劉備決定去許都投奔曹操。他不知道，這個決定差一點兒就把自己送進了鬼門關……

心理感悟：如果你看得見，荊棘中也有路；如果你看不見，大道上也有牆。

誰是英雄

反復無常的老師 / 殺人何必要用刀 / 人算還是天算 /
田獵只是一場戲 / 一頭鹿的分水嶺 / 英雄眼裡無英雄 /
背叛就像一把刀 / 兄弟的一封來信 / 絕境中的絕望

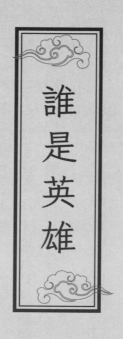

22 反復無常的老師

在去往許都的路上，劉備的心很不平靜，一直在反思自己為什麼會遭遇「徐州慘敗」。他身無憑依，只能嚴守仁義道德，倒也獲益不淺，憑空得了徐州。當他繼續循此行事，卻被不講仁義道德的呂布奪走了徐州。這就給劉備提出了一個嚴峻的問題：到底是該繼續堅守仁義道德（聲望名譽）呢？還是要放棄仁義道德，不顧一切地追求現實利益呢？

一直到抵達許都，劉備還是處於迷茫與困惑之中，沒能找到這個問題的答案。其實，這並不是一個非黑即白的問題。劉備之所以陷入迷茫與困惑，主要是因為他還不具備操控三方博弈（劉備、呂布、袁術）的經驗和能力。

劉備空空兩手，悽悽惶惶，求見曹操。曹操聽劉備訴說了遭遇，內心不禁暗暗好笑：「當初我讓你暗中殺了呂布，你置之不理，現在可不是遭呂布禍害了？」

曹操面對劉備，心情頗有幾分複雜。

最初在十八路聯軍討伐董卓時，曹操有意結交劉、關、張而未果。後來，劉備得了徐州，曹操差點嫉妒成狂。但囿於形勢，曹操硬忍下這口氣，轉而用官爵籠絡劉備，希望他暗中除掉呂布，卻又被劉備委婉拒絕。現在，劉備走投無路，找到了他的門上，他是收還是不收呢？

這時的劉備，已經不是當初那個默默無聞的小小縣令了。他的漢室宗親招牌，早已為天下人所公認；他三讓徐州，早已讓仁德名聲響徹海內：他已經是世人眼中的一個響噹噹的英雄人物了。

而此時的曹操，聚攏了天下眾多文武英豪，羽翼漸豐，又將漢獻帝牢牢控制在手中，正是一顆快速上升的政治明星。曹操也不可避免地進入了成功初期膨脹階段。如果劉備還是當初那樣的卑賤身分，曹操也許會像袁術一樣不把他放在眼裡。而收留有了英雄之名的劉備，正好可以極大地滿足曹操的虛榮心。

曹操大喜，對劉備說：「呂布是個不義之人，我和賢弟並力誅之。」有了曹操的這句承諾，劉備不禁心中大快，也就安心在許都住了下來。

但是劉備卻不知道，和曹操這一場看似情投意合的會面背後，卻隱藏著巨大的風險。

劉備前腳剛走，曹操的重要謀士荀彧就來找曹操了。英雄的名聲其實是具有兩面性的，正如陳宮將劉備看作勾踐式的危險人物，荀彧也是這樣想的。荀彧對曹操說：「劉備是個英雄人物，如果今天不趁著他失勢，早點除掉他，日後必然為患。」

曹操聽了，沉默不語。

荀彧走後，郭嘉來見。曹操問郭嘉：「剛才荀彧勸我殺掉劉備，你覺得如何？」

郭嘉立即搖了搖頭，說：「不能殺。主公您興兵除暴，正要透過誠實信義招徠四方豪傑。最擔心的是人家不來投奔。現在劉備正好有英雄之名，在困窮之際來投，如果殺了他，不知道會冷了多少豪傑之心，主公您還靠誰去平定天下呢？為了剷除一個人的禍患，卻阻斷了四海的熱望，到底是利還是弊呢？」

郭嘉這番話的高明之處在於他並沒有否定劉備將來可能成為禍患，而是著眼於更大的布局。顯然，從曹操當前的緊迫之需來看，收留劉備比殺掉劉備更為有利。

曹操一聽，這個說法不但和他先前的做法一致，保住了他的面子，而且在立意上也勝過了荀彧的觀點，當即拊掌贊同。隨後，另一位重要謀士程昱再以荀彧相同的觀點來勸曹操，曹操就用郭嘉的這個觀點予以反駁。

第二天，曹操駕輕就熟地在漢獻帝面前保奏劉備為豫州牧。這雖然只是一個虛銜，但此後人們經常用劉豫州來稱呼劉備。劉備對曹操感恩戴德，卻不知道自己已經在鬼門關裡走過兩遭了。

曹操很快又撥給劉備三千人馬，讓他再度回轉徐州，在小沛駐紮，監控呂布。這是曹操很妙的一步棋。你劉備既然已經和呂布結下了深仇，那麼，我就還用你來對付呂布。曹操同時告訴劉備，自己很快也將親率大軍，前往徐州，征討呂布。劉備大喜，欣然趕往小沛。如果沒有曹操的這個承諾，劉備還真不敢只帶三千人馬就重返小沛。

從曹操之於劉備的收留與否的處理，對比劉備之於呂布收留與否的處理，就可以看出，曹操的心機與手腕都要比劉備高明得多。

當劉備在小沛盼星星盼月亮，等待曹操大軍前來的時候，卻等來了一個讓他五雷轟頂的消息。

曹操不但沒有前來親征呂布，反而給呂布封了一個平東將軍的頭銜，並吩咐他與劉備交好。呂布一見曹操主動向他示好，立即背棄了袁術，將袁術派來的使者韓胤拿下，派陳登為使者，押著韓胤到許都請功。

劉備還沒從呂布反復無常的陰影中擺脫出來，曹操又給了他一記反復無常。劉備氣憤至極，派人去打聽後，才知道原委。

原來，曹操並不是存心食言。正當他要出兵征討呂布之際，宛城張繡與劉表聯結，圖謀興兵討伐許都。曹操必須優先解決張繡這個腹心之患，為了防止呂布趁機搗亂，只能先行安撫。

曹操的「反復無常」，給劉備上了非常重要的一課，正好可以解開他那個百思不得其解的迷惑。在殘酷的政治鬥爭中，一個高明的政治操盤手是決不能僵化拘泥於非黑即白的選擇的。仁義道德有時候和現實利益並不矛盾，有時候卻有輕重緩急之分。到底何者為重，何者為輕，則要視當時的情勢，隨行就市，靈活判定。

曹操身居中央，他所面臨的局勢，所要處理的關係要比劉備曾經歷過的三方博弈複雜得多。當時天下的割據勢力主要有袁紹、公孫瓚、袁術、呂布、劉表、張繡、孫策、劉璋、張魯等十餘股。曹操挾天子以令諸侯，就意味著要與所有的割據勢力展開博弈。無論是戰，是和，是結盟，是分化，在時間先後、空間秩序上都容不得一絲差錯，而且必須根據情勢的最新變化，隨時應變調整。

曹操堪稱東漢末年排名第一的政治家，也只有他能夠在紛繁複雜的局勢中做到有理有節，遊刃有餘。劉備得知曹操「反復無常」的真相後，久久地陷入了深思。痛定思痛，他不得不承認，自己在文治武功、謀略才情上的綜合素質比曹操差得太遠了。在他的內心，不由自主地湧現出了對曹操的敬佩之情與恐懼之心。這樣的人，最好是成為他的朋友，永遠也不要成為他的敵人。

再說呂布，得了曹操的好處後，果然沒有與劉備為難。不過，陳登出使許都的時候，卻把呂布給賣了。陳登一直對劉備傾心，十分痛恨呂布鳩占鵲巢。借著出使的機會，陳登主動向曹操表示，願意給他當內應。曹操大喜，封陳登為廣陵太守。陳登的父親陳珪的爵祿也被封為中二千石。回到徐州後，呂布見陳登父子都得了好處，唯獨自己沒有，不禁大怒。這個貪得無厭的傢伙，早就忘了曹操不久前就已經給了他平東將軍的頭銜。

陳登為了緩解呂布的怒氣，忽悠他說：「曹公說了，我待溫侯就像養鷹，狐兔還沒有抓光，可不能餵飽。一餵飽，可就飛了。」

呂布問誰是狐兔。陳登說：「曹公說，江東孫策、冀州袁紹、荊襄劉表、益州劉璋、漢中張魯，可不都是狐兔？」

呂布聽了，哈哈大笑，以為曹操真的對自己十分倚重，日後自然會有一大把升官發財的好機會，也就放過了陳登。誰也不會知道，陳登這一番憑空而來的說辭，給呂布造成的自我認知錯覺，最終把呂布送上了斷頭臺。

袁術得知呂布再次背約，一怒之下，約齊七路人馬向徐州發動進攻。呂布策反了其中的韓暹、楊奉兩路（當初因懾於曹操兵威而流竄在外的勢力），與劉備聯手，將袁術擊敗。

袁術向江東孫策求援，沒想到孫策早已被曹操的一個會稽太守的頭銜拉攏。袁術孤立無援，曹操於是聯動孫策、呂布、劉備，大舉進攻袁術，攻占了袁術的大本營壽春。袁術倉皇逃過淮河。曹操因為兵糧不繼，暫時放過了袁術。

此後，袁紹見曹操勢力漸大，對曹操頓起惡意。曹操卻表薦袁紹為大將軍、太尉之職。袁紹被這頂級的榮譽所迷惑，竟然放過曹操，自行與公孫瓚火拼去了。曹操樂得坐山觀虎鬥。

劉備見曹操縱橫捭闔，頻施妙手，彷彿所有的對手都是他的棋子，任由他指手畫腳，不禁對曹操更是欽佩，更是畏懼。

心理感悟：在黑白之間不僅要看見界限，更要看見空間。

23——殺人何必要用刀

在依附曹操的這段日子裡，劉備的自信心降到了他這一生中的最低點。在曹操聯合孫策、呂布對袁術發起總攻之前，劉備甚至做了一件完全是為了取悅曹操的事情。

這一日，曹操大軍來到豫章界上，與劉備會合。劉備一進曹營，就給曹操獻上了一份大禮。這份大禮不是別的，竟是兩顆血淋淋的首級！

曹操見了，大吃一驚，連忙問道：「這是誰的首級？」

劉備說：「這是韓暹、楊奉的腦袋！這兩個人投歸呂布後，駐紮在沂都、琅邪兩縣，放縱軍士燒殺搶掠，禍害徐州，百姓怨聲載道。我因此設宴邀請他們前來，假稱商議大事。等他們來了，關羽、張飛兩位兄弟，一人抓了一個殺了。然後將他們的部屬收管，嚴加約束。因為此前並未請示，今日特來請罪！」

劉備嘴上說的是「請罪」，實際上是想邀功！劉備到底為什麼要這樣做呢？

劉備這一次有點自作聰明了。

不久前，曹操出征張繡，張繡望風而降。曹操得意忘形，竟然與張繡的寡嬸勾搭，激怒了張繡。張繡趁著曹操不備，發起偷襲。曹操大敗，手下的軍士趁亂大肆搶掠。曹操手下大將于禁未奉將令，自作主張，將違背軍令的士兵一一擒拿正法。曹操事後查明真相，不但沒有懲罰于禁擅自行事，反而大大嘉獎了他，于禁因此被封為益壽亭侯。

劉備誘殺韓暹、楊奉，正是對于禁的一種模仿。他自以為揣摩透了曹操的心思，希望投其所好，也能像于禁一樣獲得曹操的青睞。

曹操聽了劉備述說的原委，心裡不禁咯噔一下，但表面還是一如往常，說：「你為國家除害，立了大功，何罪之有？」當即如劉備之願，賞賜了劉備。劉備很高興，卻不知道這件事已經給自己的未來蒙上了一層濃重的陰影。

正所謂「聰明反被聰明誤」。劉備的這次不告而殺的舉動，非但沒有強化曹操對他的好感，反而引發了曹操的顧慮。

曹操想：「劉備到底是一個什麼樣的人呢？這個人為了聲譽，可以三讓徐州；為了求生，又可以屈身呂布。柔如處子，忍辱負重；剛如脫兔，暴殺韓楊。到底哪一個才是他的真面目呢？這樣的一個人，會不會真的像荀彧、程昱所說的那樣，成為自己最大的禍患呢？」

就從這一天起，曹操對劉備起了防範心理。

擊敗袁術後，曹操回師之前，假意撮合呂布和劉備，要他們和諧共處。呂布、劉備均答應了。此後，曹操決定剪除呂布後，再與最大的對手袁紹展開決戰，於是寫密信給劉備，要他做好準備。劉備對曹操的做法早已見怪不怪，立即寫了回信。

不巧的是劉備的回信被呂布截獲。呂布這才明白，曹操和劉備一直在唱雙簧，而自己則被死死蒙在鼓裡！

呂布暴怒之下，立即對駐守小沛的劉備發起瘋狂攻擊。劉備僅有三千人馬，雖然關羽、張飛神勇，但畢竟寡不敵眾，再一次被呂布擊敗。

劉備的這一次失敗，慘到了極點。劉、關、張三兄弟自結義十幾年來，從未分開過，但這一次卻被呂布打散。而劉備的家小眷屬則又一次落入了呂布之手。

劉備滿心以為有了曹操這個大靠山，可以很輕鬆地剷除自己最痛恨的對手呂布。沒想到一招不慎，全盤皆輸，整個家底又都輸光了，劉備只剩得孤家寡人，形只影單！

劉備不是沒有失敗過，但這次失敗是他有史以來敗得最徹底的。這一個階段，又正好是他自信心最不足的時期，劉備看看自己孤身一人，一無所有，頓生絕望，竟然起了自殺的念頭。

如果劉備一直一個人沉浸在這種絕望狀態中，他的人生結局就要提前上演了。幸運的是他的謀士孫乾在亂軍中逃出，正好碰到了劉備。

兩個人抱頭痛哭，盡情宣洩了一番。劉備極少對別人吐露內心深處的隱祕，但這一場前所未有的慘敗卻擊碎了他的心理防線。心理學相關研究表明，當一個人處於沮喪情緒時，更容易失去控制力，而傾向於對他人自我表露。劉備忍不住平生第一次吐露了自己的彷徨與絕望。

劉備對孫乾說：「如今，我那兩個兄弟不知下落，一家老小也不知死活。我還是死了算了吧。」

孫乾追隨劉備多年，從未見過他情緒如此低落，嚇了一大跳，急忙勸道：「不行，不行。我們還可以去投奔曹操，徐圖後計。」

現代心理學的研究表明，恰當的自殺干預能夠有效減少自殺的風險。孫乾說的話，正是一種標準而及時的自殺干預。他所提到的曹操，一直是劉備這期間的精神寄託，從而也是一劑緩解絕望的特效藥。劉備本來就不是悲觀的人，在孫乾的寬解下，劉備重新振奮精神，不再那麼失落。

兩個人相互扶持，相依為命，不時投宿求食，直往許都而去。這一路上的情形好不淒慘，自也無須多言。

這一日，劉備、孫乾正在趕路，只見前方塵土彌漫，遮天蔽日，一路大軍正行將過來。劉備略一探看，正是曹操親自率領的討伐呂布的大軍。

劉備急忙去見曹操，將自己的悲慘境遇一說，忍不住再次熱淚盈眶。曹操是個性情中人，見劉備如此傷悲，也陪著灑了幾滴眼淚。

曹操指揮大軍，圍攻徐州。遠遁的關羽、張飛聞訊，也趕了回來，與劉備相聚。曹操這邊三軍用命，呂布這邊卻起了內訌。

呂布御下無術，激得部屬怨氣沖天，竟然趁著呂布熟睡，用繩索將他死死捆住，當作禮物獻給了曹操。

對劉備來說，最好的消息就是自己的家眷再一次完好無損，「完璧歸劉」。這還要歸功於糜竺。糜竺在劉備執掌徐州時，將自己的妹妹嫁給了劉備。這樣劉備就有了兩個夫人（甘夫人、糜夫人）。劉備這一次倉皇出逃後，糜竺利用呂布自詡英雄的特點，巧妙說服他不去為難劉備的家眷。

不幸後的失而復得，會極大地增加一個人的幸運感。除了兄弟和家眷的失而復得，劉備還覺得，曾經屬於自己的徐州也將失而復得。劉備就是懷著這種美好的自我感覺，陪著曹操坐在廳堂之上，等著看處置呂布的好戲。

呂布被捆得死死的，押了上來。呂布見劉備坐在曹操身邊，意態悠閒，忍不住對他說了一聲：「公為座上客，布為階下囚。這繩子捆得這麼緊，為什麼不幫我說個情呢？」

呂布的這句話聽上去不像是在為自己求情，倒像是在開一個輕鬆的玩笑。雖然淪為囚虜，但他從來沒想過自己會死在曹操手上。當初陳登忽悠他的那番話，他記憶猶新。曹操若是想掃平天下，怎麼能離得開他呢？

劉備微微點頭，沒有說話。曹操卻哈哈大笑，說：「綁縛猛虎，怎麼能不緊一點呢？」

呂布接過話頭，說：「曹公，您所擔心的，不就是我呂布嗎？如今，我已經臣服於您，你還擔心什麼天下呢？明公您統帥步兵，我呂布統帥騎兵，平定天下豈不易如反掌？」

呂布的這句話讓劉備吃了一大驚。呂布確實是天下第一的武將。以劉備對曹操在道德仁義和現實利益之間的權衡術的了解，曹操很可能出於現實利益的考量而放呂布一條生路，讓他為自己效力。

但是劉備卻絕不想讓呂布看到明天的太陽了。

原因有二。

首先，呂布在劉備最痛恨的人排行榜上和袁術並列第一。呂布「幫助」劉備創下了個人歷史上的多項恥辱紀錄。劉備好心收留呂布，卻兩次被呂布打得妻離子散，兄弟分崩，差一點就因絕望而自殺。所以，從報仇雪恨的角度，劉備決不能放過呂布。

其次，劉備雖然依附曹操，並且對曹操十分敬仰。但是，在他的潛意識中，「羽葆蓋車之夢」一直存在。這個夢想依然時時推動著劉備要自立門戶。而自立門戶必然意味著與包括曹操在內的任何一個豪強為敵。一旦曹操和呂布聯手，那可真的就是天下無敵了。所以，從競爭的角度，劉備也不希望呂布活著，從而大大增強曹操的戰鬥力。

劉備正在緊張思考的時候，曹操回頭看了他一眼，問道：「玄德，呂布如何處理才好啊？」

曹操看似在詢問，其實他內心早已有了明顯的傾向性意見，詢問劉備，只不過是要為自己的決策尋找支持。畢竟此前他多次明確向劉備表過態，要與他合力剪除呂布。如果當眾出爾反爾，曹操還是有心理壓力的。

劉備頓時明白，曹操已經被呂布描述的前景深深打動了。那麼，劉備又該怎麼回答，才能不著痕跡地讓曹操打消這個念頭，乾淨俐落地置呂布於死地呢？

劉備能不能直截了當地說一個「殺」字呢？

當然不能。

對曹操來說，殺還是不殺呂布，只會從是否有利於他本人的角度出發來做決定，而不會顧及劉備的情感需求或利益需求。如果劉備的建議被曹操視為站在與自己相反的立場，會損害自己的利益，曹操肯定不會採納。

正如當初荀彧、程昱力勸曹操殺了劉備，但曹操經過郭嘉的提醒，認為不殺劉備更符合自己的利益一樣，劉備如果直接要曹操殺了呂布，曹操不但不會遵從行事，反而會懷疑起劉備的居心。

從現有的語境來看，顯然不殺呂布更符合曹操的利益。這正是說服的難度所在。劉備必須站在能夠讓曹操完完全全感知到的相同立場上，找到殺掉呂布卻對他有利的理由。

劉備微微點了點頭，說：「明公您難道忘了當初呂布侍奉丁建陽和董卓的事情了嗎？」

劉備既沒說殺，也沒說不殺。但他這句話一出口，呂布當即知道自己死定了！呂布不由破口大罵道：「大耳賊，天下最無信義的人就是你！」

劉備的這句話實在厲害，絕對稱得上是殺人不見血。呂布最初跟著荊州刺史丁原（即丁建陽）混，拜丁原為義父，但被董卓收買後，就刺殺了丁原，轉而拜董卓為義父。後來，呂布又中了王允的連環計，刺殺了董卓。

事實上，呂布的這兩次殺父事件是有本質區別的。第一次殺丁原，是見利忘義。第二次殺董卓，卻是大義滅親。但劉備將這兩件事聯繫在一起後，塑造出了一個唯利是圖、無信無義、毫無忠誠度可言的小人形象。呂布的武功天下無敵，這本是他最大的資本，最大的優勢。曹操有意放了他，也正是出於這方面的考慮。一旦一個人缺乏了忠誠度，武功越強，反而危害越大。經過劉備的這一轉化，呂布的無敵武功反而成了最大的禍患、最大的危險。

劉備所用的，正是說服中的「相同立場策略」。聽起來，他完全是在為曹操的安危考慮。有丁原和董卓的教訓在前，曹操怎麼會願意讓自己成為死於呂布之手的第三人呢？

曹操當即下令，將呂布推出縊死。

呂布氣急敗壞，惡狠狠地對著劉備罵道：「大耳賊，你難道忘了轅門射戟嗎？」臨死之前，呂布牢牢記得的就是他自認為施予劉備的最大的恩惠。呂布認為，就憑這個恩惠，劉備也不能見死不救。但劉備偏偏卻來了個落井下石。

呂布也不想一想，就算轅門射戟算是幫了劉備一把，可是當初劉備收留了你，你倒打一耙，鳩占鵲巢，又算什麼呢？難道不是恩將仇報嗎？再者，你兩次打得人家連底褲都掉光了，又算什麼呢？

呂布表現出來的這種認知現象，叫做選擇性恩惠記憶。一個人往往傾向於記住自己施予他人的恩惠，卻很容易忘了自己對他人的傷害。

抱有此種認知卻不知自我調整的人，是很痛苦的。呂布滿懷著對劉備的痛恨，走向了黃泉路。

心理感悟：鋒芒畢露時很難避免傷及自身。

㉔人算還是天算

劉備不露聲色地除掉了一個死對頭，內心自然十分高興。當一個人心情很好的時候，往往善心橫溢，樂於助人。隨後，當呂布手下的大將張遼對著曹操破口大罵，寧死不屈之時，和張遼素無交情的劉備卻主動伸出了援手。劉備對曹操說：「這個人赤膽忠心，應該留他一條命。」

真是便宜了張遼！曹操聽了劉備的勸，不但沒殺張遼，反而拜他為中郎將，並封為關內侯。呂布在地下要是知道了這件事，準會被氣得活將過來。

張遼感恩戴德，四處招降呂布舊部。整個徐州地盤全部落入了曹操手中。劉備一直認為，徐州本來就是他的。他見曹操安排好了一應事宜，一心等著曹操把徐州再度交給自己掌管。

劉備十分自信，曹操已經教會他很多了。如果再一次執掌徐州，他絕不會輕易失守了。劉備左等右等，一直等到曹操要回師許都了，始終沒有等來曹操的任命。

曹操壓根兒就沒打算讓劉備再度執掌徐州。自從劉備誘殺韓暹、楊奉之後，曹操對劉備就產生了戒心。他十分擔心，劉備會在徐州坐大，失去控制。他決定還是要將劉備帶回許都，安置在自己身邊，以便隨時監控。

徐州百姓得知劉備要走的消息，紛紛在路邊聚集，焚香跪拜，請求曹操將劉備留下來，繼續擔任徐州牧。劉備在徐州的時候，頗得民心，民眾對他的未來有很高的期許。

曹操見劉備的民望如此之高，反而更不放心將劉備留下了。不過，曹操這個政壇老手，知道民意不可輕違，不能硬阻，便對百姓宣稱：「劉使君功勞很大，這次要先去許都面見聖上，然後再回徐州。」

曹操的說服，運用的也是「相同立場策略」。對於任何一個封疆大吏來說，面聖都是一件神聖而光榮的事情。徐州百姓當然不會阻止這樣的美事。劉備本人聽了，也是十分高興，卻沒想到這只是曹操的托詞。隨後，曹操任命自己的心腹——車騎將軍車冑暫時管領徐州。

到了許都，曹操不得不兌現自己帶著劉備面聖的「承諾」。對曹操來說，這是一件易如反掌的事情。此時，曹操將挾天子以令諸侯這一招已經玩得爐火純青，那個叫做劉協的少年天子不過是他手中的一個傀儡，這麼些年下來，對曹操言聽計從，不敢有絲毫違逆。

曹操在漢獻帝面前「著重」介紹了劉備的功勞。他實際上已經鉗制了劉備，所以會在口惠上做一補償。漢獻帝從未聽曹操如此隆重推介過這樣一個人，好奇心起，就宣劉備上殿細詢。

漢獻帝問劉備：「愛卿祖上是何人？」

劉備聽了這句家常話，竟不由自主地熱淚盈眶！

劉備這是怎麼了？

他既不是因為高興而淚流，也不是因為悲傷而淚流。

劉備只是感懷自己的身世飄零！他和漢獻帝一樣，都是大漢開國雄主劉邦的後裔，但他這個「宗親」起點太低了，一直苦苦奮鬥了十五年，才得到了與代表漢室的皇帝說上一句話的機會（這一年劉備三十九歲，距二十四歲從軍已過了十五年）。這怎麼能不讓他感慨萬千呢？

漢獻帝沒想到自己的這句話竟然是個「催淚彈」，忙驚問道：「愛卿為何如此傷感？」

劉備拭去眼淚，回答說：「適蒙聖問，因此傷感。臣先祖宗支，是中山靖王之後，漢景帝閣下玄孫。先祖劉貞封涿縣陸城侯。我是劉雄之孫，劉弘之子。臣有辱先祖，所以落淚。」

說起來，劉備還真得感謝當初的督郵。如果不是督郵的苦苦逼問，劉備今天在這象徵著天下最高權力的金殿上，急切間恐怕不能如此得體地說出自己的宗派支脈。

漢獻帝一聽，劉備和自己同屬一脈（天下亦有姓劉而非劉邦後裔的人），十分高興，立即吩咐宗正將皇室保存的宗族世譜取來查看，以便確定自己和劉備的輩分關係。

劉備聽了，卻是渾身一涼。他最擔心的問題竟然在猝不及防間冒出來了！

劉備在忐忑不安中等待著宗譜查檢的結果。查了半天，皇室保存的紀錄中根本就查不到和劉備相關的資訊。這是很正常的結果。劉備最有可能的先祖陸城侯劉貞在漢武帝時就被剝奪了侯爵。劉貞的後裔從此淪入民間，皇室宗譜上自然不會再有記載了。

劉備如「站」針氈，戰戰兢兢，卻聽漢獻帝說了一聲：「此乃朕之皇叔也！」劉備雖然不明究竟，但還是放鬆下來。漢獻帝隨即將劉備請入偏殿，以叔侄之禮重新相見述談。

漢獻帝的做法和當年劉虞完全一樣，都是模糊認親。這一年漢獻帝十九歲，而劉備三十九歲，兩個人的年齡正符合叔侄之間的差距。

漢獻帝的做法頗為奇怪，大出眾人的意料，尤其是曹操。

漢獻帝為什麼要認劉備為皇叔呢？

其實，所有的人都低估漢獻帝了！這個少年天子，自從九歲那年，在董卓的操縱下登上帝位，一直以傀儡的面貌為世人所認知。久而久之，大家就形成了漢獻帝懦弱無能的刻板印象。然而，漢獻帝不但聰明，而且勇敢。

當年，十常侍之亂時，劉協還不是皇帝。皇帝是他的異母兄長劉辯。劉辯和劉協出逃，路遇董卓率大軍進京，攔住了聖駕。百官不明究竟，均各失色。董卓出馬，厲聲喝道：「天子何在？」皇帝劉辯嚇得連話也說不出來。這時候，劉協策馬上前，鎮定自若地呵斥道：「來者何人？」董卓只能回答說：「我乃西涼刺史董卓。」劉協又再喝問：「你是來保駕的，還是來救駕的？」董卓說：「我特來保駕。」劉協大聲道：「既然是來保駕的，天子在此，為什麼還不下馬?!」董卓大驚，慌忙下馬，拜於道旁。

劉協這一番應急靈對，思路清晰，有理有據，而且膽氣過人，自信十足。這一年，他才剛剛九歲。劉協的表現征服了西涼梟雄董卓。後來董卓將劉協扶上帝位，也正是這個緣故。

試問，這樣的一個劉協，你怎麼能說他懦弱無能呢？他之所以困坐愁城，任人搬弄，實在是因為手下缺乏能力出眾且又赤膽忠心的人。

到了劉備面聖的這一年，劉協已經十九歲了。隨著年歲的增長，他越來越不滿足於任人操控的現狀。但是他也知道，只有找到得力助手，瞅準時機，才有可能一擊成功，擺脫這一困局。在沒有萬全之策之前，他只能不露聲色，不輕舉妄動。

這一天，曹操在漢獻帝面前盛讚劉備，劉備又說起了自己的宗派支脈，漢獻帝掩藏已久的雄心頓時被激發出來了。劉備武功卓著，肯定是「能力出眾」使然。劉備又是漢室宗親，血濃於水，自然比旁人更為赤膽忠心。

這樣，「英雄皇叔」劉備就成了漢獻帝孜孜以求的擺脫曹操控制的最佳人選了。

劉備在懵懵懂懂中又得了一項桂冠。此前，他的漢室宗親的名頭，雖然已經為天下公認，但那是出於世人的盲目從眾心理。有了漢獻帝的親口背書後，劉備的「漢室宗親」就成了一塊如假包換的「金字招牌」了。劉備本人也如草雞變鳳凰，脫胎換骨，成為十足真金的天潢貴冑了。不過，沉浸在巨大喜悅中的劉備，一時卻未能體會到漢獻帝的隱祕心思。

曹操絕沒有想到劉備竟然會有這番奇遇。他後悔萬分，卻又不能表現出來。而心機深藏的漢獻帝又開始出招了。

漢獻帝讓曹操為劉備議定受封官爵。曹操真叫一個「啞巴吃黃連，有苦說不出」。人是你自己帶來的，功勞是你自己頌讚的，那還能不好好封賞一下嗎？

劉備由此官拜左將軍，爵封宜城亭侯。劉備也從此被人稱為劉皇叔。

劉皇叔被天上掉下來的餡餅砸中之後，自信心膨脹，更加熱盼著能夠早日回到徐州，大展拳腳。沒想到曹操每日和他「出則同輿，坐則同席，美食相分，恩若兄弟」，給了他最隆重的恩遇，但卻隻字不提讓他重回徐州之事。

曹操的這套把戲，劉備最熟悉了。早十幾年前，劉備就玩過「食則同桌，寢則同床」了，怎麼會不懂曹操這是要和已經變成「皇叔」的自己搞好關係？同時劉備也很納悶，既然「恩若兄弟」，為什麼就是不給兄弟一個施展的平臺呢？這又算是哪一門子兄弟呢？

心理感悟：被賜予的榮耀，也許只是他人的道具。

㉕ 田獵只是一場戲

劉備經漢獻帝認證為皇叔後，曹操手下以荀彧為首的一幫謀士都坐不住了。荀彧一向是勸曹操儘早除掉劉備，以免養虎遺患的。這次，他逮著機會又來勸曹操了：「劉備搖身一變，成了皇叔，恐怕對主公很不利吧？」

曹操白了他一眼，說：「我和玄德親如兄弟，有什麼要緊？他得了榮耀，不就等於我得了榮耀嗎？」荀彧沒想到曹操竟然會為劉備辯護，一時吃癟，說不出話來。另一位謀士劉曄仍不甘心，說：「我看劉備可不是池中之物啊。」

曹操說：「好呢，也交三十年；壞呢，也交三十年。好壞我心中有數。你們都不要多說了。」曹操封了手下謀士的嘴，不讓他們議論劉備。在行動上，他對劉備更好了。所謂的「出則同輿，坐則同席，美食相分」，其實都是荀彧他們逼出來的。

曹操好像是起了逆反心理，你們越是說劉備不好，我就越是對劉備好。

曹操真的是逆反心理嗎？

其實也不完全是。

曹操早就為自己的愚蠢懊惱不已了。曹操將劉備帶回許都，本意是要鉗制劉備的，沒想到劉備反倒在許都平步青雲。他恨自己，千不該萬不該帶著劉備去面聖，讓劉備成了天下公認的皇叔。但要曹操公開承認這一切都是自己的錯，無異於自打耳光。這是曹操絕不會做的。既然不能認錯，那就必須證明對劉備好是對的。所以，曹操哪裡是在為劉備辯護，他根本是在為自己辯護。他不但用言辭為自己辯護，而且用行動為自己辯護。

他所做的恩寵劉備的一系列行為，就是一種典型的被稱為「行為否認」的心理防禦機制。曹操是要透過「出則同輿，坐則同席，美食相分」來證明自己當初沒有錯，現在更是沒有錯，以此緩解內心的焦慮與懊悔。

當然，曹操與劉備的親密接觸還另有一個作用。曹操天天與劉備膩在一起，看似情投意合，其實也嚴格限制了劉備與他人尤其是與漢獻帝的交往。這多少讓曹操找回了一些心理平衡。

劉備並沒有陶醉在曹操對自己的「好」中。他根據自己揣摩出來的曹操的利益取捨法則，不斷地思考曹操到底是怎麼想的。

終於有一天，劉備想明白了，原來曹操從打下徐州開始就已經在限制自己了，而自己卻一直蒙在鼓裡！看來，曹操的心機，深不可測。曹操的手腕，剛柔相濟。頓時，他對曹操的敬仰少了幾分，敬畏卻多了幾分。

當劉備在思考的時候，曹操也沒有閒著，一直在琢磨漢獻帝為什麼要認劉備為皇叔。曹操這個東漢第一政治操盤手還真不是吹的，他很快就想明白了，漢獻帝刻意籠絡劉備，就是想利用劉備來擺脫自己的控制！

這就觸到曹操的底線了。曹操立即決定，要來一場敲山震虎的大行動，既警告漢獻帝不要胡思亂想，也警告劉備不要輕舉妄動。

曹操設計了一場天子田獵活動。

曹操準備好了田獵必備的一應良馬名鷹俊犬，弓箭刀槍，在城外聚好兵士，然後去見漢獻帝。漢獻帝最痛恨的就是曹操的先斬後奏。明明一切都已安排停當，卻來一個名義上的請示。漢獻帝對田獵一點兒興趣也沒有，想要拒絕不去。但曹操就是要透過「綁架」漢獻帝前去田獵，來宣示他的絕對控制權的。我讓你幹什麼，你就得幹什麼，怎麼能允許漢獻帝拒絕呢？

一番洋洋灑灑、冠冕堂皇的言辭過後，漢獻帝只能乖乖就範，騎上曹操早已為他準備好的逍遙馬，帶上天子專用的雕弓金箭，來至許都之外的許田。曹操和文武百官一路相隨，這其中自然包括劉、關、張三兄弟。

到了許田之後，漢獻帝望見英雄皇叔劉備就在近前，不由大喜，心想這正是與皇叔促進關係的大好良機。漢獻帝果然聰明，立即想出了一個主意，說：「朕要看看皇叔射獵。」

曹操一聽，鼻子都差點氣歪了。漢獻帝竟然當著自己的面，再度與劉備「眉目傳情」！這也更加驗證了他此前的顧慮和擔憂。

劉備不明就裡，下馬謝恩之後再度上馬，忽見草叢中一隻兔子被趕了出來。劉備張弓引箭，正好射中兔子。漢獻帝當即為劉備喝彩。劉備又再下馬謝恩。

曹操看著他們兩人你來我往，怒氣頓時上湧。正好此時，一頭大鹿從荊棘叢中躥出，正對著漢獻帝奔來。漢獻帝疏於習練，連射三箭不中，覺得很不好意思，看看曹操就在旁邊，就說了一聲：「卿家你來射。」

曹操怒氣正熾，毫不客氣地找漢獻帝討要天子專用的雕弓金箭。這明顯是大不敬的僭越行為。若在皇權鼎盛之時，僅僅這個行為就足以讓曹操付出誅滅三族的代價。但是現在漢室衰微，朝政被曹操把持，漢獻帝又怎麼敢不同意呢？

曹操拿起雕弓金箭，對準大鹿射去，一箭正中鹿背，大鹿應聲倒地。遠處的群臣不知這一箭是曹操所射，一看鹿背上天子專用的金箭，以為是漢獻帝射中的，不由急奔前來，山呼「萬歲」。

曹操見狀，當仁不讓，一撥馬頭，擋在了漢獻帝之前，傲然接受了群臣的歡呼道賀！眾臣見了這幅情景，大驚失色！

從來沒有一個人敢在天子面前，以天子的名義，接受群臣的呼拜。曹操這樣做，是在怒氣催發之下的一種過激行為。許田圍獵是曹操事先策劃好的，射鹿僭越則是他的即興即情之舉。此舉徹底顯露了他根本不把漢獻帝放在眼裡的睥睨之心。曹操就是要用這樣極端的方式來警告漢獻帝，不要抱有任何想要擺脫我曹某人控制的幻想！同時，曹操也是在試探群臣，看看到底哪一個人敢站出來挑戰自己的權威。

你還別說，真的有人要站出來一刀劈了曹操。

這個人就是劉備的兄弟關羽！

關羽按捺不住，正要縱馬提刀向前，卻被劉備用眼神手勢硬生生地攔住了。

曹操震懾完漢獻帝，回轉身來，用目光緊緊盯住劉備。他雖然沒有看到劉備阻止關羽的那一幕，但震懾劉備也是今日這場田獵的題中原定之義。

劉備正處於對曹操敬仰之情未消，敬畏之心正濃的時候。他阻止關羽也是這個原因。此刻，他見曹操虎視眈眈地盯著自己，頓時嚇出了一身冷汗。在這一刻，曹操強大的氣場震懾住了所有的人（除了關羽），劉備根本不敢與他目光對視，立即低下了頭，屈下了腰，說道：「丞相神射，世所罕見！」（強情境的約束作用）

劉備的這句奉承話一說，頓時覺得自己的人格矮了大半截。射箭中鹿，也不是什麼大不了的本事。如果用這句話來讚頌呂布的轅門射戟，倒還差不多。

曹操見劉備絲毫不敢違逆自己，一陣快感油然而生，發自內心地哈哈一笑，說：「此乃天子洪福耳！」敲山震虎的目的既然已經達到，言辭上就不妨客氣一番了。

田獵就此結束。漢獻帝面無表情，默默無語地回到了許都，內心的憤怒卻達到了頂峰。他的憤怒來源有兩個，一個自然是曹操的無恥僭越，另一個卻是對劉備的極度失望。

漢獻帝看到自己曾經寄予厚望的劉備猥瑣膽怯的表現，如墜冰窖，徹骨生寒。什麼英雄皇叔，在曹操面前還不是原形畢露！這樣的人，怎麼能指望他擔負重任呢？

一個人的反抗之心一旦生發，是很難再壓抑下去的。漢獻帝雖然遭到了沉重一擊，卻不想就此放棄，而是繼續積極物色新的人選，謀劃新的可能。

劉、關、張兄弟回去後，劉備忍不住責怪關羽說：「你今天為什麼要如此暴躁呢？」關羽一愣，心想：「你可是皇叔啊，難道你不應該這樣做嗎？」隨即答道：「欺君之人，我實在難容。兄長，你為什麼要阻止我呢？」

是啊，劉備為什麼要阻止關羽呢？如果不是劉備阻止，以關羽怒氣勃發之神威，拿出溫酒斬華雄的效率，十個曹操也被他劈了。其實，在與曹操的朝夕相處中，劉備不知不覺受了曹操的思維模式與行為模式的影響，仁義道德（聲望名譽）多少有點讓位於現實利益了。

劉備卻不能用這個理由來應答赤膽忠心的兄弟關羽。劉備只能說：「兄弟，你要知道投鼠忌器啊。天子身旁，都是曹操的心腹之人。倘若你一擊不成，卻讓天子遭殃，豈不是極大的罪過。」

這個理由其實連劉備自己都說服不了，但他也只能這樣說了。果然，關羽憤憤不平地回嘴道：「兄長你看好了，今天不除曹賊，日後必生禍亂。」

劉備沉默不語。劉備原本以為已經從曹操身上找到了答案，但是關羽今天的這一聲喝問，又讓劉備陷入了沉思。在仁義道德和現實利益之間，到底該做何選擇呢？

心理感悟：他人即獵物。

26 一頭鹿的分水嶺

許田圍獵結束了，但這一事件的深遠影響卻剛剛開始。事實上，偶然性與必然性並存的許田圍獵是東漢末年整個政治形勢發展演變的一個分水嶺。

在許田圍獵中，曹操看似是最大的贏家，其實卻是最大的輸家。

在此之前，曹操雖然把持朝政，唯我獨尊，但有當年董卓的惡例在先，曹操的言行與董卓相比，還算不上太過逾矩，相關各方大體上還能相安無事。但曹操射鹿前後的僭越之舉卻徹底打破了這脆弱的平衡。

首先，這激化了曹操與漢獻帝之間的矛盾。

漢獻帝自登基後，先後經歷董卓之亂，李榷、郭汜之亂，已經習慣了隱忍求存。他原本對曹操寄予厚望，以為他是匡扶社稷的股肱之臣。後來曹操一步步走向專權，但至少表面上還是尊重漢獻帝的。這一次，曹操肆無忌憚地撕下漢獻帝的臉皮，年輕氣盛且頭腦靈便的漢獻帝無法忍受這樣的恥辱，於是就開始積極謀劃剷除曹操。

其次，這激化了曹操與漢室忠臣之間的矛盾。

許田圍獵的時候，漢獻帝雖然哀歎滿朝文武，沒有一個忠心之人。但其實是因為事出突然，很多人一時反應不過來。事後，很多忠心漢室的大臣對曹操的行為非常不滿，也開始想方設法地對付曹操。

人們傾向於從一個人的行為快速判斷他的性格特質。這就是「特質推論」。在一項心理學實驗中，一位心理學教授讓學生們記憶類似於「那個圖書管理員幫一個老婦人將雜貨送到了馬路對面」這樣的句子。

參與實驗的學生們儘管對這個圖書管理員毫無了解，卻毫不費力就推斷出他具備「樂於助人」的性格特質。此後，當教授給這些學生提供一些線索以幫助他們回憶曾經記憶過的句子時，發現最有效的線索不是可以提示「圖書管理員」的「書」，也不是可以提示「雜貨」的「背包」，而是教授根本就沒提供、純粹由學生們自行推斷出的那位圖書管理員「樂於助人」的特質。

正如上述這位圖書管理員被輕易貼上了「樂於助人」的特質標籤，曹操的「許田射鹿」，在人們心中與秦朝末年趙高的「指鹿為馬」畫上了等號，曹操由此「奠定」了自己不可磨滅的「亂臣賊子」的特質形象。

但問題是，曹操此時並沒有想當謀權篡位的亂臣賊子。一個人的野心是一步一步膨脹的，曹操還沒有達到那個階段。他雖然挾持了天子，但當時天下具備強大實力的割據勢力還有袁紹、劉表、孫策等好幾家，都足以與曹操相抗衡。尤其是袁紹，實力遠在曹操之上。曹操要是現在就準備篡位，不但挾天子的優勢立即喪失，而且會被袁紹等人倒打一耙，以「清君側」的名義徹底將曹操殲滅。

曹操此時最好的策略應該是老老實實地「扮豬」，因為「吃虎」的時機遠未成熟。而他許田射鹿的僭越之舉卻給自己貼上了最負面的標籤，實在是得不償失。

正如關羽所說的「亂臣賊子，人人得而誅之」，既然漢室君臣上下都將曹操視為「亂臣賊子」，針對曹操的一系列謀殺與暗殺理所當然地就此拉開帷幕。這對身在明處的曹操是一個極大的風險。誰又能打包票說自己是金剛不壞之軀，可以無懼於任何的謀殺與暗殺呢？

城門失火，殃及池魚。許田圍獵給曹操惹來了大麻煩，而劉備多年來苦心經營的良好聲譽也面臨著崩盤的危險。這是因為特質推論同樣也適用於劉備。

劉備此前名聲不錯，他到許都後，和曹操過從甚密，但由於曹操「奸形」未露，人們對劉備也沒有太多的負面觀感。但是他在圍獵場上公開阿諛逢迎曹操的行為，卻足以抵消他此前多年苦心經營的名聲。

射鹿事件後，關羽對劉備說的那番話就是一個明顯的訊號。就連和他有手足之情的關羽都對他表示了隱隱的不滿，更何況其他人呢？

劉備此前被曹操的光環所迷惑，但關羽的話卻驚醒了他。他結合許田射鹿事件前後的整個情勢，深入地反省自我，終於想明白了一件事。學曹操，最多只能成為曹操第二。因為曹操的文采武略遠勝自己，而且他又壟斷了最有用的資源漢獻帝。學曹操，只能生活在他的陰影之下，當他的小跟班，永遠也不會有出頭之日。

劉備是有著遠大夢想的。那個夢想雖然因為現實的艱難與挫折，而蒙上厚厚的灰塵，但它始終停駐在劉備的心靈深處，從未消失。當劉備擺脫了思想上的迷茫後，這個夢想再度跳將出來，激勵著劉備要去開創屬於自己的事業。

既然學曹操是沒有前途的，劉備別無資源，就只能重新回到仁義道德的老路上去。在經歷了這麼多大風大浪之後，出身寒微的劉備終於在思想上走向了獨立與成熟。他堅定地告訴自己，唯賢唯德，能服於人，一定要用自己的良好形象與美好聲譽來開闢未來的成功之路。當然，曹操對劉備潛移默化的影響也不是靠下決心就能完全消除的。劉備的決定屬於意識層面，而曹操對他的影響屬於潛意識層面。很多時候，意識和潛意識之間會發生激烈的博弈。這樣的博弈也一直存在於劉備此後的人生旅途中。

就在劉備暗下決心，要告別對曹操的崇拜與迷戀之時，又一個逼他上路的人出現了。這個人就是大漢國舅董承。

原來，漢獻帝回宮之後，在憤怒的驅使下，找來了皇后的父親伏完。伏完對曹操自然是義憤填膺，兩人一拍即合。漢獻帝當即寫下一封血詔，號召忠臣義士剷除曹操。這封血詔隨後被傳到了國舅董承手中。董承先後聯絡了長水校尉種輯、昭興將軍吳子蘭、工部郎中王子服、議郎吳碩以及西涼太守馬騰。這些人都在血詔上簽名，成了「血詔黨」的一員。

但董承等人手上均無兵權，馬騰雖有雄兵，卻遠在西涼。這樣的實力狀況，顯然沒辦法對付曹操。董承召集眾人商議，馬騰提議拉劉備入夥。

董承毫不客氣就拒絕了：「這個人雖然是漢室皇叔，卻給曹操當爪牙，怎麼肯來共謀大事？」董承壓根兒不願提劉備的名字，而是用疏離性語言「這個人」代替，顯見他對劉備十分不滿。

馬騰卻說：「我覺得這不是他的真面目。圍獵那天，我在劉備身旁，正好看見關羽要殺曹操，被劉備阻止。我想他可能是投鼠忌器。」

劉備阻止關羽殺曹操，正可以視為維護曹操的鐵證，怎麼在馬騰眼裡倒成了反對曹操的象徵了呢？

情境對人的影響很大，人們表現在外的行為往往不是內心真實態度的反應。馬騰作為一個血性漢子，在許田當日的情境下，也沒有任何血性舉動，這讓他對自己很不滿意。推己及人，他傾向於推測他人也是敢怒而不敢言（虛假共識效應）。從而，關羽的激憤言行就被他解讀為劉備的真實態度是反對曹操的（天下皆知劉、關、張兄弟親如一體）。

幸好有關羽的意氣一怒，又幸好馬騰看到了這一幕，否則，劉備的「曹氏黨羽」汙名之帽就再也摘不掉了。

劉備的兄弟關羽、張飛勇猛無敵，血詔黨又正是用人之際，董承雖然心存猶疑，但苦於別無強援，只好答應馬騰去試探一下劉備。

這一天晚上，董承趁著夜色，懷揣血詔來到了劉備的住處。

劉備得知董承夤夜來訪，吃了一驚，忙將董承迎入門中。

董承開門見山，說：「前日圍場之中，雲長要殺曹操，將軍注目擺手阻止，這是為什麼？」董承的這種問法，絲毫沒有表露自己的真實立場，從而可以在敵我不明的情境下進退自如。無論劉備如何應答，董承都有迴旋餘地。劉備雖然猝不及防，但還是顯露出了他極善應變的一面，說：「舍弟見曹操僭越，故而發怒。」

人家是問他為什麼要阻止關羽殺曹，但他卻回答關羽為什麼要殺曹。劉備這也是進退自如的應對之策。萬一董承是曹操派來試探的，那麼劉備隨時可以加上一句「舍弟無知，所以阻止」，來為自己洗白。

董承心機沒那麼深，以為劉備已經自表心跡，不由落淚道：「要是都像雲長這樣赤膽忠心，何憂天下不太平！」

劉備疑心加重，故意說：「曹丞相治國，不是好好的嗎？哪裡不太平了？」

董承變色道：「你身為大漢皇叔，怎麼能這樣說話？難道你沒看到曹操就像董卓一樣嗎？」

劉備這才知道董承的真實意圖，說：「我是擔心有詐，所以這樣說。請國舅不要見怪。」

董承拿出漢獻帝的血詔，講明了緣由。劉備見了血詔，就地拜倒，說：「劉備敢不效犬馬之勞！」

董承稱謝後，說：「請寫上您的大名！」

物理學和心理學在很多地方是息息相通的。牛頓第一運動定律（又稱慣性定律）說，一切物體在沒有受到力的作用時，總是保持原有的運動狀態不變，除非作用在它上面的力迫使它改變這種狀態。人其實也是一樣的。

雖然劉備已決定不再學曹操，但他也根本不想和曹操為敵，或者說不敢與曹操為敵，直到董承拿著血詔上門逼著他做出改變。

劉備的本意是不想簽這個名字的。因為他知道，這個名字只要一簽上去，就和曹操成了死對頭，此後永無寧日。

但是，劉備能夠不簽嗎？

不能。因為劉備是有身分障礙的。所謂身分障礙，就是指一個人的身分對其言行的一種約束。

劉備這一路走來，沾了多少「漢室宗親」的光，最近又被漢獻帝親口認證為「皇叔」，這又是多麼大的榮耀！榮名之後，責任隨之而來。現在，漢室有難，怎麼著也該是劉備回報漢室，為漢獻帝做點什麼的時候了。

血詔上面已經簽了六個名字了，除了董承和皇室沾親之外，其他五人都是外人。連外人都簽了，劉備是大漢皇叔，怎麼能不簽呢？

劉備無可推脫，只能在血詔上寫下「左將軍劉備」這五個字。

> 心理感悟：只有「支付」責任，才能「買到」榮耀。

27 英雄眼裡無英雄

董承拿到劉備的簽名，如釋重負，自覺不虛此行，臉上不由浮現了笑容。但劉備卻變得異常緊張，連聲叮囑董承：「切宜緩緩施行，不可輕洩！」

董承告辭而去，劉備內心裡翻騰激盪，卻是再也安定不下來。

劉備這是後悔了。他不但後悔，而且後怕。

一項心理學研究表明，在短期內，「有所作為」更令人後悔；從長期來看，「不作為」更令人後悔。劉備此刻後悔的是自己上了「血詔黨」的賊船，就再也下不來了。但如果他今天不簽這個名字，日後他一定會更加後悔當初竟然無所作為。這是因為，當人們回憶往事時，在當時顯得特別巨大的風險、困難、障礙，後來卻顯得微不足道了。

在事情剛剛發生的這一刻，當事人劉備卻不得不面對內心裡的驚濤駭浪。曹操此時並不知情，也毫不設防，他依然與劉備「出則同輿，坐則同席」。如果劉備拼將一死酬漢帝，是有大把機會剷除曹操的。

劉備儘管願意報效漢室，但卻並不想當烈士。這是典型的「生存性自私」，即一種以維持生命的存在為第一優先目標的信念規條。

當初，曹操憑著一股青春銳氣，想要刺殺董卓，卻在不想當烈士的生存性自私驅動下，臨陣退縮。此前，劉備被呂布奪了徐州後，忍辱屈身，也同樣是這個原因。

這世界上很多人都有夢想，但能夠實現夢想的人卻不多。這背後的殘酷真相是，只有自私的人，才能實現夢想。這種自私首先體現在對自己生命的高度珍惜上。他們希望別人為他們犧牲，而絕不肯為別人犧牲。曹操的名言「寧使我負天下人，不使天下人負我」就是赤裸裸的自私性生存宣言。

不得不說，在曹操、劉備生活的年代，「捨生取義」依然是最主流的選擇。曹操、劉備之所以能夠在殘酷的征戰中笑到最後，多多少少也是「得益」於他們的自私。

劉備陷入強烈的認知失調，痛苦無比。為了緩解內心緊張的情緒，他不再外出縱馬騎射，而是開始在住處後院種菜，澆灌施肥，忙得不亦樂乎。這其實是一種行為否認。劉備希望借種菜學圃的安穩平靜，欺騙自我此前在詔書上簽名的行為並非事實。

他的兄弟關羽卻很不解了。他明明看到劉備當著董承的面自表「敢不效犬馬之勞」，以他風風火火的血性，接下來就該甩開膀子幹了。但劉備卻渾若無事，幹起了農夫的活兒。關羽忍不住問劉備：「兄長，您不留心弓馬以取天下，為何學小人之事？」

劉備擺擺手，說：「這不是你所能理解的。」劉、關、張向來無話不談，但劉備的心事竟然對關羽也不講了，可見他的壓力有多沉重。

關羽無奈，只好經常與張飛兩人外出習練弓馬解悶。

這一日，關羽、張飛外出，劉備一個人正在澆菜，許褚、張遼帶了十幾個兵士，急匆匆來找劉備，說：「丞相有命，請玄德公立即去見他。」

劉備頓時嚇得魂飛魄散，強自鎮定，投石問路道：「丞相找我有什麼緊要事？」

許褚、張遼說：「不知道，丞相只是叫我們趕快來相請。」

劉備雖仍驚疑不定，但多少安了點心。許褚、張遼的答話看似沒有透露任何資訊，但沒資訊就是好資訊。如果血詔事件已經暴露，曹操就該派人來「抓」自己，而不是「請」自己了。劉備知道曹操有時候心機很深，喜歡玩「貓戲老鼠」的遊戲，依然不敢大意。他唯一擔心的就是兩個兄弟竟然一個都不在身旁，只好單身一人，跟著許褚、張遼去丞相府。

曹操一見劉備，就板起面孔，說：「看你在家做的好事！」

劉備一聽，曹操果然要對自己玩「貓戲老鼠」，嚇得骨頭都酥了，心中連連叫苦，痛悔自己不該在血詔上簽名。

曹操見劉備臉色大變，突然哈哈大笑道：「玄德，你在家學圃可不容易吧。」

曹操這個人，在心情大好的時候，往往會像個小孩子一樣，喜歡捉弄人。比如有一次，他家後花園新開了一道門。曹操看了，在門上寫了個「活」字，一言不發就走了。眾人都不知道什麼意思，還是楊修聰明，猜出了曹操的啞謎。門上寫個「活」字，就是個「闊」字。原來，曹丞相是嫌園門太寬了。

今天，他逗劉備也是出於同樣的心理。可是劉備做賊心虛，差點被嚇個半死。劉備一看沒事，這才緩了過來。

曹操吩咐用剛熟的青梅煮酒，與劉備對飲。酒至半酣，突然天幕烏雲密布，眼看驟雨將至。

曹操站起身來，遙望遠空，看烏雲翻騰，就像巨龍一般。曹操心中那股英雄之氣，頓時油然而生。他一向自詡為人中之龍，而經過了十數年的奮鬥，現在已經是位極人臣，就連皇帝也只是他手中的木偶，這樣的人生成就，環顧天下，又有幾人能夠做到呢？曹操雖然出身官宦之家，但不巧他的祖父當過宦官，連帶曹操經常被清流人士看不起。但此刻曹操已經可以笑傲所有曾經看不起他的人了。曹操心情激盪，忍不住想到了一個問題：「玄德，你久歷四方，不妨說說誰是這當世的英雄？」

劉備要是心中無事，以他平常的機變，肯定回一句「丞相您就是當世的英雄」，就把曹操哄開心了。這一幕也就揭過去了。

但此刻的劉備，驚弓之餘，只想息事寧人，推脫著說了一句：「劉備肉眼凡胎，哪裡識得英雄？」

這下曹操不爽了，心想：「站在你眼前的我曹孟德，和你出則同輿，坐則同席，難道你就沒看出我是英雄？」

曹操說：「你不必客氣，還是說說吧。」

劉備不便再推三阻四，說：「淮南袁術，兵糧足備，應該算是英雄了吧。」

劉備這不是存心噁心曹操嗎？袁術剛剛被曹操打得屁滾尿流，連老巢壽春都被曹操占了，被迫逃到淮南。劉備深知這一切經過，但現在竟然當著曹操的面說袁術是英雄，豈不是自討沒趣嗎？

劉備確實是存心這樣說的，但他的目的不是為了噁心曹操，而是有意貶低自己的眼光，以襯托自己的庸碌平凡。我們知道，在社交場上，人們往往願意使用自我提升策略來強化自己的優越感。但此刻的劉備因為血詔事件擔驚受怕，根本就不敢引人注目。只有讓自己顯得渺小、庸俗，甚至猥瑣，才不會引發他人尤其是曹操的懷疑。這才是劉備的真實目的。

曹操哈哈一笑，覺得劉備的眼光實在太差了，說：「袁公路不過是塚中枯骨，早晚被我滅掉，他算得了什麼英雄？」說完，目光灼灼，直視著劉備。

劉備只能繼續往下說。既然曹操不吃這一套，劉備只能正兒八經地說出他心目中的英雄了：「河北袁紹，四世三公，門多故吏，現虎踞冀州，兵多將廣，謀士如雲，他可以算是英雄了吧？」從實力對比來看，袁紹強於曹操。但是曹操絲毫沒有把袁紹放在眼裡，說：「袁紹色厲膽薄，好謀無斷；幹大事而惜身，見小利而忘命，算不上英雄。」

劉備只能再舉劉表、孫策、劉璋等人，但曹操既然連最厲害的袁紹都否定了，怎麼還可能看得上這些更加庸碌無能的人呢？

劉備實在沒辦法了，只能說：「我實在不知道誰是英雄了。」

曹操半是惱怒，半是激動，用手指了指劉備和自己，說出了一句驚天動地的話來：「天下英雄，唯使君與操耳！」（從曹操自詡為英雄而深感滿足亦可佐證他此時並無僭越稱帝之心）

劉備頓時嚇壞了，心念電轉，任自己再怎麼低調掩飾，還是被曹操當作了「英雄」，想必曹操已察知了血詔密謀，今天繞了這麼大一圈，終於要揭開底牌了。手一抖，一雙筷子瞬間就掉到了地上！

無巧不巧，正在此時，天雷轟鳴，霹靂電閃。

曹操見劉備一臉慌張，疑心大起，冷言問道：「玄德這是怎麼了？」

劉備警醒過來，立即說：「聖人云，迅雷風烈必變。一震之威，竟至於此。我自幼懼怕雷聲，只恨無處可避。」

劉備自從受了孔融刺激後，戎馬之餘，經常翻閱《論語》等先賢典籍，關鍵時刻終於派上了立場。可見，多讀書還是有用的，關鍵時候就成了救命符。劉備說的這句「聖人云」，出自《論語・鄉黨》，意為「遇見迅雷大風，一定要改變神色，以示對上天的敬畏」，用在此刻的情形中，倒也十分妥帖。

曹操本人熟讀詩書，他對劉備的印象一直停留在「沒怎麼讀過書，也不怎麼喜歡讀書」的慣性認知中（十八路聯軍討伐董卓時），而現在劉備出口成章，毫不生澀，引用孔子的話完全應景，可見他說的必是實話。否則，一個沒多少文化的人在這一瞬間是不可能如此逼真作偽的。

曹操不再生疑，對劉備卻看輕了很多，再聯想起他許田射鹿時對自己的唯唯諾諾，更加認定他不過是個無用之人。從此，曹操對劉備的防範心理也減弱了許多。這倒是劉備的意外之喜。

> 心理感悟：這世上如果有後悔藥，就會少掉太多的精彩。

28——背叛就像一把刀

劉備僥倖躲過了一劫，但對曹操的恐懼之心卻日甚一日，他朝思暮想的就是趕快逃離許都，一刻也不多留。

在度日如年中，劉備得知了一個消息。淮南袁術因得了大漢的傳國玉璽，悍然登基稱帝。此後眾叛親離，風雨飄搖，只好向他一向看不起的兄長袁紹投誠，準備將玉璽送給袁紹。袁紹攻滅了公孫瓚後，實力大增，野心也隨之大增，欣然同意。袁術準備率領殘部，從淮南趕往河北，投歸袁紹門下。

劉備從這一消息中看到了一個脫身而去的好機會。他立即去見曹操，說：「二袁會合，對丞相不利。袁術去投袁紹，必從徐州經過，劉備願意率領一軍，在半路伏擊，擒拿袁術。」

曹操當然不願袁紹坐大，所以必須破壞二袁聯合。劉備在徐州數年，熟悉情況，派他前去伏擊，確實是最佳人選。而最關鍵的是，曹操此時對劉備的戒心大減。這幾個條件一綜合起來，曹操立即同意了劉備的建議。

劉備星夜收拾軍器鞍馬，急匆匆點齊兵馬，立即出發。關羽、張飛從未見劉備如此急性過，大感訝異，劉備這才吐露了真心話：「我現在是籠中之鳥、網中之魚，這一去徐州，就是鳥上青天，魚入深淵。如果不快點走，等曹操後悔了，就走不了了。」

劉備急急而行，國舅董承聞訊急急趕來相送。董承是擔心劉備這一走後，食言而肥，置血詔而不顧。劉備承諾決不背約。董承稍感心安，但還是無比惆悵。

此後，曹操聽了荀彧、郭嘉等人的諫言後，果然後悔了。其間，最關鍵的是郭嘉的態度轉變。荀彧一直是勸曹操殺掉劉備的，而郭嘉則要曹操收留劉備以養名聲。但郭嘉只是想將劉備當成一件沽名釣譽的道具，絕不希望劉備自立門戶，所以這時也勸曹操除掉劉備，以免放虎歸山，再難控制。

曹操立即想起自己當年刺董不成後，匆匆逃離的往事，再聯想起劉備突然學圃種菜、青梅煮酒時的驚慌失措，覺得劉備一定是心中有鬼。曹操有心召回劉備，但劉備早已遠去。

曹操隨即給鎮守徐州的車胄寫了一封密信，要他與陳登父子商議，趁著劉備不備，將其除掉。陳登父子作為內應，幫助曹操剪除了呂布，曹操一直很信任他們。但曹操沒想到，陳登父子更是劉備最忠實的擁躉。陳登得訊後，立即將車胄給賣了。劉備一不做二不休，先下手為強，斬了車胄，十分順利地占領了徐州。

這是劉備第二次擁有徐州。失而復得之後，劉備發誓一定要牢牢守住徐州，絕不再失手。曹操得知劉備殺了車冑自立後，暴跳如雷，當即要出兵討伐。正在此時，血詔黨事發，曹操立時下手，將董承等血詔黨盡數捕獲，滿門抄斬，連董承的妹妹——漢獻帝的董貴妃也不放過。

更讓曹操痛恨不已的是，劉備竟然也是血詔黨的成員！

曹操絕沒有想到，劉備竟然隱藏得如此之深，把自己欺騙得如此之苦！痛恨之餘，曹操對劉備的看法再度起了變化。從此，曹操將劉備這個靜如處子、動如脫兔的賣履之徒真正看作了自己不容小覷的對手！這對劉備來說，絕非好消息。曹操在形勢大好的時候，總會得意忘形，犯下大錯。一旦他平心靜氣、鄭重其事地來對付一個人的時候，這個人就該倒大霉了。

曹操在血腥鎮壓血詔黨之後，對漢獻帝的監管更加嚴厲。隨後，曹操就騰出手來，派出五路大軍來討伐劉備。劉備連忙向袁紹求救，但袁紹卻因為最疼愛的兒子得了重病，無心理會。劉備只能膽戰心驚地獨自迎戰最為可怕的對手——曹操！

曹操懷著對劉備欺瞞自己、背叛自己的滿腔憤恨，發起了狂風暴雨般的進攻。劉備根本沒有還手之力。徐州很快失守，劉、關、張三兄弟再一次被打散。劉備的家眷也落入了曹操之手。劉備匹馬出逃，去投奔袁紹。張飛帶著幾個弟兄再次逃到芒碭山上當強盜。唯有關羽，被圍困在土山而無法逃脫。

曹操派張遼去勸降關羽。關羽提出「降漢不降曹」三個自欺欺人的條件後，終於向曹操投降（劉備當初屈身呂布對關羽的影響是不容忽視的）。

這是劉備第三次失去徐州。第一次是失於呂布。第二次是劉備聯合曹操，擊敗呂布後，以為自己可以再領徐州，卻被曹操以面聖為由巧妙剝奪。劉備曾經三讓徐州，又三失徐州。劉備逃離徐州時，曾經倉皇回眸，以為自己一定會再回徐州。但事實上，這是他最後一次和徐州打交道了。雖然徐州在他的前半生占據了極為重要的地位，但現在他和徐州的緣分已盡。此後，劉備再也沒能踏上徐州的土地一步。

劉備又一次遭到了傾家蕩產式的慘敗。這一年，劉備正好四十歲。

《論語》上說，「三十而立，四十不惑」，劉備不但沒有三十而立，而且在四十的時候，再一次失去了所有。他不能不迷惑，自己的人生之路為什麼會如此坎坷？為什麼總是在稍見起色後，馬上痛遭當頭棒擊？命運到底給自己安排了什麼樣的人生劇本？那個遠大的夢想，還有沒有可能實現呢？今後的路，又該如何走下去？

劉備單人獨騎，孑然一身，逃亡冀州。這一路上，幸好劉備沒有得知關羽投降的消息。否則，這個重大的打擊很可能就此扼殺他的人生夢想，讓他徹底沉淪。

為什麼這樣說呢？

劉備顯然是個高自尊的人，否則，這麼多的坎坷磨難，早就讓他自暴自棄了。心理學的研究表明，高自尊的人和低自尊的人在面臨失敗時，會採取不同的認知策略來緩解失敗對自己的打擊。低自尊的人很容易被失敗打敗，認為自己蠢笨無能，從此放棄爭鬥，全盤接受命運的安排（哪怕是不好的安排）。而高自尊的人則會透過關注自己其他方面的優點來對沖失敗對自尊的衝擊。一項心理學實驗表明，高自尊個體在成就測驗中失敗時，會更加積極地看待自己在人際關係上的能力與建樹。這可以稱為「優勢緩解」。

劉備經歷了比常人多得多的挫敗，能夠給予他「優勢緩解」的正是牢不可破的結義之情。這麼多年來，這份兄弟同心的真感情，就是劉備唯一的硬資產。不管劉備是得意還是失意，關羽、張飛一直忠貞不貳、無怨無悔地追隨著他。每當劉備失敗的時候，一想起這兩個生死不渝的兄弟，就會覺得自己的人生至少在這一方面比任何人都成功，從而有效緩解了失敗後的自尊損傷，讓他得以在困頓掙扎中爭取下一次的奮起。

可以說，關羽、張飛的忠誠就是劉備心靈大廈的底座，關羽投降曹操，就等於是抽走了最重要的一根支柱，劉備的心靈大廈必然搖搖欲墜。

劉備一路倉皇，來到冀州。在袁紹的熱情接待下，他重拾信心，再一次開始了寄人籬下的生活。

袁紹因為自己沒有出兵援手，導致劉備慘敗一事，十分過意不去，因此對劉備十分禮遇，以稍作彌補。

這時，天下的形勢日趨明朗。曹操在北方基本掃清了除袁紹之外的各股割據勢力，曹操與袁紹爭奪北方霸主已成必然。

劉備在這個節骨眼上加入袁紹陣營，也意味著他與曹操之間的對手戲並沒有因為徐州慘敗而結束。

袁紹在劉備的鼓動下，率先對曹操發起攻擊。但這一交手，關羽降曹的消息很快就曝光了。劉備又該如何面對最忠誠的兄弟的背叛呢？

> 心理感悟：自尊的命門就是背叛。

㉙ 兄弟的一封來信

兩軍交鋒，關羽手起刀落，連劈袁紹的兩員大將顏良和文醜。袁紹痛失愛將，將氣撒到劉備身上，要將劉備砍頭洩恨。

關羽的背叛本來會要了劉備的命，但現在袁紹想要劉備的命。自己要死，是一回事；別人要你死，又是另一回事。生存性自私再次出現。劉備急中生智，給袁紹算了一筆賬。

劉備說：「關羽雖然殺了顏良、文醜，但我可以勸他棄曹來歸，明公意下如何？」

袁紹一想，關羽如此神勇，如果能得到他，就算是顏良、文醜復生，也比不上。這簡直太划算了。當下也不殺劉備了，立即催他寫信勸降關羽。

劉備保住了命後，心中波濤翻湧。他拿起筆，將自己所有的憤懣、不滿、酸楚、傷痛全都傾瀉在筆端：

> 備與足下，自桃園締盟，誓以同死。今何中道相違，割恩斷義？君欲立功名、圖富貴，願獻備首級以成全功。書不盡言，死待來命。

劉備的意思是，我們說好要同生共死的，你現在背棄了承諾，要去追求榮華富貴了。既然如此，我就成全你吧。我願意把我的腦袋獻給你，幫助你達成心願。

這封信根本不是什麼情真意切的勸降信，而是一封失去理智的挖苦信。但奇怪的是，劉備寫完這封信後，那種痛不欲生的感覺竟然大大減弱。劉備心情為之一快，又有了活下去的勇氣了。

這是為什麼呢？

美國紐約州立大學的約書亞・史密斯等人就書寫對個人身心傷害所產生的影響進行過研究。他們找來一些剛剛遭受戀愛失敗、親人亡故、交通事故等打擊的人，要求他們中的一部分人在連續幾天內每天花幾分鐘寫一寫自己受到的傷害，而另一部分人在每天只需要寫下第二天的計畫。

之後，他們對實驗參與者進行了身體測試和心理評估。結果發現，那些書寫過自己的傷痛的人，無論是在身體免疫機能還是在心理健康程度上的得分，都比另一組要高。也就是說，將自己的痛苦訴諸筆端，可以有效地發洩自己的負面情緒，從而緩解心靈的重負。這就是「書寫宣洩效應」。

書寫其實是一種無拘無束的自我傾訴。傷害過你的人，並不曾真的站在你面前，所以你可以直言無忌，想怎麼對他說，就怎麼寫下來。當所有的不滿與憤怒都透過筆端宣洩出來後，心情放空，自然也就雨過天晴了。

美國總統林肯十分擅長運用這一效應。美國南北戰爭期間，林肯面臨著巨大的壓力，而他所任命的將領卻盛氣凌人，不服從他的指揮，甚至當面無視林肯的存在。林肯十分生氣，他寫了一封信，在信中毫不掩飾自己的憤怒。寫完之後，林肯卻沒有把信寄出去，而是點火燒了。後來有人問他為什麼要這樣做。林肯說：「寫完信之後，我的怒氣就發洩光了。再把信寄出去，就會傷害對方，並引發新的衝突，這就得不償失了。」

林肯的做法是很明智的，既能舒緩自己的心情，又不至於造成新的矛盾。但劉備還做不到這樣。他的信剛寫完，就馬上派人給關羽送去了。

劉備的這封極盡挖苦之能事的信，會不會激怒關羽，真正導致兄弟反目呢？

應該說，這種可能性是很大的。

關羽是迫不得已才投降的，並不是對劉備恩斷義絕。劉備故意說反話來發洩自己的不滿與不解，對關羽的指責根本就站不住腳。

大難臨頭，你劉備自己就先跑了，根本就沒管過兄弟。現在，你卻要倒打一耙，把背信棄義的汙水全潑到兄弟頭上。這怎麼能行呢？再說了，兄弟跟著你劉備，辛辛苦苦混了十幾年，攻全無克，戰全無勝，遭遇的總是失敗。這難道不是身為老大的你的無能所致嗎？既然你還血口噴人，那咱們就一刀兩斷，你走你的陽關道，我走我的獨木橋吧。

一百個人中有九十九個會這麼做。劉備這封信很可能招致雞飛蛋打的結果。但幸好關羽是那唯一不會這麼做的人。

關羽忠義過人，看了信後，立即痛哭流涕，毫不猶豫就放棄了在曹營中得到的一切（包括漢壽亭侯的爵位和曹操賞賜的金銀、美女），護送著劉備落入曹操之手的兩位夫人，千里獨行，過五關斬六將，歷盡艱辛，來找劉備。

關羽路過古城的時候，巧遇失散已久的張飛。正如當初關羽不肯原諒張飛因醉酒而導致徐州失守一樣，張飛也不肯原諒關羽投降曹操的行為。兩人大打出手，幸得二嫂及眾人相勸，兄弟倆才重歸於好。

關羽和張飛會合後，正要去袁紹處找尋大哥劉備，但劉備卻又有新的想法了。

當初，曹操在青梅煮酒論英雄的時候，曾經評論過袁紹。劉備親自觀察袁紹陣營內部的亂象，不得不佩服曹操的精準眼光。劉備判斷，雖然袁紹目前實力遠勝曹操，但袁曹之戰的勝者更可能是曹操。在看透了袁紹的庸碌無能後，又得知關羽、張飛在古城聚攏舊部的消息，劉備就不想再跟著袁紹混了。寄人籬下，依附他人一直都是劉備的權且之舉，只要一有機會，他總是想自立門戶的。

劉備正在思考脫身之策。他的舊部簡雍，如今投在了袁紹門下，給劉備出了一個好主意。

第二天，劉備去見袁紹，說：「如今曹操勢力漸大，我們不如和劉表聯合，共同對付曹操。」

袁紹說：「劉表坐擁荊襄九郡，兵精糧足，如果能和我們聯合當然好。可是，我曾經派人去見過他，但他無意結盟。」

劉備說：「劉表是我同宗的兄長，如果我去勸說他，一定沒問題。」劉備已經好久沒用「漢室宗親」的牌頭了，現在又派上了用場。

袁紹一聽，劉備的這個主意比較靠譜，就答應了。劉備前腳剛走出，去做出行準備，簡雍就站出來揭發劉備了。

簡雍對袁紹說：「主公，依我看，劉備這一走就不會回來了。」

袁紹吃了一驚，簡雍本是劉備的舊部，沒想到卻會在劉備背後說他的壞話。袁紹追問緣故。簡雍說：「劉表和劉備是同宗兄弟，他留在劉表那裡豈不是更好嗎？」

袁紹覺得簡雍說得有道理，正要把劉備叫回來。簡雍卻又說：「我有一個好辦法，可以解決這個問題。」

袁紹忙說：「說來聽聽。」

簡雍說：「請讓我跟著劉備去。一來可以促成和劉表的聯合，二來可以監看劉備，看他有什麼動靜。」

袁紹一聽，大喜，連聲稱好，當即派簡雍和劉備同行。

簡雍這不是在賣主求榮嗎？他為什麼要這樣做？

其實，這正是簡雍的脫身妙策。劉備要離開袁紹，簡雍還是願意繼續追隨劉備（這也足以說明，劉備雖然屢遭失敗，但他的人格魅力依然強大）。但是如果他直接提出要和劉備同行，很可能招致袁紹的懷疑。所以，簡雍採取了相反立場策略，用一種別出心裁的方式達到了目的。

所謂相反立場，就是指說服者話語中所表達出來的立場和自己的利益訴求恰好相反。當說服者從相反立場來說事時，別人更容易認為你是客觀公正的，從而更有說服效力。

簡雍是劉備的舊部，人們自然將他視為和劉備立場相同，利益一致。他一揭發劉備，就發出了和舊主劉備劃清界限的信號，站到了袁紹的立場上，袁紹自然很容易就被他說服了。

劉備和簡雍巧妙瞞過袁紹，他們根本沒去聯絡劉表，而是向著古城進發，去與關羽、張飛會合。

三位發誓要同生共死的兄弟，在經歷了最嚴峻的情感考驗後，久別重逢的那一剎那，又會是怎樣的心情呢？

心理感悟：每一封信，其實都是寫給自己的。

30 絕境中的絕望

其實，劉備早已原諒了關羽。

這有兩方面的原因。

一方面，劉備寫了那封挖苦信後，在書寫宣洩效應的作用下，怨氣已消了大半；另一方面，關羽得信後封金掛印，不惜一路過關斬將，也要重歸劉備。這一行為對劉備的自尊帶來的補益早已超過了當初他投降曹操帶來的損傷。

劉、關、張在古城再次聚首，三兄弟抱頭痛哭，恍如隔世。在涕淚橫溢後，所有的怨恨與委屈都消散無蹤。人們總是在失去後才懂得珍惜，在重新擁有後才明白寬容。從此，劉、關、張三兄弟的情誼更加牢不可破，再也沒有人能夠將他們分開。

劉備在古城落腳，他的舊部聞訊後陸續來投。趙雲原是公孫瓚手下勇將。公孫瓚被袁紹殲滅後，趙雲流離江湖，現在也來投奔了劉備。

劉備看看帳下，文有孫乾、簡雍、麋竺，武有關羽、張飛、趙雲，心情為之一振。劉備隨即與割據汝南的劉辟、龔都聯合，擁有了一塊新的根據地。

劉備的預判很準確。曹操在與袁紹的官渡決戰中，以弱勝強，擊潰了袁紹，隨後又攻破了袁紹的老巢冀州。

袁紹一死，劉備的好日子就到頭了。曹操很快調轉槍口，對準了這個背棄自己的血詔餘黨。

劉備一直對曹操超強的能力與實力深懷恐懼，但是要想有所作為，曹操這一關是逃不過去的，只有勇敢面對。

曹操身材矮小，但此前劉備一直覺得他氣勢宏闊，形象高大。這一次在戰場相遇後，劉備對曹操的觀感卻有了很大變化，覺得他又矮又小，面目可憎。這自然是知覺轉換的緣故。當一個人成為我們的敵人後，我們會迅速扭曲他在我們心目中的形象。

曹操見了劉備，氣不打一處來，以馬鞭指著劉備，痛罵道：「我用上賓之禮待你，恩若兄弟，你為什麼要忘恩背義？」曹操生劉備的氣，一方面是因為他在自己的眼皮底下加入了血詔黨，陰謀暗害自己；另一方面，則是關羽不告而別，還殺了曹操手下多員大將。

劉備挺起胸膛，目光炯炯，直視著曹操，大聲回罵道：「你託名漢相，實乃漢賊。我是漢室宗親，當然要討伐你了！」

劉備的這一回擊非常巧妙，他並沒有直接回應曹操的指責（這是劉備在私德方面理虧的地方，在這一層面上，無論如何都說不過曹操），而是將雙方的論辯提升到了另一個更高的道義層面（公德方面），居高臨下，指責曹操的不義。以公攻私，無有不勝。曹操原本擁有的道德優勢不但渙散消失，而且被推到了道義的反面。劉備用的這個策略，就是「向上提升策略」。

劉備這番硬碰硬的話一說，從此就在心理上確立了對曹操的道德優勢，而他的人格也從此得以完全獨立。

劉備這張嘴實在是太能狡辯了，曹操一聽，氣得發昏，怒道：「我奉天子明詔，討伐四方逆賊，你怎麼敢胡說八道！」

挾天子以令諸侯，本是曹操萬用萬靈的幌子。有了這個幌子，誰也沒法在最高的政治道德層面勝過曹操。

現在劉備手中已經有了一個足以對付曹操的祕密武器。這就是漢獻帝親手所寫的血詔！

劉備輕蔑一笑，說：「你的明詔不過是騙人的把戲。我有天子血詔在此。」說完，就開始高聲朗誦血詔的內容。

曹操一聽，臉色頓時變了。

血詔對明詔，至少是旗鼓相當，曹操的幌子從此在劉備面前就黯然失效了。不過，細究起來，劉備是很對不住他的血詔黨朋友的。劉備沒有為血詔黨出過一丁點兒力，卻獨自坐享了所有好處。劉備出於生存性自私，明哲保身，覷準機會，先行溜了，而留在許都的董承等人卻付出了一千多條鮮活的生命。

曹操一看，嘴巴上打不過，那就拳頭上見吧。曹操發動攻擊，劉備不能抵擋，倉皇敗逃。

劉備一路逃到了漢江邊上，一清點兵馬，只剩下不到一千人了。但幸好關羽、張飛、趙雲拼死拼活，保住了劉備的家眷，沒有第四次落入敵手。

劉備眼看好不容易聚攏起來的一點家底，幾乎又敗光了，心裡猛然湧起了一股前所未有的絕望情緒。這不知道是劉備的第幾次失敗了。在這近二十年中，劉備屢戰屢敗，總是在稍有起色的時候，就會遭受一次猛烈的打擊，被迫清零重來。雖然如此，劉備還是屢敗屢戰，從未曾失去過對自己的信心，對未來的憧憬。但是今天的情形卻大不一樣了。

劉備這一年四十一歲。孔子說：「吾十五有志於學，三十而立，四十不惑，五十而知天命……」劉備是十五就知天命，但卻三十不立，四十大惑。面對奮鬥十七年卻一無所有的蒼白現實，劉備第一次對天命產生了懷疑。就算天命在我，羽葆蓋車之夢能夠成真，恐怕也沒有多少時間了。

當時人們的平均壽命並不長，那些有所成就的人一般到了三十歲就已奠定了自己一生的榮耀之基，而到了四十歲就基本踏上了自己的人生之巔。而劉備已經四十一歲了，卻還是一無所成。眼看去日無多，對手曹操又實在太過強大，張繡、呂布、袁術、袁紹這些豪強均敗在（死在）他手中，憑什麼自己就能倖免呢？

在持續不斷的打擊下，劉備經由李定「貴人論」而來的心理能量終於在慘敗於曹操後消耗殆盡。在漢江之畔，劉備對著追隨了自己十幾年的老部下，流下了痛苦的眼淚。劉備哭著說：「諸君皆有王佐之才，隨便去投奔誰，都能得榮華富貴，不幸卻跟了我劉備！誰想到我劉備命途窘迫，連累了諸君啊！今天我劉備上無片瓦蓋頂，下無立錐之地，實在是不敢再耽誤各位了。諸君，你們還是離開劉備，各自去投奔明主，贏取功名富貴吧。」

劉備真是絕望到極點了。他一直以為命運是眷顧自己的，否則不會輕易得到關羽、張飛的友誼，陶謙的徐州，漢獻帝的皇叔尊稱。這一連串的幸運事件，支撐著劉備度過了漫漫長夜。接二連三的重大打擊，又讓劉備不得不懷疑，此前的幸運也許只是命運欲擒故縱的把戲。再堅強的人，也不能扛過所有的磨難。天意高深難測，人力有時而盡。遣散舊部，就意味著劉備徹底放棄了。劉備已經了無生趣，當這些老部下四散而去後，他準備結束自己的生命，不再抗爭，不再奮鬥，就在黃土中去尋找從來也未曾擁有過的心靈寧靜。

眾人聽了，感同身受，不由放聲痛哭。在這夜色四合的漢江之畔，江風嗚咽，傳向遠方，彷彿也是在為英雄走向了末路而應聲唱和。這是何等令人心碎的場面啊！這是何等令人心酸的場面啊！那些從未經歷過人生絕境的人們，也許永遠不會理解一個奮鬥者絕望的哀鳴。

就在壓抑沉重的氛圍中，關羽站了出來。在經歷了降曹歸劉的煉獄淬鍊後，關羽已經變得十分堅強。他打破了劉備的蒼涼心境，說：「兄長，你錯了！我聽說當年漢高祖與項羽爭奪天下，多次失敗，但後來垓下一戰成功，開創四百年基業。我跟隨兄長，征戰二十年，或勝或負，為什麼今天要說喪氣話呢？徒惹天下人恥笑！」

關羽的話開了一個積極的好頭，整個團隊的沉悶壓抑的氛圍為之一變。但劉備依然萬念俱灰，歎氣道：「我聽說『主貴則臣榮』，我連立足之地都沒有，真是汗顏，唯恐耽誤了你們的前程啊。」

孫乾的情緒也變得激昂起來，接過話頭，說：「使君您的話不對！人成敗有時，卻不可灰心喪氣。此去離荊州不遠，劉表是當世英雄，又是使君您的同宗長兄，為什麼不去投奔他呢？」

孫乾一向是個內斂沉靜的人，這時說的話卻很有激情，彷彿換了個人似的。事實上，不僅僅是孫乾，整個團隊都變得積極起來，彷彿慘敗才是最好的激勵一般。

一般而言，重大的失敗會讓團隊分崩離析，就像不久前的袁紹那樣。官渡失敗後，袁紹的很多謀臣武將都投奔了曹操。但凡事都有例外。有時候，危機反而更能促進內部的團結。

兩者的區別就在於團隊的領導者。如果失敗不是由於領導者的昏庸無能、倒行逆施造成的，失敗反而會加大團體的凝聚力。劉備一直苦心經營自己的名聲，而血詔事件後，犧牲者們用淋漓的鮮血造就的道義光芒，盡數傾灑在劉備這個唯一的存活者頭上。此時此刻，劉備就代表著漢室的希望，代表著道義的頂峰。失敗——在與邪惡勢力（漢賊曹操）對抗中的失敗——非但不會讓劉備的聲望褪色，反而平添了他的正義色彩。

這時候的劉備並不是一無所有的。他已經贏得了分量最足的「人和」！

劉備見一眾部屬在這樣的艱難時刻依然對自己不離不棄，無怨無悔，並且積極謀劃脫困之策，他的情緒也漸漸好轉。劉備決定，派孫乾去荊州，自己和其他人就在這裡等待他的好消息。

心理感悟：很多人不是死於絕境，而是死於絕望。

荊襄風雲

給你來盤大雜燴 / 安逸是最大的痛苦 / 說錯話的代價 / 你的身上沒有祕密 /
重病遇上老神醫 / 半路來個搶跑的 / 搶跑的被人搶跑了 / 一個比一個會吹牛 /
誰中了誰的計 / 有借從來沒有還 / 關於投降的爭論 / 智商不等於智慧 /
鬥氣從來無贏家 / 天上掉下個孫妹妹 / 溫柔是把殺豬刀 / 玩笑開得太大了

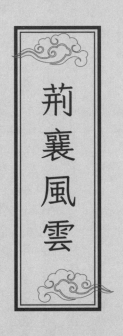

31 給你來盤大雜燴

劉備的失意激發出了整個團隊的報效之心，他們覺得主公的失敗就是因為自己沒有殫精竭慮、拼盡全力造成的。孫乾正是懷著這樣的心情，在劉備面前誇下了海口。

孫乾來到荊州見劉表。

劉表問他：「聽說你一直跟隨劉備，怎麼今天來見我來了？」

孫乾說：「劉使君與明公都是漢室子孫，天下共知。現在劉使君想要全力扶持社稷，只恨兵微將寡。汝南的劉辟、龔都，和使君無親無故，都願意以死相報。這次劉使君剛剛被曹操擊敗，想要到江東投奔孫權。我就勸他說，您怎麼能背親而向疏呢？荊州劉將軍，是當世之英雄，天下一般的士人，投奔他就像流水歸於大海一般，更何況您是他的同宗兄弟呢！使君因此心動，但唯恐冒犯將軍，不敢擅自前來，所以，特意先命我前來，向將軍稟告。」

孫乾的這段話，就像是一盤大雜燴，綜合運用了「相同立場策略」、「中間立場策略」、「示範效應」、「評價顧忌策略」、「標籤約束效應」、「好心情效應」等說服手段，代表了他一生中最高的說服水準。

「劉使君與明公，都是漢室子孫，天下共知」，將劉表和劉備都劃歸於漢室宗親這樣一個特殊的群體。就這個群體而言，大家扶助漢室的立場顯然是一致的，那麼，劉備在抗擊漢室宗親的公敵曹操失敗後來投靠劉表，是非常符合情理的。這就是「相同立場策略」。

「汝南的劉辟、龔都，和使君無親無故，都願意以死相報」，非親非故的劉辟、龔都與劉備沒有利益的關聯，他們認同、選擇劉備，顯然是出於符合基本價值觀的判斷，是出於公心的，從而也是正確的。這是「中間立場策略」的體現。

同時，劉辟、龔都的言行也成了一種針對劉表的「示範」，連非親非故的劉辟、龔都能這樣做，你劉表作為劉備的同宗兄弟，難道還不如他們嗎？這是「示範效應」在發揮作用。

「這次劉使君剛剛被曹操擊敗，想要到江東投奔孫權。我就勸他說，怎麼能背親而向疏呢？」這是運用了「評價顧忌策略」。就劉備而言，和劉表的關係近，是為「親」；和孫權的關係遠，是為「疏」。如果劉備「背親而向疏」，就可能讓劉表得到連自己的同宗兄弟都不能容納的惡評。劉表不能不顧忌這一點。

「荊州劉將軍，是當世之英雄」，這句話給劉表貼上了一個「英雄」的標籤。既然你是英雄，就應該有英雄的胸襟和氣度，就應該敞開懷抱，去迎接劉備來投。這是「標籤約束效應」。

「英雄」的標籤，加上「天下一般的士人，投奔他就像流水歸於大海一般，更何況您是他的同宗兄弟呢」等於大大吹捧了劉表一番。劉表的心情不免為之一快，也就更加容易接受孫乾的建議了。這是「好心情效應」的作用。

孫乾平素的口才並不如何出眾，但這一段話在說服策略的綜合整合上，在整個三國中獨此一份，無人能出其右。可見，在背水一戰、絕無退路的情況下，人往往能夠有超常的發揮和奇特的表現。

在孫乾的「大雜燴攻勢」下，劉表很快就「繳械投降」了。他很高興地表了態：「玄德就是我的兄弟！我早就想和他相見，卻沒有機會。他這次肯來，好得很！」

孫乾的說服雖告成功，但他在劉備面前誇下的海口也只是兌現了一半。他可是對劉備說過「非得讓劉表出境迎接主公不可」的。

正在這時，孫乾的幫手來了。

蔡瑁是劉表的小舅子，在荊州擔任要職，是劉表頗為倚重的左右手。蔡瑁是怎麼幫孫乾的呢？

蔡瑁才不想幫孫乾呢！他根本對劉備沒有一丁點兒的好印象。這固然是因為他擔心劉備來了之後會對自己的地位造成威脅。畢竟，現在的劉備頂著御賜皇叔的名號，擔著大漢左將軍、豫州牧、宜城亭侯的頭銜，聲名顯赫。事實上，劉備也確實是有連他本人也十分擔憂的不良紀錄。

蔡瑁說：「劉備是個心術不正、忘恩負義之徒。他先後投靠呂布、曹操、袁紹，最後都反目成仇，可見他為人惡劣。如果今天接納了他，必然惹曹操不高興。曹操如果派兵前來，荊州百姓豈不就要遭受浩劫？不如今天砍了孫乾的頭，拿去獻給曹操，曹操一定會與主公交好的。」

蔡瑁哪裡是來幫忙的，簡直是來索命的。如果孫乾不能合理解釋劉備的這一連串背叛行為，劉表肯定會擔心劉備將來會不會也用這樣的方式來對待自己。

面對蔡瑁扔出的這顆重磅炸彈，孫乾毫無懼色，立即加以反駁。他所運用的策略就是劉備曾經用來反駁曹操的「向上提升策略」。

孫乾說：「劉使君確實曾投奔呂布等三人，最後也確實和他們反目相向。但這並不能怪罪劉使君，因為這三個人都不是仁義之人。呂布兩次弒父，曹操欺君罔上，袁紹不納忠言，濫殺忠良。像這樣的人，怎麼能一直侍奉而不加以反抗呢！劉使君赤心報國，言必有信，是忠孝兩全的義士，當然要和他們勢不兩立了。」

劉備的背叛行徑，確實是劉表最忌諱的。但孫乾透過給呂布、曹操、袁紹貼上「不義」的標籤，反而將劉備的「背叛行為」提升至與「不義行為」做鬥爭的更高層面上去了。這樣，劉備的汙點反而被美化為忠信仁義之舉。蔡瑁的攻擊自然就失去了效力，而劉表內心的疑慮也隨之消融。

孫乾緊接著又運用了一次「標籤約束效應」和「評價顧忌策略」，讓劉表更加堅決地接納劉備。孫乾直接對蔡瑁說：「劉使君是聽說劉將軍是漢室苗裔，同宗之兄，寬宏大度，敬老尊賢，愛民惜物，是當世的大英雄，這才千里迢迢前來投奔。你為什麼要進讒言而讓劉將軍蒙上妒賢嫉能的惡名呢？」

在這段話裡，孫乾一方面是捧升劉表，幾乎用盡了天下溢美之詞；另一方面則是棒斥蔡瑁，將他歸為用心險惡的奸佞小人之列。劉表聽了，一方面是歡心接受，另一方面則唯恐自己的言行稍有不慎，就辜負了這些美好的「標籤」。所以，他立即對蔡瑁呵斥道：「我主意已定，你不要再來多言。」

蔡瑁只能悻悻然地退了下去，但心中對劉備的惡感卻變得更加強烈。

而劉表被孫乾一刺激，為了表示自己確實是當世的英雄，氣度恢宏，敬能愛賢，就將原定派人迎接劉備改為自己親自前往迎接。

沒有攻擊，就沒有反擊。如果不是蔡瑁出來攪局，孫乾就不可能如期實現自己的說服目的。凡事往往互為因果。孫乾對蔡瑁的反擊，也是一輪新的攻擊，勢必會引發蔡瑁新的反擊。這也為劉備日後在荊州的前景蒙上了陰影。

孫乾回報劉備。劉備得知劉表十分高看自己，自己又將擁有一個落腳之地，抑鬱的心情頓時大為緩解，當即與眾部屬起程前往荊州。

劉表果然踐行承諾，親自出城郭三十里迎接劉備的到來。二劉相見，不勝歡欣。劉表連日設宴熱情款待劉備。劉備在荊州頓有賓至如歸之感。蔡瑁雖然心中極為不快，但一時也不敢造次。

那麼，荊州會成為命運多舛的劉備時來運轉的福地嗎？

> 心理感悟：沒有瘋狂的攻擊，就沒有精彩的反擊。

㉜ 安逸是最大的痛苦

劉表的熱情款待極大地舒緩了劉備內心的傷痛。出於回報心理，劉備很想為劉表做點什麼。但劉表治下的荊州，風平浪靜，並沒有什麼事情發生。

一段時間後，有一天，劉表又擺宴招待劉備。忽然，有人來報江夏發生叛亂。劉備立即主動請纓，帶領關羽、張飛、趙雲前去平叛。這三位猛將去了之後，三下五除二就斬了匪首，還搶回來一匹雄駿之馬當作戰利品，送給劉備當坐騎。

劉表見劉備及其部屬如此神勇，十分欣慰，深覺自己當初收留劉備的決定非常英明。於是對劉備說：

「荊州雖有南越不時入寇，張魯、孫權時或覬覦，但賢弟如此雄才，又怕他何來？」

劉備得到劉表的認可，受了激勵，忍不住誇口道：「弟有三員猛將，張飛可以去巡南越之境；關羽拒固子城，可鎮張魯；趙雲拒三江，以當孫權。可保荊州無憂，兄長大可放心。」

劉備這是不拿自己當外人，也不拿劉表當外人才會這樣說的。自從到了荊州之後，劉備感恩於劉表的厚待，想踏踏實實地在荊州輔佐劉表，做出一番事業來，也好洗刷自己投奔多人卻有始無終的汙名。

劉表聽了這番肝膽相照的話，頗為感動。

但劉備說這話的時候，沒有顧及一旁的蔡瑁。蔡瑁見二劉相得，十分緊張，連忙去找他的姐姐蔡夫人。蔡夫人是劉表的後妻，自從生了幼子劉琮後，天天想著要除掉劉表前妻所生的長子劉琦，好讓劉琮繼承荊州基業。要達成這一目標，蔡瑁是最重要的外部力量。但劉備一來，蔡瑁的地位直線下降。

劉備的表忠之語，在蔡瑁聽來，無異於天雷滾滾。一旦劉表去世，劉備手下的關、張、趙三大猛將一起動手，無人能敵，這荊州豈不就是劉備的了？

蔡瑁將這一層利害關係說給姐姐聽後，蔡夫人十分著急，立即對劉表大吹枕旁風。劉表嘴上說「玄德是個仁德之人，不要多心」，聽多了之後，心中卻生了幾分狐疑。

第二天，劉表出城，見劉備的坐騎十分神駿，稱讚了幾句。劉備本就對劉表的厚待苦惱於無以為報，當下立即將這匹馬送給了劉表。

劉表大喜，騎回城中，正好遇到手下的謀士蒯越。蒯越看了這匹馬，說：「此馬名叫『的盧』，確是一匹好馬，可惜馬眼之下有淚槽，額邊長了個白點，恐怕騎了對主人不利。主公還是不要騎了。」

劉表聽了蒯越的話，第二天就把馬還給了劉備。劉表的話說得很好聽：「昨天我騎了賢弟送我的馬，深感厚意。只是我每日閒坐，用處不多。君子不奪人之愛，敬當送還賢弟。」劉備不知道劉表為什麼一夜之間變了卦，但既然他這樣說，也只好照單收回。

劉表又說：「賢弟久居城郭，恐怕荒廢了武備。此去不遠，有一個新野縣，錢糧頗足，賢弟可引本部兵馬，去新野駐紮。」

劉備見劉表的安排合情合理，不疑其他，當即謝過劉表。劉備並不知道，蔡夫人的枕旁風發揮作用了。劉表有意讓劉備到新野小縣安身，以免在荊州的勢力坐大。

劉備重新騎上的盧馬，前去新野。路上卻有一人攔住了劉備的去路，作了個長揖，說：「使君切不可騎乘此馬！」

劉備一驚，仔細一看，認得是劉表手下的謀士伊籍。劉備連忙下馬請教，伊籍說：「我昨天聽蒯越對劉表說，此馬妨主。所以劉表才會還給你。」這位伊籍，在劉表手下，不太得志，所以來拆主人的台。

伊籍的話給了劉備一個沉重的打擊！

劉備自到了荊州，以為找到了一個好的依靠，從此對劉表掏心挖肺，沒想到劉表對自己還是虛與委蛇，連一句真心話都沒有！

劉備很失望，心情也很複雜，他不想在伊籍面前過度失態，強自抑制著內心噴薄欲出的情緒，哈哈大笑道：「凡人居世，死生有命，富貴在天，難道這匹馬就能決定我的命運？先生的好意劉備心領了！」

這笑聲簡直比哭聲還難聽！這是典型的自暴自棄心理的體現。劉備這一路走來，能夠挺過那麼多次徹底清零的打擊，在很大程度上不能不歸功於天命的力量。當頻繁的挫折銷蝕了劉備對天命的信心後，劉備對自己的信心也降到了最低點。劉表的盛情款待，原本讓劉備感到了一陣溫暖，讓他看到了一線希望，但此次「的盧事件」卻讓他看穿了劉表的真面目。

駱駝顯然不是被最後一根稻草壓死的，但最後的這根稻草卻給駱駝帶來致命的痛苦。劉表的還馬和支使劉備去新野的行為，與劉備此前遭受的所有挫折相比，簡直不值一提。但劉備此時內心已經耗盡了抵禦打擊的心靈冗餘，這一點點的波折就讓他產生了怨天尤人的強烈反應。不是說死生有命，富貴在天，那就來吧，我倒要看看這匹馬能把我怎麼樣。

伊籍哪裡知道劉備心中這一番巨浪翻滾？還以為劉備生性豁達，氣度過人，凜然於命運之上，不由對他佩服萬分，從此將劉備視為難得一遇的明主，傾心相隨。

劉備懷著無比鬱悶的心情來到了新野。新野只是一個小縣，劉備苦笑著嘲諷自己：「不要再做什麼帝王之夢了，你始終不過是一個當縣官的命！」

到了新野之後，劉備的心情卻有所改觀。

原來，這新野附近是東漢開國皇帝劉秀的龍興之地。劉秀的出身與劉備頗有相似之處，都是大漢宗室的偏遠支脈。當年，劉秀就是在新野所在的南陽郡與兄長起兵反對新莽，只用了短短三年的時間就取得了天下。

劉備遙想先祖往事，多少又受了一點激勵。在命運的驅使下，他先後來到了劉邦、劉秀的發跡之地，這或許是一種巧合，但他卻選擇性地相信，這也許是冥冥中的天意暗示，告訴他仍需努力。

劉備和他手下這一幫文武屬僚，曾經管領過與荊州相當的徐州。以他們的能耐，治理好一個小小的新野縣當然不在話下。

在此後的日子中，劉備一直在振奮與頹廢、堅信與懷疑、快樂與悲傷、自勵與埋怨、激憤與平靜、不甘於認命的兩極震盪中艱難度日。其間，劉表時不時會請他去荊州喝酒聊天，但兩個同宗兄弟之間很難恢復往日那般親密無間。

靜水流深，時光飛逝，轉眼間，六年多的光陰就這樣不鹹不淡地過去了。劉備從剛來荊州時的四十一歲，到現在已經是四十七歲了。皺紋悄悄地出現在他曾經光潤的額頭上，白髮悄悄地侵入了他曾經光亮的黑髮中。對於一個有著雄心壯志的人來說，安逸是一種最大的痛，虛度光陰是最大的一種苦，就像鈍刀割肉一樣，每一下都痛徹心扉，每一下都苦及靈魂。此前，劉備雖屢遭失敗，但因為疲於奔命而無暇顧及心靈的體會。此刻並無生存危機，所有的心理感應就像寂靜深夜中的聲響一樣，清晰可辨，無處可逃。

真不知道，這六年多劉備是怎麼煎熬過來的。

六年多來，劉備唯一的收穫就是擁有了自己的兒子，這是到目前為止，他唯一存活下來的兒子。此前的屢戰屢敗，流離浪蕩，剝奪了他早日成為父親的權利，這也是劉備一直深陷逆境所帶來的直接惡果。反觀劉備的對手曹操，因為事業進展順利，膝下早就「聽取娃聲一片」了，而且個個是人中龍鳳（曹丕、曹植、曹彰、曹熊等）。而劉備只在四十七歲上得了這麼一個寶貝兒子。

劉備給兒子取個小名叫阿斗，大名則叫做「禪」。很多人根據劉備為兒子取名「劉禪」而斷定他此時野心非小。因為當時這個「禪」字的意思都與帝王有關，一個是帝王祭祀大地，一個是禪讓。「禪」作為佛教支派之一「禪宗」的指稱，至少還要三百多年後才在中國出現（劉禪生於西元207年，而禪宗始祖菩提達摩於南朝梁武帝普通年間，即西元520—527年從印度來到中國）。

但實際上，劉禪剛出生時，劉備非但沒有野心勃勃，反而是他意志最消沉的時候。劉備給兒子取這樣的名字，是一種被稱為「投射」的心理防禦機制使然。

所謂「投射」，是指將自己的情感、衝動或願望歸結到另一個人身上。向他人投射的同時也意味著試圖將自己的責任轉嫁到別人身上。這樣做，可以幫助減輕自己的內疚感，但卻放棄了個人責任感。

劉備的做法，正如現今很多望子成龍的父母一樣，在覺得自己的人生已經再無希望後，只能把希望和責任同時轉嫁到子女身上。

劉備給兒子取名象徵著帝王之夢的「劉禪」，說明這位歷經滄桑的男人在與命運抗爭多時後，深深地陷入了疲倦與無奈……

> 心理感悟：當你放棄責任的時候，其實也放棄了希望。

33 說錯話的代價

就在劉備坐困新野，忍把韶華換了淺斟低唱之時，劉表年事漸高，身體開始出狀況了。劉表不得不提前考慮繼承人的安排。

這本來並不是一個問題。「立嫡以長」是一條基本的規則。但此時劉表後妻蔡氏一黨的勢力已經坐大，正處心積慮要將劉表前妻所生之長子劉琦排除在外，扶立蔡氏所生的幼子劉琮為荊州之主。

劉表眼看蔡氏一黨咄咄逼人，非常擔心自己死後會出現骨肉相殘的局面，內心猶疑不決。

這一天，劉表請劉備赴宴。席間兩人對飲，劉表想起了身後心事，竟掉下了眼淚。劉表年輕時也是一方俊傑，否則也不可能穩居荊州這麼多年。但他天性中有不少軟弱成分，選擇繼承人帶來的紛爭與煩惱讓他不堪重負，以至於在劉備面前潸然淚下。

劉備忙追問緣故。

劉表雖曾對劉備有過防範心理，但看他這六年來一直恭謹有禮，從未有過僭越之舉，戒心慢慢就變淡了。劉表之所以要對劉備吐露真言，也是因為他雖身居高位，卻很難找到真正可以交心的人。

劉表歎了一口氣，說：「玄德，你是我宗親骨肉，非比外人，又一向老成持重，所以我要和你說說我的心事。我的長子劉琦，雖然賢能，但生性懦弱，不足立事。後妻蔡氏生的幼子劉琮十分聰明。我想廢長立幼，但與禮法不符。如果立長子，現在蔡氏勢大，必生變亂，因此很難決斷。玄德你看如何？」

立儲是最大的祕密。劉備見劉表對自己毫不隱瞞，頗為感動。在袒露互惠效應的作用下，劉備也直言快語地說出了自己的真實想法：「自古廢長立幼，沒有不出亂子的。如果兄長擔心蔡氏權重，不妨徐徐削弱，千萬不可溺愛幼子！」

劉表聽了，默然不語。但可怕的是，蔡夫人自劉備一來，就躲在屏風後面偷聽兩人談話。劉備的這番話，一字不落，全都被蔡夫人聽在了耳中，從此對劉備恨之入骨。

劉備見劉表並不表態，頓時知道自己失語了，從此再也不對此事發表看法。

此後，劉表因名士許汜來訪，又請劉備前來作陪。

這許汜喜歡縱論天下人物。這也是漢末名士的經典做派。席間，談到了陳登。許汜滿臉不屑，說：「陳元龍乃湖海之士，驕狂之氣至今猶在。」陳登是劉備的故人，在徐州時傾心幫助過劉備。劉備聽許汜如此評價陳登，深感不爽，於是就問許汜：「您認為陳元龍驕狂，有什麼依據嗎？」許汜說：「我曾路過徐州，去見陳元龍。他毫無待客之禮，很久也不搭理我，自顧自地上大床高臥，而讓我坐在下床。」劉備說：「你素有國士之風。現在天下大亂，連天子也流離失所。元龍希望你憂國忘家，希望你憂國憂民，伸張匡扶漢室之志。可是你呢，整天忙著購地買房，說的話沒有一句有用的。這是陳元龍最忌諱的，他憑什麼跟你說話呢？如果當時在場的是我，我會自己睡在百尺高樓上，讓你睡地板，怎麼會只是上下床的區別啊！」

許汜聽了，一張臉漲得通紅，他雖然一向能言善辯，此時卻一句話也說不出來。劉備在荊州寄人籬下的這些年，十分克制，從未當面撕人家臉皮。他為什麼要對許汜毫不客氣呢？

這自然是因為陳登有恩於劉備，但這只是其一。更重要的是，劉備心情鬱積已久，許汜適逢其會，成了劉備發洩情緒的替罪羊。

劉備這一發作，席間的氣氛立刻變得尷尬起來。劉備轉念一想，略微後悔自己的失態，於是起身去上廁所，以化解這沉默的氣氛。但是如廁時，劉備卻受了更大的刺激。

劉備看見自己大腿上贅肉橫生，不禁頓生感慨。剛剛他指摘許汜只知道求田問舍，不思匡扶漢室，可自己這幾年來又做了什麼呢？還不是一樣一無所成！

劉備回到座中，情緒波動，無法抑制，忍不住潸然淚下。

劉表見了，急問緣故。劉備忍不住將心事傾訴了出來：「我以前千里征戰，身不離鞍，大腿上沒有一點贅肉。現在天天安逸舒適，大腿上全是贅肉了。眼看日月蹉跎，老之將至，而功業不成，所以傷悲落淚。」

劉備的眼淚，是積攢多年的情緒在偶發事件刺激下的宣洩，這個口子一開，短時間內是不會停歇的，只會帶來更多的宣洩。

劉表聽劉備這麼一說，不由想起了劉備的一件往事。劉表說：「我聽說當年你在許都的時候，曹操曾經與你青梅煮酒論英雄。賢弟列舉了很多當世名士，但曹操都不以為然。最後卻說：天下英雄，唯使君與操耳。曹操擁四十萬之眾，挾天子而令諸侯，卻如此高看賢弟，賢弟何必傷悲呢？」

劉表的意思是想透過曹操的高度評價來安慰劉備。但劉表這麼一說，更加勾到了劉備的傷心之處。都說劉備是當世英雄，可這英雄卻只是謫居新野，一事無成。這又算得上哪門子英雄啊！

劉備再也忍不住了，他借著內心的情緒衝動，直抒胸臆，豪氣干雲地說道：「我劉備要是有了根本之地，哪裡會怕天下那些碌碌無為之輩！」

劉表聽了，臉色頓時變了。他原本是好意寬解劉備，但劉備這麼一說，等於是當面挖苦劉表了。青梅煮酒論英雄之時，劉備也曾提過劉表的名字，但曹操卻說「劉表乃酒色之徒，非英雄也」。劉備公然藐天下名士為碌碌無為之輩，打擊面太大，把劉表也包括進去了。劉表臉上當然掛不住了。而且，劉備這句話也讓劉表懷疑劉備有吞併之意，劉表自然勃然色變了。

劉備知道自己又一次失語了，連忙稱醉告退，宿於館舍之中。

劉表悶悶不樂，退回後堂。

早就對劉備懷恨在心的蔡夫人，得知劉備醉宿館舍的消息後，立即找來兄弟蔡瑁商議，決意將他除掉。

蔡瑁連夜點起軍馬去殺劉備。伊籍聞訊，急忙通報劉備。劉備匆匆逃離。

等蔡瑁趕到館舍，已是人去樓空。蔡瑁大怒，隨後卻想出了一個極其惡毒的陰招。他找來紙筆，在館舍牆上題了一首詩：

困守荊襄已數年，
眼前空對舊山川。
蛟龍豈是池中物，
臥聽風雷飛上天！

這首詩明顯能看出題詩者內心的不滿和膨脹的欲望。蔡瑁的這次栽贓非常高明。

劉表聞報，並不相信劉備會做出如此行為，親自來到館舍察看。看了之後，劉表頓時怒火騰然而起，拔出長劍，說：「我一定要殺了這個不義之徒！」剛要下令緝拿劉備，忽地猛然想起：「我和玄德相處這麼多年，從來沒見過他寫過詩。莫非其中有詐？」

蔡瑁的栽贓確實高明，只是他實在太高估劉備的能力了。劉備自小不愛讀書，此後雖然讀了一些經典，但寫詩對他來說，實在是一件力所不能及的事。

劉表一想到這一點，馬上心地澄明，知道必是有人設計暗害劉備。

館舍之外，蔡瑁早已準備好軍馬，只等劉表看完後，暴怒發作，去新野將劉備殲滅。沒想到，劉表從館舍中走出，卻下達了休兵令。

蔡瑁心有不甘，又與其姐謀劃。蔡夫人說：「你軍權在手，為什麼不自己動手呢？」蔡瑁得了指示，回去又去想新的辦法，誓要搬掉劉備這塊攔路石。

又過了一段時間，荊州秋收，倉廩豐足。按照慣例，要舉辦一次歡慶豐收大會，包括宴會、遊獵等活動。蔡瑁籌備完畢，請劉表出席。劉表因身體不適，讓兩個兒子代為參加。蔡瑁一看有機可乘，連忙說：「兩個孩子年紀尚小，恐怕在禮節上會有疏失。」劉表說：「那就請我玄德賢弟前來主持。」

這正中蔡瑁下懷，他立即去告知劉備，並安排好了暗殺之計。

劉備帶了趙雲當保鏢，前去赴會，根本不知道自己已經命在旦夕……

> 心理感悟：推己及人其實是一種嚴重的錯誤。

34　你的身上沒有祕密

幸好有內線伊籍！

伊籍趁宴會上敬酒之際，目示劉備去上廁所。在廁所裡，伊籍將自己探聽到的消息盡數告訴了劉備：「蔡瑁在東、南、北三處城門都埋伏了人馬，唯有西門沒有。使君不可久留，請趕快脫身而去。」

劉備大驚，連趙雲也來不及知會，立即趕去馬廄，騎了的盧馬，急急就往西門而去（生存性自私使然）。

但伊籍和劉備都犯了一個致命的錯誤。既然蔡瑁有心要除掉劉備，為什麼不四門設伏，偏偏要在西門留下活口呢？因為西門二里之外，有一條檀溪，河面很寬，水流湍急，擋住去路，正是一條天然的死路。

劉備哪裡知道，急匆匆就逃出了西門。門吏飛報蔡瑁。蔡瑁立即帶上五百軍兵急急追趕。

劉備行至檀溪之畔，不由大叫：「苦也！」正想轉頭，只見追兵已至，劉備被逼無奈，只好縱馬入水。行不數步，水勢甚急，馬蹄陷落，眼看連人帶馬就要被大水沖走，劉備情急之下，連揮馬鞭，大叫道：「的盧！的盧！不要妨主！」這馬極有靈性，知道已經身入險境，努力前游，奮力一躍，竟然躍到了對岸！可見，危機確實可以激發動物的潛能！

都說的盧妨主，卻救了劉備一命。劉備從此對的盧倍加愛護。劉備僥倖逃脫，渾身衣衫盡濕。對岸追兵眼看無法追趕，只好悻悻退去。劉備驚魂未定，不知何去何從，只好信馬由韁，一路緩行。

忽見對面一個牧童，跨坐於牛背之上，神情輕鬆，意態悠閒，一路吹著短笛而來。劉備看了，不由歎息道：「我真是不如他啊！」

這個牧童又觸發了劉備什麼樣的思緒呢？

在這個牧童身上，劉備看到了自己的童年。四十多年前，劉備也是一個無憂無慮的鄉村頑童。雖然父親早喪，但有慈母呵護，劉備還是過了一段少年不知愁滋味的日子。自從二十四歲投軍以來，劉備在外奔波打拼了二十多年，身經百戰，直到鬢角染霜，卻依然寄人籬下，一事無成。

將軍百戰雖未死，壯士廿年未曾歸。這二十多年來，劉備戎馬倥傯，從未回鄉。就在這歲月流逝中，劉備的慈母早已過世，那熱心幫助過他的兩位叔父也已經過世。親恩厚誼，均未報答。殷切期望，盡皆辜負。

當然，這也不能都歸責於劉備本人的不思進取。他已經足夠努力了，但偏偏時運不濟，英雄束手，身已飄零久！二十多年來，深恩負盡，死生師友。人生到此淒涼否？劉備深深地歎息，他的眼眶不由自主地濕潤了……

劉備正在感傷之際，那個牧童卻勒停了老牛，不再吹笛，天真無邪的眼睛直盯著劉備看個不停。

劉備覺得好玩，正想發問，牧童卻開口問道：「將軍莫非是劉玄德？」

劉備大吃一驚，沒想到這個素不相識的鄉野村童竟然一口叫出了自己的名字！急忙問道：「你怎麼會知道我的名字？」

牧童說：「我老師他們經常聊天，多次提到過您。說有一個叫劉玄德的，是當世英雄，身長七尺五寸，耳朵很大。我看您的形貌特徵有點像，所以就大膽問了一聲。」

牧童的這句話裡，信息量極大。可惜劉備因為急於問清這個牧童的來歷，卻暴殄天物般輕輕放過了。

這一疏忽，給他自己此後的訪賢求能增加了極大的煎熬。

劉備問：「你師父是什麼人？」

牧童說：「我師父叫做司馬徽，字德操，道號『水鏡先生』。」

劉備又問：「司馬先生現居何處，與誰為友？」

劉備的這個問題，極大地暴露他這七年來在荊州社交生活上的慘澹與蕭索。這司馬徽是荊州名士，在荊州上流社交圈裡名聲很大，劉備在這裡待了七年，沒有道理不認識他。劉備偏偏真就沒聽說過他。可見劉備因為心情鬱鬱寡歡，幾乎到了離群索居的程度，和外界根本沒有什麼交往。

牧童說：「我師父就在不遠處林中居住，他與襄陽的龐德公和龐統是好朋友。」

劉備又問：「龐德公和龐統是什麼關係？」如果劉備平時稍加留心，這些問題根本無須在這裡問牧童。

牧童回答說：「龐德公是龐統的叔叔。龐德公，字山民，比我師父年長十歲。龐統，字士元，比我師父小五歲。有一次，我師父在樹上採桑葉，龐統來看望他，兩個人就坐在地上，談論古今興亡之事，從早到晚，都不厭倦。我師父特別喜歡龐統，和他以兄弟相稱。」

這個小童，天真無邪，口無遮攔，將他知道的所有情況都和盤托出。這是他的無心之言，毫無惡意，卻在聽者劉備的潛意識中造成了一種微妙的心理影響。日後，這一影響無聲無息地發揮作用後，竟然害慘了龐統。

劉備打聽清楚後，說：「我正是劉玄德。你可以帶著我去看望你的師父。」

牧童帶著劉備行了兩里多路，來到一個莊前。只聽琴聲繚繞，司馬先生正在裡面彈琴。小童正要進去通報，劉備輕聲叫住了他，駐足聽琴。琴聲忽地停了，莊內一人大笑而出，說：「琴韻本清幽，忽起殺伐聲，必是有英雄竊聽！」

玄德又是一驚！只見來人松形鶴骨，器宇不凡，頭髮灰白，看上去卻是一派童顏。這人正是水鏡先生。他與劉備素不相識，卻一開口就將劉備定位為「英雄」，這讓劉備極為受用。而他外形打扮上的仙風道骨，是一個如假包換的世外高人，頓時又讓劉備肅然起敬。

劉備還沒來得及開口，水鏡先生又說：「此公今日是倖免大難啊。」劉備再度大驚。其實這一點都不難推斷。

這水鏡先生，是荊州名士，看似隱居，卻沒有不問世事。他對荊州高層動態瞭若指掌。他早知道今日是慶豐大會，劉備是代劉表主持宴會的。而且，荊州的接班人之爭已經到了白熱化階段，蔡氏一黨對劉琦的排擠，對劉備的敵視，他均了然於胸。換句話說，劉備對水鏡先生一無所知，但水鏡先生卻把劉備摸了個底透。

水鏡先生有了這些基本背景，再看看劉備衣衫盡濕的狼狽模樣，就能猜個八九不離十了。

劉備不知內情，從牧童猜中他的名字開始，連吃數驚，覺得自己就像是一個沒有任何祕密的透明人一樣，不由將這水鏡先生敬為天人。

水鏡先生吩咐小童取來乾淨衣衫，先讓劉備暫時換上，然後兩人開始暢談。

劉備對水鏡先生已經佩服得五體投地，當下毫不隱瞞，將剛剛發生的蔡瑁追殺、檀溪脫難之事一一說出。

水鏡先生說：「我從您的氣色神情，就已經知道了。您現居何職？」司馬徽其實是知道劉備近況的，他這麼問，其實是要為下一步的話題引一個話頭。

劉備回答說：「我現在是左將軍、宜城亭侯、豫州牧。」劉備所說的是一串虛銜，沒有一個是實的。他之所以這麼說，無非也是要在這世外高人面前掙一點面子。這和當初劉備、張飛初識時，張飛的炫富並無二致，都是自我提升策略使然。

劉備的回答，正中水鏡先生下懷。他微微一笑，說：「我聽說將軍的大名已經很久了，為什麼現在還在區區奔走呢？」

劉備的臉唰地紅了！真是想露多大臉，就獻多大眼。司馬徽的這句話是很厲害的。一個頭銜如此顯赫的名人英雄，為什麼現在還沒能建功立業，還要寄人籬下，任人撥弄呢？

劉備攝定心神，微歎口氣說：「這是時運不濟，命途多蹇的緣故啊。」劉備這是為保住自己的面子而採取的一種情境性歸因，即將失敗的原因歸結為天時、命運、環境、他人等自己所不能控制的因素。

水鏡先生卻毫不客氣地否定了劉備的心理防禦，說：「不是這樣的。將軍您之所以沒能大展宏圖，是因為您身邊缺少得力之人！」

劉備一聽，心想這世外高人可能不太了解自己的情況，回答說：「我雖然不才，但手下文有孫乾、糜竺、簡雍，武有關羽、張飛、趙雲，都是得力之人！」

司馬徽搖了搖頭，說：「關羽、張飛、趙雲，確是萬人之敵，但不是權變之才。孫乾、糜竺、簡雍，不過是尋章摘句的白面書生，不是經綸濟世之士，怎麼能輔佐您成就霸業呢？」

劉備問：「那麼，什麼樣的人才算是經綸濟世之士呢？」

司馬徽說：「就像漢高祖的張良、蕭何、韓信，漢光武帝的鄧禹、吳漢、馮異這樣的人，才是能幫助成就王霸之業的俊傑。」

劉備聽了，默然半晌。漢高祖劉邦、漢光武帝劉秀正是他的人生偶像。劉備早就想像這兩位先祖一樣，成就偉業。但是，又要到哪裡去尋找張良、蕭何、韓信、鄧禹、吳漢、馮異這樣的俊傑呢？

劉備歎氣道：「只怕現今世上沒有這等人物啊！」

水鏡先生微微一笑，說：「將軍您難道沒聽孔子說『十室之邑，必有忠信』？你怎麼說現在沒有俊傑呢？」

> 心理感悟：一個人的價值往往體現在人家肯不肯花時間來了解你。

35 重病遇上老神醫

劉備遇到司馬徽，就像是重病已久的人遇到了一個神醫。既然「神醫」司馬徽準確診斷出了劉備的「病情」，劉備當然要請他開方下藥了。

劉備說：「我愚昧無知，還請先生不吝指教。」

司馬徽說：「將軍有沒有聽說荊襄九郡傳頌已久的一首童謠：八九年間始欲衰，至十三年無孑遺，到頭天命有所歸，泥中蟠龍向天飛。」

劉備搖頭說不知。

司馬徽繼續解釋道：「建安八九年時，劉表續娶蔡氏，家亂始生。到了建安十三年，劉表就要去世了，基業無存。『天命所歸』，就落在了將軍您的頭上！」

劉備再度大驚，折腰下拜說：「劉備安敢當此？」

建安是漢獻帝的年號。劉備是建安六年來投劉表的，而此時已是建安十二年。劉備鬱鬱不得志已經六年多，漸漸喪失了對未來的信念，而這水鏡先生竟然說到了明年（建安十三年）劉表死後，這荊州就會歸他所有。要不是劉備已經對司馬徽有了頂禮膜拜之心，斷然會呵斥他是胡說八道！

「神醫」司馬徽為什麼從一開始就將劉備視為英雄，後來又說他是「天命所歸」呢？

劉備不知道，他六年前剛到荊州時，就引起了荊州士林的高度關注。這不僅是因為他有著漢室宗親的頭銜和仁德的名聲，更是因為曹操在青梅煮酒論英雄時將他與自己並提，稱為天下唯一擔得起英雄名號的人。

隨著曹操逐漸將那些不被他放在眼裡的群雄一一掃除，成為天下最有實力的軍閥，曹操的論斷越來越具有權威性。而劉備巧妙掩飾，機變應對，騙過曹操的那一幕也隨之成為傳奇。同時，曹操在權勢日彰後，漸漸走到了漢室的對立面上。而劉備的血詔黨身分對於思想上忠於漢室的荊州名士們是很有吸引力的。所以，雖然劉備流離來歸，其實頭上是帶著耀眼光環的。荊州士人在對劉表深度失望後，還編出了上述童謠來為劉備的上位營造輿論。此後，劉備卻陷入了他這一生中最為漫長的消沉期，鬱鬱寡歡，很少外出交遊，荊州士人不得不減少了對他的關注度。

劉表年老無能，蔡氏一黨因裙帶而興起後，荊州士人對荊州未來的走向更為關切。曹操虎視眈眈，對荊州的覬覦之心天下皆知。如果荊州由劉表幼子劉琮繼位，恐怕很難保全。這時，人們的眼光再度投注於劉備身上。正好此時，許汜來訪，劉備對許汜的一番發作以及他的髀肉之歎，在讓劉表、蔡氏生疑的同時，也讓荊州士人看到了劉備靜默外表下那不屈的雄心、不滅的追求。荊州士人再度對劉備燃起了希望之火。

既然劉備是曹操唯一首肯的英雄，那麼，選擇他為荊州未來之主，顯然就更有把握與曹操抗衡，更能保得荊州平安。所以，司馬徽決定將荊州最富才華的俊傑之士推薦給劉備，強力輔佐劉備上位。

司馬徽想推出哪位荊州俊傑呢？

最佳人選就是他最偏愛的好兄弟——鳳雛龐統。

當然，龐統並不是荊州唯一的頂尖俊傑，與龐統齊名的還有一位人稱「臥龍」的諸葛亮。但是，諸葛亮雖然才華蓋世，卻早已一再明確表示自己無意出仕，只想隱居隆中，躬耕怡然。（其實，人們都被諸葛亮蒙在了鼓裡。他的眼光比荊州其他才俊之士更為敏銳獨到，早幾年他就已認定劉備是一個難得的明主，並精心設計了一個很大的局，吸引劉備「上鉤」。包括司馬徽在內，在不知不覺中都成了諸葛亮的道具。）

司馬徽起意要將龐統推薦給劉備，確實是因為龐統的能力足可經世濟民，而不是因為自己和龐統關係親密。只是司馬徽身為名士，是絕不會主動上門薦賢的，只能等待合適的時機。人算不如天算，蔡瑁的這一次暗殺行動，反倒促成了司馬徽與劉備的相遇。從這個角度來說，蔡瑁也算是一個逼劉備上路的貴人了。

司馬徽繞了一大圈後，終於要進入正題了。

司馬徽說：「現在荊襄之地，就有經世濟民的全才人物，將軍可以去好好地訪求一下。」司馬徽的這句話微妙地顯示了一種疏離心理。明明龐統是他招之即來的好兄弟，只要他說一聲，劉備立時就能得到龐統，但他偏偏要劉備自己去訪求。司馬徽這是有意要和龐統撇清干係，以免劉備日後得知自己和龐統關係密切後會懷疑自己所謂的薦賢不過是「夾帶私貨」。

司馬徽之所以會有這樣的心理，是因為受到了「社會評價顧忌」這一心理機制的影響。作為一個荊州士林標竿式的人物，司馬徽十分在意自己的名聲，他決不能讓包括劉備在內的任何人對他的用心有絲毫的懷疑，尤其是在他自認為劉備對自己和龐統之間關係毫無所知的情況下（其實小童早已透露給了劉備）。

劉備本來認為自己已經被命運判處了「死刑」，但「神醫」司馬徽卻認定並非「絕症」，並且給出了「藥方」，你說劉備能不如聞綸音，欣然聽從嗎？

劉備立即急切地問道：「請問是什麼樣的人？」

司馬徽略一躊躇，說了十個字：「臥龍鳳雛，得一可安天下。」

臥龍就是諸葛亮。可諸葛亮不是早就明確表示不願出山的嗎？司馬徽明明知道這一點，為什麼還要把諸葛亮搬出來，並且還放在了自己的好友鳳雛龐統之前？

這還是由於司馬徽對於社會評價的顧忌使然。為了不遭他人詬病，司馬徽只能把與龐統齊名的諸葛亮一併推出，並且有意識地將諸葛亮放在前面。根據首因效應，人們往往認為排名在前的人水準更高一籌。

臥龍鳳雛這樣的排列，必然讓劉備認為臥龍勝於鳳雛。

司馬徽這樣的做法，是一種標準的「反向歧視」。

所謂「反向歧視」，是指由於某種社會評價顧忌的存在，人們用雙重標準來對待不同群體的成員，導致某一本該遭到歧視的群體成員反而受到了優待。

心理學家達頓在一家高檔餐廳做的穿衣規範調查，可以說明這一現象。高檔餐廳一般會將穿著不太正式的顧客拒之門外。比如，一對白人夫婦，如果丈夫穿著圓領汗衫而非西裝，就會被服務員婉言謝絕入內。但如果一對黑人夫婦，丈夫也穿著圓領汗衫，服務員卻會因為擔心被人誤認為是種族歧視而放任黑人夫婦入內就餐。

在上述實驗中，規則本是一視同仁的，穿著隨便的黑人夫婦本該像白人夫婦一樣，受到歧視，被拒之門外，但偏偏獲得了超越白人待遇的特別權利。

在現實生活中，還有一個非常典型的例子可以幫助我們理解「反向歧視」。

一位在美國求學的中國留學生，曾經在導師選擇上付出了極大的代價。他有意選了一位華裔教授當導師，希望這位導師會因為有著共同的淵源而對自己有所照顧。這位教授為了避免讓別人認為自己對來自母國的人有所偏心，反而刻意對來自中國的留學生分外嚴格。對於其他國籍的學生，什麼事都可以通融，但唯獨中國留學生必須嚴格按照規則，不能越矩半分。那位留學生事後為自己的選擇痛苦萬分。

再回到臥龍、鳳雛這件事上。

按照中國人的人情傳統，既然司馬徽和龐統是好兄弟，那麼，司馬徽照顧、提攜龐統是理所應當的。更何況諸葛亮明顯已主動放棄了候選資格。但司馬徽在「反向歧視」的推動下，反倒把諸葛亮擺到前頭，優待諸葛亮，就相當於對龐統更加苛刻。顯然，水鏡先生這是為了避免他人的非議，以維護自己公正無私的形象。

司馬徽的反向歧視，大大增加了諸葛亮在劉備心中的分量。當然，司馬徽也不是傻子，他早已盤算好，既然臥龍是決不出山的，劉備在尋訪臥龍碰壁之後，必然會回頭去找鳳雛。最後，輔佐劉備的還將是他一心要力薦的鳳雛龐統。只是司馬徽不知道，他本人巨大的影響力加上諸葛亮精妙設計的局，竟然會讓劉備不厭其煩，三顧茅廬，將諸葛亮請出了山，而他的好兄弟龐統則根本沒得到出場亮相的機會。

劉備聽了司馬徽的介紹，如獲至寶，立即追問道：「臥龍、鳳雛，到底是誰呢？」

剛剛還暢所欲言的司馬徽卻不肯多說了，只是拍手大笑道：「好！好！」

劉備再問。司馬徽卻說：「天色已晚，將軍先暫宿一夜，明日再說。」

司馬徽這就是在故弄玄虛，欲擒故縱了。這就是高人高妙的地方。知無不言，言無不盡的人，顯然不能維持世外高人的超然權威。

> 心理感悟：在高人和故弄玄虛之間隱隱約約藏著一個等號。

36　半路來個搶跑的

司馬徽成功誘導劉備燃起求賢訪能之念後，安然入眠，而劉備卻像落水的人撈到了救命稻草，雄心萬丈的夢想再度復活。這一夜，他翻來覆去睡不著，反復想著司馬徽所說的臥龍和鳳雛到底是什麼人，能不能幫助自己平定天下。

到了夜半時分，劉備依然無法入睡。忽聽到有人敲門而入。劉備凝神傾聽，只聽到水鏡先生問道：「元直從何而來？」一個人回答道：「我一向聽說劉表是英雄人物，特地去拜見他，沒想到竟是徒有虛名。所以告辭而歸，再去另投明主。」

司馬徽呵斥道：「這是你自己把磚塊當成了美玉，自取其辱，怪不得別人！你想要找的明主，其實就在眼前，為什麼要去找劉表呢？」

那人聽了，連連稱是。

劉備聽到「明主近在眼前」，頓時將「明主」和自己聯繫起來了，這自然是昨天司馬徽灌輸的結果了。在這一認知前提下，劉備很自然地就將這個正在尋訪明主的人與「臥龍、鳳雛」聯繫在一起了。一想到天亮了就能見到這個人了，劉備更加興奮得睡不著覺了。

第二天，劉備早早起床去見司馬徽。劉備問：「昨夜是什麼人來了？」司馬徽說：「是一個尋訪明主的人，已經走了，去別的地方了。」劉備又問姓名，司馬徽又是連聲「好！好！」應付。司馬徽說了這麼多「好！好！」，後來就被人稱為「好好先生」。

劉備見司馬徽怎麼也不肯說，不由想到，乾脆請司馬徽出山輔助自己，不就行了？什麼臥龍、鳳雛，不就都來了嗎？劉備開言相邀，卻被司馬徽一口拒絕：「我是山野閒散之人，不堪大用。自有勝我十倍者會來幫助將軍扶助漢室的。您還是好好去訪求吧。」

劉備想，既然臥龍、鳳雛都在荊襄，名聲又很大，訪求應該不會太困難，也就不強求司馬徽了。

正在此時，趙雲率軍找尋劉備來到了此地。劉備於是和趙雲一道，回歸新野，並寫信將自己的遭遇告訴了劉表，派孫乾送去。劉表震怒，要殺蔡瑁，被蔡氏和孫乾勸住，只能痛斥一番，別無他法。

劉備正要去尋訪臥龍、鳳雛，有人卻找上門來了。

這一天，劉備經過新野市集，忽聽一個人放聲長歌：

天地反覆兮，火欲殂；大廈將崩兮，一木難扶。
山谷有賢兮，欲投明主；明主求賢兮，卻不知吾。

這歌謠的挑逗性極強，正撩撥到劉備心境中的最癢之處！

「天地反覆兮，火欲殂」，這「火」就是指漢室的「火德」，暗喻漢室將衰。劉備早二十年前就已被黃巾軍張角啟蒙了。隨後歌中口口聲聲的「明主」，更是讓以身自代的劉備心旌搖曳。

劉備第一個念頭就是臥龍、鳳雛出現了！劉備定睛一看，只見此人年紀不大，氣宇卻不凡，正符合劉備心目中的賢人形象。劉備立即向前，將此人邀至縣衙敘談。

但這個人既不是臥龍，也不是鳳雛，而是原籍潁川的一位名士徐庶。徐庶的水準雖然比不上臥龍、鳳雛，卻也是個難得的傑出人才。徐庶與臥龍、鳳雛都認識，而且與臥龍諸葛亮還是特別要好的朋友。此前一段時間，徐庶四處尋訪明主，想要一展英才，最近來到荊州見劉表，卻發現劉表徒有其表。那日劉備夜宿司馬徽莊上時，夜半來投的正是徐庶。徐庶聽了司馬徽指點後，回去略一打聽，就探明司馬徽所言的「近在眼前的明主」就是劉備，因此主動上門，高歌一曲吸引了劉備的關注。

徐庶這橫插一杠，簡直就是攪局。司馬徽剛剛安排好了一場「跑步比賽」，參賽選手是諸葛亮和龐統，而諸葛亮只是個擺設，冠軍內定是龐統的。但司馬徽還沒發令，斜刺裡就衝出了徐庶，搶跑到了前面。不論是臥龍還是鳳雛，都被他半路「截和」了。

徐庶的行為還一下子拉低了名士的身價。本來名士都是要擺好架子，等著明主上門訪求的，現在徐庶主動「送貨上門」，明主得了便宜，哪裡還會屈尊枉顧呢？

徐庶擔心自己這一次又會看走眼，未敢直接報出真名，而是換了個假名「單福」。同時，他多了一個心眼，要先試探劉備一番，看他到底是不是名副其實的明主。從這一點來看，徐庶的眼光比諸葛亮、司馬徽要差不少，不能從劉備此前的言行做出正確的預判。

劉備與單福交談後，深覺此人見識出眾，才能卓越，遠遠勝過了孫乾等人，立即邀他留下，共舉大事。

但單福還是要先驗一下貨的。單福問：「我剛才見使君所騎之馬十分神駿，我想再看一眼。」這個小要求，劉備當然不會拒絕，當即命人將的盧牽了過來。單福看了後，說：「這雖然是匹千里馬，卻有妨主之嫌。」

劉備說：「哪裡是妨主，分明是救主！」就將馬躍檀溪的事說了一遍。

單福說：「今日不妨，日後一定要妨。不過，我有一個辦法可以攘除。」

劉備說：「願聞其詳。」

單福說：「使君可以先將此馬讓給親近之人騎行，待妨死了那人，再收回自乘，自然就無事了。」

劉備的臉色一下子就變了，立即吩咐下人上茶送客。

單福驚訝道：「我千里來投使君，為什麼要下逐客令呢？」

劉備淡淡地說道：「你剛剛來到此地，不教我躬行仁義，卻教我做損人利己之事，我當然要趕你走了。」

單福哈哈一笑，說：「我聽說使君一向有仁義之名，不知究竟，所以相試耳！」

劉備成功通過了「明主測試」，從此單福欣然就任軍師，傾力輔佐劉備。

當劉備在新野過安生日子的時候，他最大的對手曹操並沒有閒著。在這段時間裡，曹操將整個北方徹底平定，終於可以騰出手來對付屯駐南方的劉備了。

曹操派大將曹仁、李典等人屯兵樊城，虎視荊州。曹仁派呂曠、呂翔二將對新野發起攻擊。在單福的巧妙指揮下，二呂大敗而歸。曹仁大怒。此前曹軍與劉備作戰，從未失敗。曹仁絕不相信劉備實力大增，親自率領大軍來攻新野。徐庶巧妙用計，擊敗曹仁，並順勢攻占了樊城。

單福指揮的這一仗，是劉備在抗曹鬥爭中第一次取得大勝。這一次勝利，極大地鼓舞了劉備陣營的信心，也自然而然地將單福奉上了神壇。劉備的雄心極度膨脹，從此將臥龍和鳳雛徹底扔到了腦後。

攻下樊城後，劉備與縣令劉泌相見。這劉泌也是漢室宗親，他擺脫了曹操的控制，歸到劉備門下，自然是分外高興。雙方宴飲。其間，劉泌的外甥寇封侍立在旁。

劉備打了大勝仗，心情愉悅，看誰都很順眼。這寇封長得英氣勃勃，面容俊朗。劉備見了，先自喜歡了三分。絕對不要小看外貌的影響力，要知道，長得帥或長得美的人，更容易在初次交往中給他人留下好印象。

但寇封還不僅是沾了長相的光。劉備問了寇封的姓名後，內心突然起了一個強烈的念頭，想要將寇封收為義子。

如果劉備在一年前要這麼做，不會有任何人提出異議。畢竟，一個年近五十的老男人，必須考慮子嗣的問題了。如果自己實在生不出來，收個乾兒子也是個不錯的選擇。可是甘夫人不久前已經為劉備生下了兒子劉禪。劉備已經有了一脈相承的繼承人了，為什麼還要再收一個義子呢？

最關鍵的因素是劉備看中了寇封名字中的這個「封」字！

劉備的親生兒子叫劉禪，寇封被收為義子後，改名劉封，「封」、「禪」相連，即「封禪」！

前面我們說過，「封禪」是大功昭昭的帝王專屬之事。此前，劉備用「禪」為兒子命名，是消沉狀態下的一種心理投射。但此刻，得單福之助，樊城大捷後，劉備的整個心境發生了天翻地覆的變化。從羽葆車蓋之夢開始，一直到司馬徽所稱的荊州童謠，一連串的幸運吉兆，都被並在一起，構成了一條威力巨大的預言鏈。劉備深深覺得，天命必然應在自己身上，未來的輝煌必然指日可待！

在這樣的獨特心境下，劉備才會對寇封名字中的「封」字十分敏感，並立即將它與「禪」連在一起，觸發了極為美妙的暢想。

劉備是不是真的時來運轉了呢？這是不是他在度過了極其鬱悶壓抑的六年後，對於生命中偶然綻放的陽光反應過度了呢？

心理感悟：人生中，意外才是最正常的。

37 搶跑的被人搶跑了

劉備對於封禪的美好想像帶來了一種想像成真效應。

心理學的研究表明，僅僅是想像某一行為，就會讓人認定這些事情更有可能發生。在實驗中，那些想像成功的參與者比想像失敗的參與者，對自己的表現有更高的期望。參與者的實際行為也會受到想像結果的影響。那些想像自己成功的參與者的表現更好。而且，從生物心理學的角度來看，美好的想像可以有效克制抑鬱。

幸好劉備對未來的美好想像為他儲備了足夠的心理能量，否則他很可能挺不過命運即將施加給他的又一次重大打擊！

再說曹操聞報說曹仁大敗，丟了樊城，簡直不敢相信劉備草雞變鳳凰的事實。

曹操的謀士程昱了解徐庶的底細，他獻上了一條釜底抽薪的毒計。曹操依計而行，將徐庶的母親騙到許都。但徐母忠於漢室，痛罵已經透過許田圍獵自我確立了漢賊形象的曹操。曹操只能將徐母囚禁，然後再讓程昱冒用徐母的名義給徐庶寫信，誘騙徐庶來許都探母。

信是這樣寫的：

近汝弟康喪，舉目無親。正悲淒間，不期曹丞相使人賺至許昌，言汝背反，下我於縲絏，賴程昱等救免。若得汝降，能免我死。如書到日，可念劬勞之恩，星夜前來，以全孝道；然後徐圖歸耕故園，免遭大禍。吾今命若懸絲，專望救援！更不多囑。

徐庶看了這封信，淚如泉湧，心如刀割，絲毫沒有懷疑信的真假，立即拿著信去向劉備辭行。

實際上，以徐庶對自己母親品性的了解以及他本人的聰明敏銳，他應該能夠看出這封假信的破綻。信中徐母的口氣自艾自憐，柔弱難禁，和她年輕守寡，一手將兩個兒子拉扯長大的堅強形象極為不符。而曹操也不會無緣無故將母親騙到許都。這必然和徐庶大勝曹仁有關。

結合這兩點，徐庶應該能想到，其中必然有詐。但關心則亂，再聰明的人，當至親之人陷入險境後，也會「大智若愚」。

徐庶一心認為，自己只有一個選擇，那就是趕快去許都解救母親！其實，他完全陷入了聚焦性錯覺。當一個特定選擇的某一方面在人們的腦海中特別突出時，人們會傾向於忽視該選擇的其他方面。

徐庶只想到了到許都可以救母親，卻根本沒想到這一個選擇卻可能直接害死自己的母親！

徐庶見了劉備，將自己的真實情況傾囊相告後，直接提出了辭行救母的請求。劉備頓時傻眼了。徐庶已經成了他不可或缺的精神支柱，他未來的夢想大廈全都要寄託在徐庶身上，怎麼能接受徐庶驟然離去，而且是去最可怕的死敵曹操那裡?!

劉備的眼淚頓時就下來了。人人都說劉備愛哭，而這一次，他真正是傷心到底了。眼看徐庶來了之後，自己的事業總算有了起色，此後的宏圖大計，正要逐一施展，卻一下子又被曹操逼到了懸崖邊上！

劉備哭著說：「元直，我知道母子乃天性之親，我不留你。只希望你探母之後，速去速回，還能再來與我相見。」

徐庶去心似箭，立即就要辭行而去。

劉備卻又挽留說：「先生，我實在是捨不得你走。你在新野再留一夜，明日一早我為你餞行。」

徐庶雖然擔心夜長夢多（畢竟這幾乎等同於投敵行為），但也不便拒絕劉備這最後的請求，只好答應劉備再留一夜。

徐庶回營去收拾隨身物事，孫乾卻偷偷地提醒劉備說：「主公，徐元直是天下奇才，而且熟知我新野虛實，如果就這樣讓他去許都投曹，我們可就危險了。不如強留住他不放！這樣，曹操就會殺了他的母親。徐母一死，徐元直必然一心為母報仇。」

孫乾的話，聽上去用心險惡，卻是對劉備最貼心的話。劉備怎麼會不懂這其中的利害關係呢？徐庶乍一來辭行，劉備猝不及防間答應了徐庶，隨即卻感到了深深的失落與懊悔。他隨即提出的挽留徐庶再住一宿，就是一個補救措施。劉備希望能用這搶回來的時間再思考一下如何應對。

如果按照曹操那名聞天下的「寧使我負天下人，不使天下人負我」的行事規則，那就該毫不猶豫地強留徐庶，如果他不從，乾脆殺了他，以免他到許都後反戈一擊。

可是，就連曹操自己都不這樣做了。否則，當初他絕不會輕易放了關羽來找劉備。事實上，這句話只是曹操在誤殺呂伯奢一家人後，在強烈的認知失調催動下的自我辯護。這並不是曹操一貫的行事規則。許田圍獵後，曹操的僭越之舉雖然向全天下宣示了他的控制力，卻也讓他人氣大跌，招來了極大的負面評價和一大批敵人。徐庶的母親正是因此才會對曹操的威逼利誘毫不動容。

曹操縱放關羽，就是要向天下宣示他的重諾與仁德，彌補名聲上的損失。曹操能夠做到的事情，劉備是絕不想輸給他的，況且，此時的劉備比曹操更需要一個好的名聲。可是，劉備面臨的情形和曹操還是大為不同的。曹操失了關羽，手下依然猛將如雲，而劉備要是失了徐庶，就等於天塌了。要知道，徐庶可是劉備唯一的希望！

徐庶對母親的深深眷戀，觸動了劉備對自己母親的強烈思念。這是一種典型的啟動效應。劉備的慈母已經故去，再也無法體會到兒子對她的拳拳之愛。己之所痛，不施於人。劉備怎麼能忍心讓徐庶重蹈自己的覆轍，而留下永生永世的遺憾呢？

劉備咬了咬牙，說：「讓曹操殺了徐母，而我卻因此得以任用她的兒子，實在是大不仁。強留下徐庶，斷絕他的母子之道，實在是大不義。我寧可死了，也不做這不仁不義的事！」

這是劉備這一生中最為艱難的一個選擇，也是最為仁義的一個決定！這一刻，劉備真正成了大仁大義的化身！孫乾及身邊眾人都被劉備深深地感動了，慨歎不已。

徐庶在忐忑不安中與劉備對飲一宿。次日一早，劉備果然沒有食言，立即送徐庶上路。

劉備與徐庶並馬而行，來至長亭。劉備下馬，舉杯相送，含著眼淚說：「劉備分淺緣薄，不能與先生相聚。唯有祝願先生好好侍奉新主，以成就功名。」

徐庶聽了這祝福的話語，心如刀割。劉備的仁義之舉，令他深深感動，在互惠原理的驅動下，徐庶忍不住許下承諾：「我因顧念母親而去，並非為了功名。縱使曹操相逼，我徐庶終身不為他施設一謀！」

劉備聽了，頗感欣慰。徐庶雖去，卻不會增強曹操的實力，這已經是不幸中的萬幸了。但他隨即又想到，徐庶離去，自己再度不堪與曹操對敵，不由心灰意冷，長歎了一聲，說：「先生去後，我也將遠遁山林了。」

徐庶急忙寬慰劉備，說：「使君乃天下英雄，不可如此灰心，應該再去訪求賢人輔佐，共圖大業。」

劉備黯然道：「天下的賢人，哪裡還有比先生您更厲害的。」

徐庶心中一動，正要說出一個人的名字，卻又躊躇不提，只是說：「我不過是一介庸才，何敢當此重譽！」

劉備送了一程，又送一程，不肯與徐庶話別。徐庶又是感動，又是焦躁，一再辭行。劉備只能與徐庶握手告別。徐庶騎馬遠去，劉備遙望徐庶的背影，涕淚四溢，連聲說：「元直去了，我又該怎麼辦呢？」

劉備癡癡地望著徐庶的背影遠去，終至不見，卻依然舉目遙望，根本不想打馬回府。是啊，斷絕了唯一的希望後，回去又能幹什麼呢？劉備內心的憂傷如大江奔流，無可抑制。辛苦遭逢年半百，身世浮沉雨打萍，每有壯志必遭損，事到臨頭總成空。這樣的人生，這樣的際遇，生又何歡，死又何懼？

劉備心亂如麻，癡癡遠望，忽然卻看到了徐庶撥轉馬頭往回疾馳的身影。劉備以為是自己的幻覺，定睛一看，竟是真的。劉備喜極而泣，大叫道：「元直他回來了！元直他回來了！」

徐庶怎麼就回來了呢？

原來，徐庶一直疾馳到了看不見劉備的時候，才相信劉備是真心放自己走了！孫乾都能想到的，他怎麼會想不到呢？仁者無敵！徐庶被劉備博大的胸懷深深地折服了。一個寧可讓自己受傷受損，也要成全他人母子之義的人，難道不是真正的仁者嗎？

徐庶因此縱馬回馳，但他並不是留下不走了，而是想要為劉備推薦一個才能遠勝自己的賢人，希望劉備能夠得到他的輔佐而成就大業。

> 心理感悟：這世上沒有一種放棄不會得到回報。

38 一個比一個會吹牛

徐庶推薦的這個人，正是水鏡先生司馬徽曾經對劉備說過的臥龍諸葛亮。

徐庶一直認為諸葛亮是不願出山的，但還是向劉備推薦了他，這完全是為了回報劉備的大仁大義，甚至有一點不惜出賣朋友的嫌疑。而為了讓劉備寬心，徐庶更是對諸葛亮大加溢美之詞。

諸葛亮本人經常自比管仲、樂毅，這已經被人視為自傲之舉了，但徐庶偏偏還要添油加醋，說諸葛亮有經天緯地之才，百倍勝過自己，堪稱天下第一人，就連管仲、樂毅也比不上他。徐庶的說法雖然誇張，但和司馬徽當初說的「臥龍、鳳雛，得一可安天下」相互契合。劉備在失去一根救命稻草後，急於找到另一根救命稻草。在內心的強烈需求驅動下，劉備自然傾向於深信不疑。

作為旁觀者的關羽，深知管仲、樂毅之豐功偉績，卻有點不以為然。就從這一刻起，關羽就認定了諸葛亮是個胡吹一氣的傢伙而留下了負面的第一印象。

徐庶特別交代劉備，諸葛亮只能上門去請，而不能隨便召請來見。這是因為徐庶深信諸葛亮不肯主動出山，但這又無形中提高了諸葛亮的身價。徐庶薦完諸葛亮，還清了欠劉備的人情債，頓覺渾身輕鬆，再次告辭而去。但他又突然想起，如果劉備乘興去請，卻被諸葛亮拒之門外，豈不還是要埋怨自己做事不靠譜？

一想到這，徐庶決定自己先去諸葛亮隱居的臥龍崗，希望憑著自己的面子，先去給劉備疏通一下，以免劉備事後吃到閉門羹。

徐庶趕到臥龍崗說明來意，卻被諸葛亮狠狠數落了一通！

劉備本是諸葛亮盤算已久的「獵物」。早幾年前，諸葛亮就開始精心布置一個不願出山的局，目的就是要吸引劉備登門求賢，以便增加自己的分量，從一開始就得到劉備的重視與重用。眼看收網在即，卻被徐庶橫插一杠，捷足先登，你說諸葛亮生不生氣？現在，徐庶「自投羅網」，諸葛亮當然要借題發揮了。

不過，諸葛亮內心還是充滿喜悅的。他知道，徐庶這一走，就給自己騰出了位置。而徐庶這一薦，更是為自己臉上貼足了金。接下來，他要做的就是什麼也不做，坐等劉備上門。

再說劉備，在經歷了徐庶的半途而別後，又很快得到了最佳替代者——臥龍的確切資訊，內心反而變得更加快樂了，覺得那個美好的夢想離得越來越近了。這正是神奇的中斷效應帶來的美妙感覺。

心理學的研究表明，某種愉悅體驗在經歷了短暫的中斷後，反而能給人帶來更大的愉悅感。這就是中斷效應。

研究人員曾經從一位歌手的幾首流行歌曲中截取片段，然後串燒在一起，組成一首六十秒長的新歌曲。作為被試的聽眾被分為兩組。一組從頭至尾，連續聽完六十秒。而另一組則在聽了五十秒後，轉而聽十秒鐘的吉他彈奏，再聽完歌曲的最後十秒。結果，後一組遭遇過暫停的聽眾表現得更為喜歡這段六十秒的串燒，他們願意支付前一組兩倍的價錢去參加這位歌手的演唱會。

當然，中斷效應要發揮作用，中斷的時間就不能太長，否則不但不能帶來更美妙的體驗，反而會造成當事者的絕望。

現在，劉備對於美夢成真的幸福感更強了。他立即著手準備去請諸葛亮出山。正在這個時候，平素很少出門的司馬徽卻主動登門來拜訪劉備了。

司馬徽是來探看徐庶在劉備這裡的發展情況的。沒想到，他晚來一步，徐庶已經辭別而去。劉備說明情形後，司馬徽大叫不妙。

原來，以司馬徽對徐母為人的了解，知道她無法承受徐庶受騙而來為漢賊效力的恥辱感。為了不成為兒子投鼠忌器的負擔，徐母肯定會自殺了斷。後來的情形果然如司馬徽所料。徐庶在母親自縊後，心傷若死，從此就行屍走肉般苟活於曹營之中。一代大才，就此埋沒，令人無限唏噓。

劉備又說起徐庶臨走之前曾經力薦諸葛亮一事。司馬徽忍不住說了一句：「徐元直啊徐元直，你走就走了，又何苦惹他出來嘔心瀝血呢？」

這句話再一次驗證了司馬徽內心認定諸葛亮是不想出山的。如果諸葛亮自己願意出仕，就談不上什麼嘔心瀝血。這也說明當初司馬徽確實是拿諸葛亮當幌子，實際上是要舉薦鳳雛龐統的。不過，在徐庶先後兩次攪局（第一次是捷足自登，第二次是力薦臥龍）後，身為歸隱高人的司馬徽自重身分，也就順其自然，不再干涉了。

劉備再度向司馬徽打聽諸葛亮的能力。司馬徽說：「諸葛亮常常自比管仲、樂毅，其雄才偉略，深不可測啊。」

關羽再一次聽到旁人轉述諸葛亮的自矜之語，再也忍不住了，問道：「我聽說管仲、樂毅是春秋戰國時的名人，功蓋寰宇，諸葛亮如此自比，豈不是太過了？」

司馬徽淡淡地看了他一眼，說：「以我看來，用這兩個人來比擬，確實有所不妥。」

關羽一喜，正要點頭，卻聽司馬徽又說：「我想要用另外兩個人來比擬。」

關羽追問是哪兩個人。司馬徽說：「我看只有興周八百年的姜太公和旺漢四百年的張良才比得上他！」

名士都是有脾氣的，你關羽一介武夫，竟敢妄加質疑，我索性就把諸葛亮說到天上去，看你還能說什麼？當然，這在無形中對諸葛亮的身價又是一次強力提升！

關羽果然被噎住了。而除了劉備之外的人都驚呆了。

姜太公和張良的功績遠超管仲、樂毅。關羽連諸葛亮自比管仲、樂毅都不能接受，更何況是姜太公和張良呢？司馬徽說完，自顧自走了，生性傲慢的關羽則大生悶氣，從此對這些人留下了「一個比一個會吹牛」的惡劣印象。這筆總帳，最後自然是要算到諸葛亮的頭上的。

唯獨劉備高興得不得了！他早已認定了諸葛亮是徐庶的唯一替代人選。諸葛亮的能力越是高超，就越是符合劉備的期望。

在社會人際關係中，存在著一個最小興趣法則，即對於發展、維持關係興趣較小的人擁有更大的權力。

正因為諸葛亮擺出這種「不情願賣家」的姿態，反而讓劉備更加求賢若渴。

其實，諸葛亮並不是劉備的唯一選擇。當初，司馬徽可是向他推薦過兩個人選的。一個是臥龍，一個是鳳雛，這兩個人能力相當，無論得到了哪一個，都可以幫助平定天下。

可奇怪的是，劉備卻根本沒有把鳳雛龐統當作徐庶的另一個替代性選擇。這又是為什麼呢？

這固然是徐庶和司馬徽相繼接力，給諸葛亮抬轎子的結果。但我們不要忽略了另外一個重要因素，這就是司馬徽家的那個小童當初的無意之語對劉備的潛意識造成的微妙影響。

當初小童口無遮攔地告訴劉備，司馬徽和龐統關係很好，以兄弟相稱。這一無心之語，相當於在精於世故的劉備的潛意識中埋下了一個釘子。

關係好，當然要相互照應。這是進化積澱於中國人基因中的強烈印記。所以，後來司馬徽推薦臥龍、鳳雛時，劉備在潛意識中就已經把鳳雛視為司馬徽的私交，而看輕了他的真才實學。再加上司馬徽拉諸葛亮當幌子，劉備關注的重點更加集中在「首當其衝」的諸葛亮身上，而忽略了龐統。這種深入潛意識的忽略，並不會驟然消失，而是會持續相當長的時間。這也給龐統後來的事業發展造成了極大的阻礙。

種種因素，陰差陽錯，造就了諸葛亮無可替代的局面。劉備自然是不惜屈尊紆貴，連續登門拜訪諸葛亮，唯恐錯失這一個可以讓自己夢想成真的高人。其實，如果當初劉備真的聽懂了那個小童的話外之音，他完全不必如此大費周章。

小童曾經告訴劉備，司馬徽等一幫人經常聊天，屢屢提及劉備。這群人中就包括諸葛亮在內。這足以說明，這幫荊襄名士早就在關注劉備了。換言之，當劉備在尋找賢人的時候，賢人們其實也在尋找劉備。明主和賢人，本來就是要互為呼應，相輔相成，才能成就大業的。劉備要是早知道了這一點，也就不用太過擔心諸葛亮不肯出山了。

儘管關羽、張飛都認為劉備放低身段去請一個嘴上無毛的年輕人，是大失面子的，但劉備本人卻很高興。在司馬徽的激發下，劉備的美好想像再一次升級，將自己延請諸葛亮等同於當年周文王訪求姜太公了。

周文王就是請了三次姜太公，才終於延攬得手。似乎能力越強的人，就越是難請。反過來，越是難請的人，能力也就越強。能力高低和延請難度其實並不存在正相關的關係。這是人類最為常見的錯覺相關，但大家都深信不疑。劉備在這一信念的支撐下，樂此不疲，先後三顧茅廬。而諸葛亮兩次故意避而不見，第三次才和劉備相見，並最終答應了劉備的請求。

劉備欣喜若狂。他立即想到自己的先祖劉邦，就是在四十八歲那一年起兵抗秦，八年後成就帝業，而他自己眼看也要四十八歲了，此前雖然歲月蹉跎，但好在一切都還不算太晚。現在天下無雙的諸葛亮已經成了他的軍師，天下必然有望了。

也許有人會嘲笑劉備這種近乎「自欺欺人」的幻想激勵。但這也正是劉備能夠扛過不計其數的逆境的重要原因。

逆境從來不是外在的，而只是內心的感受。無論客觀環境如何不利，你都可以讓自己順應接納。一味地抱怨自棄，只能讓打擊更為痛苦，無法忍受。劉備經常性地從逆境中尋找到積極因數，並化作對未來的美好想像，這支撐著他一路向前，走到了很多人都不敢想像的高點，而他的腳步依然沒有停歇。難道我們不應該為他這一路的勇氣與堅持鼓鼓掌嗎？難道我們不應該從他的身上汲取這樣的力量與智慧嗎？

> 心理感悟：有時候，越是不在乎別人，越是能贏得別人的在乎。

39 誰中了誰的計

劉備還是高興得太早了。

「三顧茅廬」固然讓他得到了天下第一的謀士諸葛亮，但也埋下了一個未來可能徹底改變天下形勢的隱患。這個隱患，經過時間的發酵和情勢的催化，不但直接決定了三顧茅廬的四個直接當事人——諸葛亮、劉備、關羽、張飛的命運，甚至也影響了曹操、孫權、司馬懿、呂蒙、陸遜等當世大部分風雲人物的命運。

不過，我們還是先來說眼前的事。

劉備得了諸葛亮之後，歡欣異常，忍不住又把當年對關羽、張飛用過的「食則同桌，寢則同榻」那一套又用在了諸葛亮身上。諸葛亮自然是備受感動，但關羽和張飛看在眼裡，卻很不是滋味。

在三顧茅廬的前後，關羽和張飛已經對諸葛亮有了很不好的第一印象，認為他胡吹一氣，故弄玄虛，目中無人，劉備對諸葛亮的一再推崇，更是觸發了關、張二人的嫉妒心理。

心理學上有一個稟賦效應。一旦人們擁有了某樣東西，不管是一件具體的物品還是一種抽象的權利，人們對這樣東西的價值評估就會大大增加。而當人們在不得已的情況下，失去了這樣東西時，這種價值評估的提升程度就會更加明顯。成語「敝帚自珍」其實正是稟賦效應的一種具體體現。

「食則同桌，寢則同榻」本是關羽、張飛的特權，但享用這項特權二十多年後，多少也有些審美疲勞了。現在諸葛亮一來，就成了這項特權的新主人，在稟賦效應的作用下，關、張二人自然對諸葛亮深為不滿。但劉備卻沉浸在喜得高人的喜悅中，絲毫沒有注意到兩位兄弟的情緒變化。

這一天，劉備正在與諸葛亮高談闊論天下大勢，劉表派人來請劉備去荊州。原來，劉表手下鎮守江夏的猛將黃祖被東吳孫權擊殺，劉表自感年老體衰，無力應對，因此請劉備商議。

劉備帶著諸葛亮、張飛一起前往荊州，面見劉表。

劉表滿臉倦色，見了劉備，勉強露出一絲笑容，說：「我近來身體多病，眼看去日無多，不能理事。賢弟你可以接替我啊。我死之後，賢弟你就來當這荊州之主吧。」

雖說這種情形劉備早幾年在徐州就領教過多次了，但他聽了還是嚇了一跳。此前蔡瑁苦苦相逼的那一幕依然歷歷在目，劉備知道這荊州繼承權的博弈異常慘烈，怎麼敢輕易蹚進這渾水呢？劉備連忙搖頭推辭道：「兄長何出此言？小弟哪裡當得了這份重任。」

一旁的諸葛亮聽了，卻有點急了，頻頻目視劉備應允下來。劉備卻置之不理。當初，諸葛亮和劉備在隆中時，就曾提出要占有荊州，作為爭霸天下的基本。劉備曾表示不忍，卻被諸葛亮理解為托詞。而這一點也是荊州士人的共識。當初司馬徽也明確說過，「到頭天命有所歸，泥中蟠龍向天飛」會應在劉備的身上。現在機會主動送上門來了，諸葛亮當然要鼓動劉備趕快接受了。

回到館驛，諸葛亮對劉備的拒絕大為不解，忍不住發問。劉備說：「我深感劉景升收留之恩，尚未報答，怎麼忍心乘危而奪取他的地盤呢？」

這種心情是初出茅廬、未經世事的諸葛亮很難理解的。如果諸葛亮知道劉備鐵了心不這樣幹，他是絕對不會答應劉備出山的。巧婦難為無米之炊，志士難伸無基之志，這是很淺顯的道理。但此刻木已成舟，諸葛亮只能用一句「真仁慈之主也」來安慰自己的失望心情。只是，諸葛亮不知道，劉備日後在這方面還會帶給他更大的失望。

兩人正在閒述，人報公子劉琦來訪。劉琦和他父親一樣，是來尋求劉備的幫助的。蔡氏一黨，要扶劉琮上位，必然要除掉劉琦。劉琦無策自保，所以來找劉備。

這是一個亂麻般的問題，古往今來難倒了多少英雄豪傑。劉備倒不是不想幫劉琦，但以他的政治智慧，還不足以提供良策。劉琦苦苦哀求，劉備只好向他眼中的第一高人諸葛亮求教。諸葛亮當然不願意幫助劉琦上位了，他處心積慮就是要讓劉備占有荊州的。劉表家的內鬥越是慘烈，對於劉備反倒越是有利。所以，諸葛亮以「外人不便干涉家務事」為由淡然拒絕了。

諸葛亮的拒絕卻讓劉備動了一點心思。自諸葛亮出山之後，雖然言談甚稱劉備之意，但劉備一直沒有機會見識諸葛亮真刀實槍的智慧。劉琦面臨的這個難題，正好給了劉備一個檢驗的機會。

劉備趁著送劉琦出門之際，附耳對他說了幾句。劉琦大喜而去。次日，劉備推說腹疼難忍，委託諸葛亮去劉琦處回禮。

劉琦見了諸葛亮，再次舊話重提：「繼母難容，請先生賜教活命之策。」諸葛亮拒絕後，就要起身告辭。劉琦再次挽留，諸葛亮始終以一句「這不是我所能謀劃的」加以推搪。

劉琦只能說：「既然如此，我就不敢煩勞先生了。」諸葛亮頓時放鬆下來，劉琦卻又說：「我得了一本罕見的古書，先生可有興趣一閱？」當時，書籍是非常珍貴的東西，沒有哪個讀書人對於罕見古書不感興趣的。劉琦的這一提議，果然引起了諸葛亮的興趣。

兩人於是登梯到了後面的一座閣樓上。諸葛亮問劉琦書在何處，劉琦卻跪了下來，再次懇求諸葛亮賜教活命之策。諸葛亮明白自己中了劉琦的圈套，十分惱怒，轉身要走，卻見閣樓門後的胡梯已經被人抽走，無法下樓了。

誰能想到，諸葛亮出山之後，未施一計，卻先中了劉備的一計？

劉琦再度苦苦哀求，諸葛亮被逼無奈，只能給劉琦出了一個主意：「申生在內而亡，重耳在外而安。現今黃祖剛剛戰死，江夏無人把守，公子何不效仿重耳，請求屯兵江夏，避禍自保呢？」

申生和重耳都是春秋時晉國國君晉獻公的兒子。晉獻公的寵姬驪姬要立自己的兒子為太子，想方設法謀害申生和重耳。申生固守而死，重耳外逃而生，最終成為名聲顯赫的晉文公。

劉琦大喜，依計而行，果然如願以償。而劉備也得以第一次領略諸葛亮那非同一般的政治智慧。

劉備見諸葛亮果然名不虛傳，欣喜異常，經常把「我有幸得了諸葛先生，真是如魚得水啊」掛在嘴邊。關羽、張飛聽了，更是不豫，直言不諱地對劉備說：「諸葛亮年紀輕輕，有什麼真才實學？兄長，你對他敬重得有點過頭了！」劉備卻說：「你們懂得什麼，我自有道理。」

正好這時，有人給劉備送來了一些犛牛的尾毛。這犛牛尾毛可是編織的上好材料。劉備不由興致大起，竟然自己動手用這些尾毛編織起帽子來。編織手藝是劉備未發跡時的拿手技藝，自劉備從軍後，戎馬倥傯，早已放下多時了。但這是劉備的童子功，重拾起來，依然是嫻熟無比。

劉備怡然自得，沉浸在編織之樂中，卻把諸葛亮氣壞了。諸葛亮還以為自己看走眼了，三顧茅廬都沒能檢驗出劉備的真面目來。如果劉備是一個聲色犬馬、吃喝玩樂之主，那自己豈不是誤托終身了嗎？

諸葛亮急忙對劉備說：「明公，您是不是放下了遠大志向，只想這樣玩玩就算了？」劉備嚇了一跳，忙把已經是半成品的帽子往地下一扔，說：「諸葛先生，我只不過是暫時用來消磨時間罷了。」

諸葛亮正色道：「明公，您自己衡量一下，您和劉景升相比怎麼樣？」

劉表雖然無能，但廣有荊襄之地，而劉備立足的小小新野，還是屬於劉表的地盤。劉備想了想，說：「我不如他。」

諸葛亮又問：「明公，您再衡量一下，您和曹操相比怎麼樣？」

劉備想也不用想，說：「我確實比他差遠了。」

諸葛亮說：「既然都比不上，明公您想過嗎，一旦曹兵前來，您只有數千人馬，拿什麼去抵擋呢？」

諸葛亮這一番話，就如當頭棒喝一樣，驚醒了劉備。劉備在得意中淡忘了自己的身分，淡忘了自己的使命，淡忘了他自己總結出來的「勿以惡小而為之」的人生信條。劉備臉上一陣發熱，連忙謝罪說：「先生說的是。請先生指教。」

諸葛亮說：「現在最要緊的就是趕快招募兵士，由我來操練，以備不時之需。」劉備當即表示同意。

那麼，劉備好端端地為什麼會心血來潮，編織起帽子來，以至於挨了諸葛亮一頓數落呢？

原來，這就是「進步陷阱」在作怪。人們在完成某個目標的過程中取得進步後，有時候會精神鬆懈，並影響最終目標的實現。劉備自得了諸葛亮，又確認了其智謀過人，越發覺得天下在望，多年來持續緊張的神經隨之大大放鬆。所以，一看到犛牛尾毛，他的玩樂之心油然而生。這其實也不是多麼了不得的大壞事。但諸葛亮卻緊張得不得了。畢竟，他精心設局，選擇了劉備，壓上了自己一生的賭注，以他對自身未來的期許，他絕不容許出一丁點兒的意外。

好在劉備從諫如流，立即按照諸葛亮的建議，開始招兵募馬，精心操練。

> 心理感悟：在成功之前端的那口氣也許會要了你的命。

40——有借從來沒有還

曹操派夏侯惇率領十萬大軍，直奔新野而來。劉備急忙找來關羽、張飛商議如何迎敵。關、張二人見劉備開口就是「諸葛先生」，閉口就是「如魚得水」，心中一直有氣。現在趕上有事了，張飛忍不住就說了一句俏皮話：「大哥，這有什麼打緊，你派『水』去，不就解決了？」

劉備一愣，隨即明白張飛所說的「水」是指諸葛亮。劉備急忙勸道：「諸葛先生是出謀劃策的軍師，上陣廝殺當然要靠兩位兄弟的。」為了避免引發糾葛，劉備先讓關、張退出，再請來諸葛亮商議。

諸葛亮聰明過人，早就覺察到了關、張二人對自己的不服氣。這對於立志大展宏圖的諸葛亮來說，顯然是一個很不利的因素。但真正的高手，能夠從任何不利因素中發掘出積極的因數，借勢轉化，化不利為有利。

諸葛亮說：「夏侯惇有何可怕？我擔心的是您的兩位兄弟不肯聽我調遣。主公，如果您需要我來行兵布陣，那就得借您的劍印一用。」

劉備請諸葛亮來，是想讓他當軍師的。所謂軍師，就是參謀。發號施令還是劉備自己掌控的。此前徐庶就是這樣，只是出謀劃策，並不越俎代庖。而諸葛亮提出要借劉備的劍印，看似要為自己增加威信，實則是要代替劉備的軍事統帥地位。

一般而言，任何一個下屬提出這樣的僭越要求，必然會遭到主上的拒絕，並且會招致猜忌與懷疑。所以，幾乎沒有人敢對主上提出這種有「瓜田李下」之嫌的要求。但諸葛亮初生牛犢不怕虎，竟然直截了當地對劉備說了出來。諸葛亮有十成的把握，認定劉備不會拒絕自己的請求。

劉備果然如諸葛亮所料，毫不猶豫地將代表自己權力的劍印交給了諸葛亮。這是為什麼呢？

這其實是蜜月效應所帶來的必然結果。在人際關係中，當兩個人的關係日漸親密，在感情升溫階段，親密關係人的任何要求都有可能得到許可。

劉備和諸葛亮正處於情好日密的階段，諸葛亮精心包裝的光環和他為劉琦解困的初露鋒芒，都讓劉備折服不已。劉備對諸葛亮的能力已經深信不疑，認為由他來發號施令，必然強過自己百倍。而且，劉備也確實擔心關羽、張飛縱橫半世，不肯奉從年輕的諸葛亮的號令。所以，劉備很放心地將劍印交給了諸葛亮，以幫助他樹立威信。

只是劉備不知道，和諸葛亮打交道要特別注意，因為他借東西從來是不還的。這一次劉備的劍印是這樣，後來草船借曹操的羽箭也是這樣，空口借孫權的荊州更是這樣。

諸葛亮有了劍印，就很好辦了。關羽、張飛本來是想抗命不從，一心看諸葛亮笑話的。但諸葛亮指了指劍印，劉備又幫腔說了幾句，關羽、張飛即便內心更加不滿，也只能依令行事。

當然，諸葛亮故作強勢，也有不得已的苦衷。因為，以幾千人馬迎戰夏侯惇的十萬大軍，無異於以卵擊石。但諸葛亮又是絕不能失敗的。徐庶、司馬徽已經將他吹到天上去了，只要一打了敗仗，所有的光環都將破滅。諸葛亮的職業生涯就會戛然而止。

所以，一生謹慎的諸葛亮只能冒險行事，謀劃了出山後的第一次火攻——火燒博望坡。夏侯惇中計慘敗。

諸葛亮初戰告捷，威信初立，但他知道，這只是行險所致，並不牢靠，如果曹操再派大軍前來，新野這個彈丸之地，恐怕很難抵擋。諸葛亮思前想後，決定還是要勸劉備趁早奪了劉表的荊州，作為抗曹的根本。

沒想到劉備在歷經百轉千折後，拿定主意，要和曹操對著幹，反其道而行之。這樣，道德仁義就成了劉備牢不可破的限制性信念。劉備再一次否定了諸葛亮的提議，說：「我深感劉景升之恩，實在不忍心這樣做！」

諸葛亮聽了，內心一片蒼涼。明明在隆中對時，劉備是默許要奪了荊州和益州作為立身之本的。否則，諸葛亮跟著你一個無立錐之地的人出來混什麼？劉備的堅定拒絕讓諸葛亮深感無奈，他只能說：「現在如果不奪取荊州，日後後悔莫及。」

劉備說：「我寧死也不做不仁不義之人！」諸葛亮心裡暗暗歎了一口氣：「如果你沒有王霸雄圖，把我折騰出山幹什麼呢？」黯然退下。

之後，劉表病勢更趨沉重，又派人來請劉備商議後事。這一次，劉備擔心諸葛亮繼續勸自己奪取荊州，索性不帶諸葛亮去了，只帶著關羽和張飛，星夜前去荊州。

劉表見了劉備，吐出一句話：「賢弟，我已病入膏肓，今托孤於賢弟。我子無能，我死之後，賢弟可攝荊州。」

如果諸葛亮在旁聽見了這句話，必然如獲至寶，一定極力攛掇劉備應允下來。這是他內心的傾向性認知的必然反應。但一直堅守仁義道德的劉備，卻聽出了不同的意味。

首先，劉表說自己是「托孤」，擺明了是把自己的兒子託付給劉備，讓劉備輔助自己的兒子治理荊州。其次，劉表用了一個「攝」字（賢弟可攝荊州），攝是「暫時代理」的意思，並不是真的讓劉備擔當荊州之主。

由此可見，劉表終究還是想把荊州傳給自己的兒子的。但他又為什麼連續多次，口口聲聲要讓劉備來攝理荊州呢？

實際上，這正是劉表的老謀深算之處。自劉備來到荊州後，人望日增，荊州士林對其傾慕不已。後來劉備又請出了一直不肯出山的臥龍諸葛亮。即便沒有蔡氏一黨的讒言，劉表也會對劉備心生忌意。劉表唯恐劉備挾諸葛亮之智、關羽、張飛、趙雲之勇，在自己死後奪了荊州。幾番深思熟慮後，劉表覺得不如索性親口對劉備挑明讓他攝理荊州。如果劉備是個深藏不露的背信棄義的小人，事先再怎麼防範布局也是無濟於事。但如果劉備確實如他自己宣揚的那樣力行仁義道德，那麼，不管他答不答應攝理荊州，他都會顧忌社會輿論的負面評價，也就不敢強奪自己的基業。

總之，一句話，劉表賭的就是劉備是一個言行一致，注重名譽的君子。如果劉備是，他就賭贏了；如果劉備不是，他就輸了。

劉表的這番話，頓時讓劉備深感壓力。此前，他一再表明自己絕無僭越篡奪之心，這次當然更是要為自己洗清了。劉備立即拜於劉表的床榻之下，說：「備當盡竭忠誠，扶助賢侄，安敢以攝荊州之重任乎？」

這正是劉表最想要的結果。很多人都因為劉表年老後的無能表現而對他十分輕視。但他這一「托孤妙招」卻顯露了他還是有幾把刷子的，否則怎麼可能雄霸四戰之地荊州數十年呢？

劉備在誠惶誠恐之餘，對於劉表的這一招心領神會，感觸極深，日後也用在了自己的托孤上，而且青出於藍而勝於藍。

劉備力辭後，匆匆趕回新野。諸葛亮問起經過，不由慨歎劉備又錯了一次絕好的機會。諸葛亮說：「主公，您這一次不接受荊州，我擔心大禍不遠了。」

諸葛亮現在不會知道劉備的心情，但幾十年後在白帝城，他就真真切切吃到了「托孤」的分量。也只有到了那個時候，諸葛亮才真正體悟到劉備這一刻的內心掙扎。

再說夏侯惇慘敗而歸，曹操十分惱怒，心有不甘，決定親率百萬大軍征討劉備，順便掃平江南。諸葛亮所說的「大禍」果然即將臨頭。

劉表在一片風聲鶴唳中撒手西歸。蔡氏一黨趁亂扶立劉琮繼位。但曹軍百萬下江南的消息一傳來，蔡瑁等慌作一團，竟然力勸劉琮向曹操投降。曹操憑空得了荊州，驕狂更甚，立即命曹仁、曹洪為先鋒，引大軍十萬，殺向新野，要將劉備、諸葛亮徹底剿滅。

劉備、諸葛亮得知劉琮獻了荊州後，內心的情緒苦澀難言。但事到臨頭，也顧不得後悔埋怨，諸葛亮只能再次冒險行事，又放一把火，燒了新野，借助火勢，擊敗了曹兵先鋒。

諸葛亮知道，曹操大軍隨後即到，於是和劉備率兵撤往樊城。

心理感悟：身臨其境，方能感同身受。

41 關於投降的爭論

曹操對樊城發動攻擊，劉備倉皇撤退。從新野跟著劉備撤至樊城的百姓以及樊城的百姓共十餘萬人，認準了劉備是個仁義之主，繼續跟著撤退。雖然這又是一次失敗，但劉備的心情似乎卻不怎麼壞。

這有兩個原因。

第一，諸葛亮連續兩次神奇地以少勝多，以弱勝強，已經讓劉備對他產生不切實際的信任。劉備認為，只要有諸葛亮在，就一定能夠力挽狂瀾。

第二，劉備力行仁義道德，而十幾萬百姓的生死相隨讓他第一次感受到了萬民歸心的滋味。

劉備鎮定自若，諸葛亮卻氣得要吐血了。他百般勸說劉備奪了荊州，作為抗曹的根本，但劉備就是不聽。曹操大軍壓境，勢不可當，饒是諸葛亮足智多謀，也是難挽敗局。可是，這個一向自比管仲、樂毅的人，又正處於年輕氣盛、好勝心切的階段，怎麼可能接受自己的失敗呢？這甚至讓諸葛亮有點懊悔自己當初的出山決定了。

百姓們攜家帶口，行動緩慢，直接影響了劉備的撤退速度。曹操探知後，立即精選五千騎兵，瘋狂追擊劉備。諸葛亮眼看情勢危急，找了個理由先走一步，趕到江夏去向他曾經施惠過的劉琦求救。在他的潛意識中，是想遠離這無可避免的慘敗，不要和自己沾上邊兒。

簡雍見諸葛軍師先走了，這個心思靈便的謀士頓時知道大事不妙。他立即占了一卦，希望借助神祕的天意來勸說劉備趕快撤退。簡雍對劉備說：「這一卦是大凶之兆，就應在今夜。主公，您趕快棄了百姓，撤退吧。」

劉備說：「這些百姓，從新野跟著我一路到此，我怎麼忍心拋下他們呢？」其實，劉備帶著他們，反而對百姓的傷害更大。如果百姓四散，躲避在山野之間，曹兵暫時還顧不上分心搶掠。但百姓和劉備的軍馬同行，自然也就成了曹兵的主要攻擊目標了。

劉備一路行至當陽的時候，時近黃昏，曹操的五千鐵甲，快馬飛騎，追上了劉備！

這是劉備創業以來，遭受的最大規模的一次慘敗！不但再一次妻離子散，部眾流離，而且十幾萬百姓也跟著慘遭塗炭。

幸好張飛緊相跟隨，保護劉備撤至長坂河畔的樹林中。但劉備的兩位夫人和兒子阿斗，以及糜竺、糜芳、簡雍、趙雲等人都不知去向（關羽事先已經先去江夏找劉琦借兵了）。

劉備這一路走來，好日子總是不長久，稍微見了一點起色，很快就會遭到新一輪的打擊。但神奇的是，再大的打擊，也從來沒有徹底擊垮劉備。而這些年來，在殘酷的征戰中家破人亡、萬劫不復的豪強大有人在。這其中確實有幸運的成分，但和劉備本人堅韌不拔、永不放棄的主觀意志也是分不開的。如果劉備也像一般人那樣稍敗即餒，怨天尤人，以他經歷的磨難之多之重，就算劉備有一百條命也早就完蛋了。

人往往不是死於逆境，而是死於絕望。劉備總是能夠在暗夜中看見光亮，總是能在絕望中看到未來的希望，這正是他屢敗屢戰，愈挫愈勇的動力之源。這也正是後人最需要從他身上汲取的精神力量。

劉備此刻最大的寄託就是諸葛亮。這個被司馬徽推崇為可以與姜太公、張良相媲美的絕世高才，讓劉備第一次覺得那個久遠的夢想已經近在咫尺。諸葛亮提前遠走江夏，看似未能與劉備同甘共苦，卻微妙地讓劉備保留了對於諸葛亮的神奇想像。

如果諸葛亮和劉備共同罹遭這一次慘敗，不可避免地會對諸葛亮的權威形象造成傷害。在場和不在場帶來的心理效應是完全不一樣的。諸葛亮的不在場，既保住了他的威名，也保住了劉備的希望。更進一步，諸葛亮遠在江夏的確定性也強化了劉備對他的寄託不會落空。否則，如果諸葛亮在亂軍中也像簡雍、趙雲等人一樣，不知所蹤，就會對劉備造成致命的打擊。

所以，劉備儘管悲傷難掩，但絕非痛不欲生，而是自信依然。這個時候，張飛單人獨騎，駐守在長坂橋頭，一方面保護劉備在河邊小樹林中暫歇，一方面收攏己方逃脫的軍馬。

這時，糜芳面帶數箭，從亂軍中狼狽逃出，看見張飛鎮守長坂橋，急忙趕來。糜芳一見劉備，立即向劉備報告了一個壞消息：「主公，趙雲反了，去投奔曹操去了！」劉備聽了，大怒呵斥道：「胡說八道，子龍跟我這麼久了，怎麼會背反而去呢？」

原來，糜芳親眼看見趙雲不退反進，向著曹操陣營拍馬而去，當即判斷趙雲背叛了劉備。根據一個人的行為來判斷他的性格特質，這是人類心理中最為常見的認知模式。但是，人們往往是「以一己之心，度他人之腹」。實際上，趙雲擔負著保護劉備的兩位夫人以及兒子阿斗的重責，被亂軍衝散後，趙雲自感失職，愧對劉備，故而掉頭轉向曹營，希望決一死戰，以死來報答劉備的知遇之恩。糜芳的判斷，恰好暴露了他潛意識中的投降傾向。當面臨艱危局勢，投降就會成為他的可能性選擇，故而他會在情勢未明之際對趙雲做出如此判斷。糜芳潛意識中的投降傾向，就像一顆種子，在十一年後遇到了「適宜的土壤」，竟然「開花結果」，變成了現實——背叛關羽，向東吳孫權投降。這也徹底地改變了糜芳的命運走向。

劉備同樣在毫不知情的前提下痛斥糜芳，卻是因為他根本就不敢相信這樣的事實，根本就不願意接受這樣的事實。

糜芳不敢回話，一旁的張飛聽到了，卻大不以為然。張飛心想：「趙雲雖然是故舊之人，可是二哥關羽不更是故舊之人嗎？當初不也投降了曹操。」關羽投降曹操這件事，對於張飛的刺激極大，雖然兄弟二人後來重歸於好，但還是深深銘刻於張飛的潛意識中。所以，張飛不假思索地就回道：「他一定是看我們勢窮力盡，反投曹操，以圖富貴！」

劉備接著為趙雲辯護，也是為自己辯護：「子龍是在我患難之際跟隨我的，他心如鐵石，豈是富貴所能誘惑的？」

糜芳一看有張飛幫腔，也來勁了，說：「我是親眼看到他投曹操去了。」

劉備當然知道眼見為實的分量，但他還是堅持為趙雲辯護：「子龍這樣做，必定是有緣故的。如果誰再敢說子龍背反，立斬之！」劉備這樣說，實際上已經接受了「趙雲投曹」的行為事實了，但還是要給趙雲找理由。而且，劉備下了封口令，不許糜芳再提他親眼所見的事實。

張飛對劉備掩耳盜鈴式的遮掩很不以為然。以他疾惡如仇的性格，哪裡咽得下這口氣。他絲毫不顧劉備的禁令，說：「我自去亂軍中找他，撞見了，就一槍刺死他！」

劉備急忙攔住張飛，說：「兄弟，你別搞錯了！當初顏良就是猝不及防，才被你二哥誤殺了！子龍一定不會背棄我的，你任他自去，不要相逼。我覺得子龍一定不會背棄我的。」三人成虎，在張飛的堅持下，劉備的信念已經有所動搖，「任他自去，不要相逼」其實已經是對趙雲降曹的一種默認，但劉備兀自重複「子龍必不棄我」，無非是自我安慰、自我欺騙罷了。（另外，幸好關羽不在此地，沒有聽到劉備說這句話。否則關羽也會被氣慘了。誅顏良是關羽的一大人生亮點，是他走向神壇的重要一步，如果顏良真的是像劉備所說的，因為未做防備而被關羽誤殺，那關羽的神奇光環豈不減色許多？）

這君臣三人關於趙雲降曹的爭論，並非空穴來風，而是暗示了一種危險的信號，說明在這一場慘敗面前，劉備的組織中出現了可怕的信念動搖。

再說趙雲，懷著必死之心，在長坂坡上七進七出，斬殺曹將無數，不但自身毫髮無損，還僥倖救出了阿斗。但糜夫人還是死於亂軍之中。

趙雲血透戰袍，殺出重圍，來見劉備。謠傳不攻自破，趙雲用自己的實際行動證偽了糜芳、張飛的臆測，有力地穩固、加持了劉備的心靈大廈。劉備見趙雲平安歸來，內心的喜悅與感激怎能用言語來加以表述？

趙雲隨後又解開盔甲，從懷中抱出猶自酣睡的阿斗，雙手遞給劉備。這一瞬間，趙雲簡直就是劉備的再生父母，劉備對趙雲達到了感激涕零的程度！在強烈的情感衝擊下，劉備想也沒想，就將阿斗往地上一扔，說了一句：「為了你這小小孺子，差點損我一員大將！」

趙雲聽了這番感人肺腑的話，當即泣拜於地，大聲說：「我趙雲雖肝腦塗地，也不能報主公知遇之恩！」

很多人都將此視為劉備刻意收買人心之舉，但其實這是劉備近乎本能的一種反應。在這電光火石的一瞬間，他未經深思熟慮就做出了這個舉動。這是因為趙雲的忠貞不貳、恪盡職守是當前劉備最需要的東西。如果趙雲真的降曹而去，恐怕劉備陣營很快就會人心渙亂，作鳥獸散了。趙雲在最危急的時刻挽救了整個組織！

另外，劉備是席地坐於樹下，雖然隨手將阿斗扔在地上，由於高度有限，動作也並不生猛，不會對阿斗造成嚴重傷害。後人責怪劉備這個舉動影響到了阿斗的智商，純屬無稽之談。

心理感悟：你的眼睛看到的往往是你腦子中已有的景象。

42 書到用時方恨少

曹兵隨後掩殺而來，張飛獨當長坂橋，一聲大喝，嚇死了曹軍小將夏侯傑，嚇退了百萬曹軍。趙雲、張飛的壯舉激勵了整個劉備陣營。眾人奮勇拼殺，護著劉備逃至劉琦鎮守的江夏，總算是得到了喘息修整的機會。

這個時候，曹操的老毛病又犯了。他向來是敗不餒，勝必驕的。他本來應該一鼓作氣，將劉備盡數殲滅，永絕後患的。但他卻認定劉備已是甕中之鱉，垂死之羊，不足為患。他將目光投向大江之東的孫權。只要將東吳滅了，統一中原的夢想也就圓滿了。於是，曹操給東吳孫權寫了一封恐嚇意味很濃的信。少不更事的孫權和一幫未見世面的大夫們一下子就嚇傻了。

孫權雖然害怕，但也不甘將父兄打下的江山拱手相讓。於是派魯肅到江夏找有著豐富抗曹經驗的劉備、諸葛亮打探曹操虛實。諸葛亮遭此大難，本來只能徒喚奈何，但魯肅一來，又給了他絕地反擊的一線生機。諸葛亮用言辭說動魯肅，一路跟著他去了東吳。諸葛亮先後用激將法說服孫權、周瑜合力抗曹，隨後又「巧借東風」，幫助周瑜火燒赤壁，再一次以弱勝強，大敗曹操。

隨後，諸葛亮立即回轉江夏，調兵遣將，先後派趙雲、張飛前去重要關口埋伏，等著伏擊潰敗而逃的曹操。諸葛亮又派糜芳、劉封等人到處去搶奪戰利品，但卻唯獨不派關羽任何差事。

諸葛亮這樣做，就是要利用這個機會擺平關羽。此前，他火燒博望坡、火燒新野已經收服了張飛，但生性驕傲的關羽依然很不服氣。諸葛亮知道，自己要想在劉備這裡建功立業，揚名立萬，必須要搞定關羽。

以諸葛亮的智謀水準，要搞定關羽可以有很多種辦法，但諸葛亮卻採用了一種硬碰硬的方式。這就是他已經在東吳屢試不爽的激將法！所以，他故意不為關羽分派任務，以激怒關羽。

關羽早在三顧茅廬時就對諸葛亮很不滿了。現在看他故意不調派自己，果然發飆了，質問諸葛亮為什麼連糜芳、劉封這些三流貨色都派出去了，卻唯獨不派他這個排名第一的大將。

諸葛亮卻說：「我聽說當年你在曹營時，曹操待你不薄，我本想派你去鎮守華容道，但又擔心你會顧念舊情，放跑曹操。」

諸葛亮知道，有劉備在，關羽就算立了十個軍令狀，也是殺不掉的，因為劉備一定會為關羽求情。但只要關羽真的在華容道放走了曹操，那麼，諸葛亮事先預料的一切全都靈驗如神，關羽自然就會對他心服口服。所以，諸葛亮的真正用意是透過激將法，先把關羽逼上死路，讓他服軟，然後再放他一條活路，以此收服關羽。

關羽被激怒後，立了軍令狀，領命而去。劉備搞不懂諸葛亮為什麼非得逼著關羽立軍令狀。他了解關羽的脾氣，知道關羽一旦義氣上頭，確實有可能會放走曹操。而軍令狀並非兒戲，劉備擔心關羽真的會因此陷入絕境，於是急忙來找諸葛亮詢問。

諸葛亮敢於揭關羽的老傷疤，敢於用激將法來刺激關羽，其底氣來自三個方面。

第一，劉備對諸葛亮的信任與推崇。劉備不但給了他最高的禮遇，而且毫不猶豫地將象徵最高權力的劍印也給了他。諸葛亮多少有點恃寵而驕了。

第二，赤壁大戰的提升作用。諸葛亮在赤壁大戰中大放異彩，發揮了重要的作用，取得了輝煌的成功。這成功使得諸葛亮的威信空前高漲，也使得諸葛亮的自信爆棚。

第三，諸葛亮的個性與關羽一樣，也是一個非常驕傲的人。

大家對前兩點可能不會有意見，但說到第三點，可能會有疑議。誰說諸葛亮是一個驕傲的人？有證據嗎？

證據當然有了，而且有兩個。

首先，諸葛亮在隱居隆中時，經常把自己比作管仲、樂毅，但人們卻都不怎麼認同他的說法。（亮每自比於管仲、樂毅，時人莫之許也。）管仲、樂毅是春秋戰國時期的名人，都立過彪炳史冊的豐功偉績，諸葛亮在默默無聞的時候，就敢把自己和這兩個大人物相比，你說他驕傲不驕傲？

其次，諸葛亮曾經對自己的好朋友徐庶、石廣元、孟公威說，憑你們的能力學識，如果去做官，是可以當到刺史、郡守這一級別的高官的。當徐庶他們反問諸葛亮對自己的未來如何評判時，諸葛亮卻笑而不語。聯繫他經常自比管仲、樂毅，顯然諸葛亮認為自己未來的職位和成就都會遠遠超越他的這幾位好朋友。你說他驕傲不驕傲？

綜合這幾個因素，關羽越是對諸葛亮不服氣、不滿意，諸葛亮就越是要讓他看看自己的厲害！這才是諸葛亮要對關羽採用激將法的原因。

諸葛亮心裡的這番算計是不能對劉備實話實說的。他對劉備說：「主公，你不用擔心，我夜觀天象，曹操命不該絕，我是特意讓雲長去做這個順水人情的。」

劉備一聽這「天象說」，頓時放心了。這之後，曹操果真像諸葛亮預料的那樣，逃到了華容道；關羽也果真像諸葛亮預料的那樣，把曹操和他的部下全都給放跑了。

關羽垂頭喪氣，回來交令。

諸葛亮立即變了臉，拿著軍令狀說事，非要砍關羽的腦袋。他這是逼關羽服軟。只要關羽一低頭認錯，諸葛亮就會放過他。但關羽生性傲慢，又存心與諸葛亮鬥氣，怎麼肯認輸？

劉備冷眼旁觀，心裡「咯噔」一下，這諸葛亮的所為怎麼和他私下裡對我說的不一樣呢？劉備第一次在心裡給諸葛亮打上了個問號，他到底為什麼要這樣做呢？

但眼前的僵局容不得劉備多想，他只能站出來做和事佬。

劉備說：「軍師，我們兄弟三人當初結義之時，誓同生死。今天關羽犯法，罪當一死，只是這樣把他殺了，有違當初的誓言。望軍師暫時記下他的過錯，容他日後將功贖罪。」

劉備的急智與口才均是上上之選。他這番話的妙處在於，並不袒護關羽，承認關羽確實犯了死罪，從而維護了諸葛亮的管理權威，同時又找出了一個和他本人休戚相關的理由（誓同生死）。這樣，如果諸葛亮非要按軍令狀殺掉關羽，那就得把劉備一起殺了，才符合當初的誓言。劉備是這一夥人的主心骨，殺掉劉備，那還玩什麼呢？大家直接散夥算了。

劉備的這一求情是很難拒絕的。諸葛亮雖然沒能達到讓關羽服軟的目的，但也只能放過他了。而這一放過了關羽，諸葛亮就是「偷雞不成蝕把米」了。

首先，關羽雖然保住了腦袋，但面子卻丟了個精光。關羽是死要面子活受罪的人，怎麼可能不懷恨在心呢？

其次，關羽事後得知了諸葛亮對劉備說過的「天象說」後，就覺得自己整個被諸葛亮當成猴兒給耍了。這對關羽的自尊心是極大的傷害，他也由此對諸葛亮更為不滿了。

最後，關羽覺得，只要有大哥劉備在，諸葛亮就是再有能耐，也奈何不了自己，也就更加不把諸葛亮放在眼裡了。

諸葛亮和關羽的關係由此走向徹底的惡化。劉備的和稀泥，就短期而言，效果不錯；但就長期而言，卻是為整個組織埋下了巨大的隱患。

說起來，這還是因為劉備讀書實在太少了。如果他知道「將相和」的故事，結果就會大不一樣了。

戰國時期的趙國，廉頗、藺相如兩大重臣不和。廉頗是一員猛將，浴血奮戰，立過很多功勞。藺相如出身貧賤，後來得到機會，出使秦國，完璧歸趙，又陪著趙王和秦王在澠池相會，勇敢機智地維護了趙王的尊嚴。趙王因此封藺相如為上卿，位在廉頗之上。廉頗認為藺相如不過是靠耍嘴皮子上位的，很看不起他，對他很不服氣，處處和他作對。但藺相如始終以趙國的國家利益為重，寬宏忍讓，最終感動了廉頗。廉頗負荊請罪，兩個人結成至交，達成了將相和的和諧局面，這也被傳為一段歷史佳話。

用驕傲征服驕傲，往往是聰明人出於對自身能力的高度信任的第一選擇，但這只是同一層次的競爭。更高明的辦法是站到更高的層次，俯視對手，從而輕易將其折服。這也是向上提升策略的一種運用。藺相如就是利用國家大義的高層面，成功消融了廉頗咄咄逼人的糾纏。

書到用時方恨少。如果劉備知曉這段「將相和」的佳話，他就會更加敏感，及時覺察關羽和諸葛亮鬥氣的危害性，並且能高屋建瓴，站在更高的層面，協調好諸葛亮和關羽兩個人之間的關係，促成「將相和」的再次上演。

但可惜的是，劉備錯過了這個大好機會。而讓他隱隱感到不安的卻是，諸葛亮大權在握後那種咄咄逼人的控制欲……

> 心理感悟：控制欲的背後是心靈深處的恐懼。

㊸ 智商不等於智慧

年輕氣盛的諸葛亮沒能透過華容道事件收服關羽而耿耿於懷，他當然是憋著勁兒要繼續尋找機會用激將法擺平關羽。

但眼前最緊要的是趁著曹操兵敗，趕快搶占荊州的地盤。諸葛亮與劉備移兵油江口，準備拿下由曹軍大將曹仁鎮守的南郡。在這一次赤壁大戰中，東吳方是主力軍，東吳主帥周瑜當然不甘心讓劉備白撿這個大便宜，也起兵相向。

雙方會面，周瑜咄咄逼人地問劉備：「玄德公移兵在此，是不是想攻打南郡？」

劉備哈哈一笑，說：「我是聽說公瑾要取南郡，特意前來相助的。當然，如果都督您沒有此意，那我是一定要攻打的。」劉備這個回答是以退為進，守中寓攻，非常巧妙。

周瑜冷笑一聲，說：「我東吳費了這許多力氣，打敗曹操，怎麼會放過南郡呢？」

劉備說：「勝負不可預定，我是擔心都督不能攻取啊。」周瑜少年得志，又正處於春風得意的時刻，最受不了他人的輕視。這一性格特點，諸葛亮在東吳時早就摸透了，並且利用這一點屢施妙策，牽著周瑜的鼻子走。劉備經諸葛亮事先提醒後，當下也如法炮製。

周瑜果然中計，內心的傲氣立即被激發出來，說：「我怎麼會攻不下南郡？要是我攻不下，任由玄德去取！」

劉備再次大笑道：「都督此言，子敬、孔明都在此為證。都督您可別後悔啊！」

周瑜用兵多年，當然知道兵無定勢，剛才那句話衝口而出後，他其實已經後悔了，但劉備這麼一逼，周瑜為了維護顏面，只能硬撐到底，說：「大丈夫一言既出，駟馬難追，有什麼好後悔的。」

人際交往中的氣場是此起彼伏的。周瑜這一硬氣，劉備可就心裡打鼓了。等周瑜一走，劉備立即對諸葛亮說：「剛才軍師讓我如此作答，可如果周瑜真的攻下了南郡，不就麻煩了嗎？想我劉備，孤窮一身，無立足之地，如果拿下南郡，就有了容身之處。現在放手讓周瑜去取，豈不坐失良機？」

諸葛亮聽了劉備的話，一陣大笑，揶揄道：「主公，當初我幾次三番，讓您儘早拿下荊州。主公就是不聽，怎麼今天又想要了？」

諸葛亮這話說得有點放肆，可見劉備的禮遇和他自己取得的一系列成功，確實讓他有點得意忘形了。劉備聽了，面上一紅，微感不快，但兩人依然還在蜜月期，也就不以為忤，說：「荊州以前是劉景升的地盤，我不忍心奪取。但現在是曹操的地盤，那還有什麼好顧慮的呢？」

說來說去，還是「仁義道德」在起作用。劉備不是不想奪占荊州，但他始終顧惜自己的聲譽。他所堅守的這一原則，慣性作用越來越大，牢牢束縛住了他的手腳。但荊州經過劉琮降曹這一出後，劉備認為其所有權已經發生了流轉，他的道德顧忌也就隨之解禁了。

可是，在諸葛亮看來，荊州始終就是荊州，姓劉姓曹並沒有什麼太大的區別。兩者間的認知差距導致了諸葛亮始終沒能把準劉備的心理脈絡，以至於在後續的很多事件中，諸葛亮的謀劃應對都不能完全稱劉備之意。

此後，周瑜興兵攻打南郡，卻被曹仁用毒箭射傷。周瑜將計就計，詐死矇騙曹仁。曹仁中計，前去偷營，被周瑜擊退。周瑜隨即揮兵再攻南郡，不料卻已被諸葛亮派趙雲趁亂攻克。諸葛亮隨後又用繳獲的兵符，詐稱曹仁求救，誘引鎮守襄陽的夏侯惇出兵，趁勢將襄陽也奪了。

周瑜這一氣非同小可！雖然自己有言在先，但眼看勝利在望，諸葛亮卻違背約定，提前插手，利用自己正面吸引曹軍的機會，輕而易舉地搶占了兩座城池。周瑜不顧箭傷，召集眾將，就要對劉備發起報復性攻擊。

正在此時，魯肅奉孫權之命前來探看軍情。魯肅擔心孫權和劉備開戰會讓曹操得利，阻止了周瑜。

周瑜憤恨不已，說：「我東吳用計策、損兵馬、費錢糧，卻讓劉備、諸葛亮撿了現成便宜，豈不可恨至極！」

魯肅說：「都督，且讓我去找他們說理去。如果說不通，再動兵不遲。」

魯肅見了劉備，說：「曹操引百萬大軍下江南，主要是為了對付皇叔。我東吳殺退曹兵，救了皇叔，這荊襄九郡，理應歸我東吳。現在皇叔您用了詭計，奪占南郡襄陽，讓我東吳空費錢糧，恐怕於理不合。」

魯肅的邏輯立腳點和劉備是一樣的，認為自劉琮降後，荊州的所有權已經轉到了曹操的手上。現在東吳擊敗曹操，理應擁有荊襄九郡。如果諸葛亮也認識到了這一點，反駁其實也很容易。

諸葛亮只需說：「赤壁之戰，乃孫劉聯手之作，並非東吳一家之功。如果不是我借了東風，周郎縱有妙策，豈能成功？你東吳已經占據了江東六郡八十一州，猶自貪心不足。我主劉皇叔，尚未有立足之地，取個南郡襄陽，豈不天經地義？況且我們已讓周瑜先行攻取，周瑜中箭敗退，我們這才動手。仁至義盡，並無違理之處。」

如果諸葛亮這樣說了，魯肅絕無還手之力，而且荊州的歸屬日後也不會有爭議。既然荊州是曹操的地盤，孫劉兩家都是破曹有功，那麼，武力或智力占先者得之，應無異議。

但諸葛亮的回答卻讓劉備大失所望。諸葛亮說：「荊襄九郡，並非東吳之地，而是劉景升的基業。我家主公是劉景升之弟。景升雖然過世，兒子還在，我家主公以叔叔的身分輔佐侄兒，取了荊州，有何不可？」

諸葛亮這是不承認荊州所有權的流轉，還是將荊州作為劉表的資產。這樣固然也能抵擋魯肅的責問，但又把劉備重新推入了好不容易掙脫出來的道德陷阱。

魯肅說：「如果是公子劉琦占據荊州，確實在理。可是我聽說劉琦一直在江夏鎮守，不在此處！」魯肅的思路這是被帶到了諸葛亮的軌道上，不再堅持荊州是曹操的地盤了。所以，他新的質疑就是劉備是不是打著劉琦的旗號來奪占荊州。

諸葛亮說：「公子劉琦就在此處。」一揮手，吩咐下人請劉琦來見。過不一會兒，劉琦滿面病容，被人攙扶出來。魯肅一見他酒色過度，時日不久，心裡頓時有了主意，說：「公子若是不在了，又當何論？」

劉備聽到了這句話，心裡那個懊惱啊！在諸葛亮設定的框架中，劉琦要是死了，他作為叔父，受制於道德仁義，還是不能合情合理地占有荊州的。但話已至此，劉備再巧言能辨，也沒有辦法了，只能聽任諸葛亮應對。

諸葛亮自己也被繞進去了。他愣了一下，沒想到魯肅會這麼直截了當，只好回答說：「公子在一日，我們守一日。公子若不在了，別有商議。」

魯肅非常堅定地說：「若公子不在了，必須將城池還給我東吳！」

諸葛亮沒話說了，只好答應：「就按子敬說的辦！」

對諸葛亮來說，眼前這場風波就算是糊弄過去了。按照他的戰略計畫，他是要輔佐劉備興復漢室，統一天下的。別說是荊州，就是東吳的江東六郡八十一州，將來也是要奪將過來的。現在只要穩住了東吳，贏得了發展時間，等到劉備勢力漸強，以後就是刀兵相見了。但自信滿懷的諸葛亮卻沒能想到，人算不如天算，後來的事態發展遠遠超出了他的計畫。此刻他對於荊州歸屬的臨時解決，最終釀成了彌天大禍。

劉備雖然對此不甚滿意，但一時間也已無法更改，只好聽之任之了。劉備依然沉浸在對諸葛亮的美好想像中，不願直指其非。但其實劉備錯了。他既然已經領悟到「勿以惡小而為之」的道理，就應該開誠布公，好好找諸葛亮談一次，把自己的不解與不滿坦誠相告。這樣，所謂的君臣相知才不會流於空談。

> 心理感悟：糊弄的對象從來就是自己。

諸葛亮隨即又先後派趙雲、張飛等將攻占了零陵、桂陽、武陵等三郡。關羽眼看他人立功，又坐不住了，主動要求去攻打長沙郡。這是諸葛亮機心暗藏的必然結果。他還是想用激將法來徹底收服關羽。

44 鬥氣從來無贏家

諸葛亮對關羽說：「子龍取桂陽，翼德取武陵，都是帶了三千兵馬去的。長沙太守韓玄沒什麼本事，不足為道。只是他手下有一員大將，叫做黃忠，雖然年近六旬，鬚髮皆白，卻有萬夫不當之勇。雲長此去，不可輕敵，必須多帶軍馬。」

諸葛亮這擺明了在刺激關羽。如果他是真心要提醒關羽不要輕敵，那麼，根本就沒有必要提趙雲和張飛兩個人所帶兵馬多少。

在人的心理中，存在著一種根深蒂固的數字錨定效應，人們往往會無意識地將一些並不相關的資料作為其他判斷的基準。

美國麻省理工學院曾經組織過一次拍賣會。拍賣的東西有法國葡萄酒、無線鍵盤等。拍賣之前，研究人員讓參與拍賣的學生在競價之前，寫下自己的社會保障號碼的最後兩位元數字。比如，一個學生的社會保障號碼最後兩位數是55，研究人員就會問他是否願意以55美元買下拍賣品。最後，研究人員詢問學生們最多願意為各種拍賣品出多少錢。

結果非常令人震驚。社會安全保障號碼最後兩位數字較大的學生的競價竟然比後兩位數字較小的學生的競價平均高出百分之三百！而稍微理性思考一下，就能知道，拍賣品的價格和社會安全保障號碼的最後兩位數字是毫無關係的，但數字錨定效應卻神奇地發揮了作用。

諸葛亮既然著重提出了趙雲、張飛都僅僅用三千兵馬就取得了勝利，那麼「三千」這個數字就成了一個基本標準。你關羽要想在功勞上蓋過趙雲和張飛，要想在諸葛亮面前證明自己的能力，就不能超過三千人馬。

諸葛亮緊接著說長沙太守韓玄不足為道。這就是在暗示關羽，就算你帶了三千兵馬攻占了長沙，也不算什麼本事，因為韓玄沒什麼花頭，贏了他也是勝之不武。隨後，諸葛亮進一步加大了刺激關羽的砝碼。他又提到了黃忠——一個年近六旬、鬚髮皆白的老將。關羽縱橫天下，擊敗過無數名將，怎麼會將一個老傢伙放在眼裡？諸葛亮的提醒看似善意，卻不如說是蔑視關羽。

關羽本來就對諸葛亮一肚子氣，現在看他陰陽怪氣的這一番話，更是氣不打一處來。一激動，關羽的倔脾氣就冒出來了，說：「你為什麼要長他人銳氣，滅自己威風？量黃忠一個老卒，有什麼了不起的。我也不用三千兵馬，只帶著我自己部下的五百校刀手，定斬黃忠韓玄，攻克長沙！」

劉備一聽，嚇了一大跳！帶著五百人去攻打一個長沙郡，這不是在開天大的玩笑嗎？劉備急忙勸關羽不要意氣用事。但關羽的脾氣是你越勸，他越強。劉備後來不敢再勸了，唯恐自己再多說幾句，關羽連這五百校刀手都不帶了，孤身一人就去攻打長沙郡。

諸葛亮打的還是老算盤，先用激將法挑起關羽的情緒，給他出難題，然後趁機看他的笑話，希望以此達到壓制、收服關羽的目的。

諸葛亮料定，關羽此去絕無勝算。他只帶了五百個人，長沙郡只要堅守不出，就一點辦法也沒有。而且，關羽頗為輕敵，一旦遇到了武藝高強的黃忠，勝負還真不好說。諸葛亮也擔心，萬一關羽有個閃失，劉備會怪罪自己濫用激將法，所以，他馬上彌補了這個漏洞，向劉備建議，說：「雲長此去，只恐有失。請主公帶領大軍隨後前去接應，以取長沙。」

這倒正合劉備之意。兩人當即整肅兵馬，向長沙進發。

關羽來到長沙，與黃忠鏖戰一天，不分勝負。第二天，關羽和黃忠繼續大戰。激鬥正酣之際，好運降臨到了關羽頭上。黃忠馬失前蹄，摔到地上。按照關羽往常的脾氣，肯定是不假思索，一刀就把黃忠砍了，長沙郡也就到手了。但奇怪的是，關羽這一次竟然沒有殺黃忠，而是讓他回去換馬再戰。

關羽為什麼不殺黃忠，放棄唾手可得的攻取長沙的大好機會呢？

黃忠的救命恩人其實不是關羽，而是諸葛亮。

如果沒有諸葛亮事先的激將法，黃忠的這條命早就沒了。關羽好勝心極強，他擔心，如果自己是靠著黃忠馬失前蹄這樣一個偶然事件而獲勝，諸葛亮事後一定會拿這個說事，說自己的勝利是僥倖得來的，是運氣好，算不得什麼本領。關羽有心讓諸葛亮啞口無言，就放了黃忠，非要光明正大、真刀實槍地擊敗黃忠。

第三天，黃忠知恩圖報，不忍心將關羽射死，只是射掉了關羽頭盔上的紅纓。但關羽和黃忠的互不傷害，引發了長沙太守韓玄的懷疑。韓玄一怒要殺黃忠。這惹惱了另一員大將魏延。魏延殺了韓玄，救了黃忠，將長沙獻給了關羽。

關羽的運氣真是好得不得了。諸葛亮本來是等著看關羽笑話的，沒想到一系列的機緣巧合後，關羽竟然真的就用五百校刀手拿下了長沙，反過來給諸葛亮出了一個大難題。

年輕氣盛的諸葛亮一心想看關羽的笑話，怎麼肯讓關羽看自己的笑話？諸葛亮實在咽不下這口氣。可是，關羽輕鬆攻克長沙，卻是板上釘釘的大功一件。諸葛亮根本沒有任何理由奈何他。

諸葛亮看著關羽得意揚揚，趾高氣揚，不由氣急攻心，轉眼再看到站在關羽旁邊，自以為獻城有功、志得意滿的魏延，頓時氣不打一處來。要不是這個魏延多事，自己怎麼會落到如此尷尬的境地？

諸葛亮當即大喝一聲，道：「來人，將魏延這個背主棄義的小人推出去砍了！」

諸葛亮的這句話，頓時讓所有在場的人都驚呆了！

人的不滿情緒往往會沿著人際關係中的等級，從高到低傳遞。最底層最弱小的那個人，就是最終的替罪羊。這也就是我們俗話裡常說的「柿子專揀軟的捏」。

此時此刻，諸葛亮奈何不了關羽，魏延就成了替罪羊、出氣筒了。

劉備眼見諸葛亮再一次故技重施、濫用權力，終於控制不住情緒了，急忙阻止道：「軍師，魏延獻城有功，你為什麼要殺他？」

上一次在華容道事件的處理上，劉備給足了諸葛亮面子，那也是因為關羽確實違反了軍令。這一次劉備卻絕不允許諸葛亮濫殺無辜了。他不再是為魏延求情，而是質問諸葛亮為什麼要這麼做。

諸葛亮自出山後，一路順暢，不免恃才而驕，恃寵而驕，恃功而驕，肆意揮灑他在智力上的優越感。他絕沒有想到，劉備竟然會毫不客氣地質問自己！

諸葛亮急中生智，說：「食其祿而殺其主，是不忠。居其土而獻其地，是不義。魏延不忠不義，所以我要殺他！」

諸葛亮這個理由，聽起來冠冕堂皇，但其實一點道理也沒有。

不久前，張飛攻取武陵郡。武陵郡的鞏志也是殺了太守金旋，獻了城池。劉備後來任命鞏志擔任武陵太守。鞏志的行為和魏延的行為如出一轍，但此前諸葛亮卻毫無異議。怎麼到了今天，標準就發生了一百八十度的大轉變了呢？

劉備一聽，心想：「這可不行，要是都像你這樣，把主動來投降的都殺了，以後誰還來投奔我啊？」臉色一變，正要說話，諸葛亮也已經發現自己的話站不住腳了，急忙又吐出一句，說：「我看魏延腦後有反骨，日後必反，不如今日殺了，以絕後患！」

諸葛亮說這句話本來是想為自己辯護的，沒想到這句話更加站不住腳。按照他的邏輯，魏延日後必反，不如今天殺了，那麼每個人日後都要死的，不如大家今天就都別活了。

諸葛亮慌不擇言，說出了他這一生中最為荒誕可笑的一句話。可見，一個人在惱羞成怒的狀態下，是何等的慌不擇言！

但劉備畢竟還是要倚重諸葛亮的，他不能讓諸葛亮下不來台。所以，劉備緊接著轉換語氣，不再繼續批評，而是說：「軍師，如果殺了魏延，恐怕此後降者人人自危，還望軍師寬恕他吧。」

諸葛亮眼看無地自容，看到劉備給的臺階，當然是立即就坡下驢了。但他為了給自己撐場面，還是說了一句：「我今天饒了你的命，你一定要盡忠報主。如有異心，我好歹取你腦袋！」魏延諾諾連聲，卻滿心委屈，根本不知道自己錯在哪裡。

這一次「長沙事件」，可謂是諸葛亮早期的一大敗筆，帶來了諸多惡果。

首先，關羽冷眼旁觀，知道諸葛亮其實還是衝著自己來的，內心十分不滿。諸葛亮和關羽的關係就此成為一個死結。

其次，諸葛亮對魏延的嫉恨一直延續下去，終其一生，都沒有厚待魏延。魏延滿懷鬱悶，最終被逼上了造反的死路。

而更重要的是，諸葛亮的無節制炫智和超強控制欲終於引發了劉備的擔心，兩個人的蜜月期由此提前結束。這實在不是一個讓人愉悅的好消息……

> 心理感悟：權力在遇到阻力之前，是不會停止侵略的步伐的。

㊺——天上掉下個孫妹妹

荊襄初定，劉備迎來了他這一生中最為快意的時光。但他這個人，每逢喜事霉頭多，總是會有大煞風景的意外發生。這一次自然也不例外。

首先是這時，公子劉琦突然死了。這本來也不是什麼大不了的事。諸葛亮當初和魯肅約定，荊州的歸屬是以劉琦的生存為限的。現在劉琦前腳一死，債主魯肅後腳就上門來了。

魯肅開門見山，對劉備提出了交割荊州的請求。劉備一向以「仁德信義」行走天下，饒是他巧言機變，也無法拒絕魯肅。這件事就只能落在諸葛亮身上了。

諸葛亮卻變了臉色，呵斥道：「子敬，你好不通情理！須知『天下者，非一人之天下，乃天下人之天下也』。我主公劉皇叔，乃漢室貴胄，又是劉景升之弟，弟承兄業，有何不可？你家主公，不過是錢塘小吏之子，坐擁江東，貪心不足，還想吞併漢上九郡。這劉氏天下，我家主公姓劉的，倒沒份？赤壁破曹，也不是你一家之力。要不是我借來東風，江南被曹操攻破，別說二喬被曹賊擄掠，子敬，就是你的家眷恐怕也保全不了！我以為你深知古今，明辨是非，沒想到非要我把話說透，你才省悟！」

諸葛亮這一番強詞奪理，一下子鎮住了魯肅。魯肅啞口無言。如果上一次魯肅來交涉荊州歸屬時，諸葛亮就說這番話，也就不會有今天的爭端了。但放到今天來說，諸葛亮就是仗著自己伶牙俐齒在無理取鬧了。

劉備聽了，暗暗歎了一口氣。要是以這種方式占了荊州，傳了出去，他的無賴汙名就洗不脫了。

魯肅想了半晌，說：「當初劉皇叔兵敗當陽，是我魯肅帶著諸葛先生渡江去見吳侯。周公瑾要發兵攻打荊州，是我魯肅相勸不要傷了兩家和氣。後來皇叔答應待劉琦公子去世後，就歸還荊州，也是魯肅在旁做證。現在皇叔食言失信，我魯肅回去後必然是死無葬身之地了。但玄德公恐怕也是要受千秋萬代的恥笑了吧。願皇叔三思！」

魯肅知道自己的辯才和諸葛亮相差太遠，他只能死死抓住劉備愛惜聲譽這個軟肋，不管你諸葛亮說什麼，劉備食言失信總是無可否認的事實。

劉備面上一陣紅，一陣白，表情很不自然。諸葛亮看在眼裡，轉念一想，又想出了一招。

諸葛亮說：「子敬，我們也不為難你。這樣吧，我讓我家主公給你立個文書，暫借荊州為安身之地，待皇叔攻占了別處城池後，就將荊州交還給東吳。」

魯肅本是落水的人，一聽來了根救命稻草，當然如獲至寶。但他已經上過諸葛亮一回當了，這次謹慎了很多，繼續問道：「請問諸葛先生，你攻占了何處城池，就還我荊州？」

諸葛亮說：「中原急未可圖，西川劉璋暗弱無能，我家主公有意圖之。若得了西川，那時就還荊州。」諸葛亮說的倒是實話，這一戰略意圖他在隆中時就曾經對劉備說過。但他這樣說，等於又賣了劉備一次。劉備囿於道德，不忍奪取同宗劉表的荊州。而西川劉璋，也是劉備的宗室兄弟，諸葛亮明著說劉備正要圖謀西川，豈不也是大違道德仁義？

看來，諸葛亮為了挽救前一次的失誤，這個坑是越挖越深了。而他讓劉備立下借荊州的文書，更是錯上加錯的重大失策。本來荊州歸屬尚有爭議，劉備占了也就占了。現在，你這文書一立，大名一簽，就等於是公開承認了荊州的所有權是屬於東吳的。雖然諸葛亮從來就沒打算歸還，但這在情理上就是在給自己挖坑。

魯肅一聽劉備肯立文書，當然願意。而劉備雖然內心不願，但不立文書已經下不來台了，只能一一照辦。

魯肅拿著文書去見周瑜，卻被周瑜一頓數落。周瑜說：「這文書又無期限，實屬無賴。子敬，你又上諸葛亮的當了！如果吳侯一時震怒，怪罪下來怎麼辦？」

周瑜倒不是在嚇唬魯肅。孫權一怒之下，真有可能這麼辦。畢竟，破曹主要是東吳之力，但最後的結果卻是東吳僅得自保，而好處幾乎全被劉備撈走了。究其緣由，諸葛亮就是魯肅一力推薦給孫權的。這是一切的源頭，魯肅確實是無處可逃的。

魯肅又氣又驚，手腳冰涼。好在周瑜和他是過命的交情，關鍵時候還是會拉他一把的。

沒過多久，劉備又遇到了一件倒霉事。這一次，是他的原配夫人甘氏去世了。此前，他另一位夫人糜氏在當陽慘敗中罹難。劉備年近半百，中年喪妻，重又成了單身漢。

劉備的壞消息，就是周瑜的好消息。周瑜得知此信後，立即有了一條妙計。

原來，孫權有一個妹妹，正當妙齡，豪氣猶勝鬚眉，立志非英雄不嫁。周瑜的妙計就是用孫權之妹做「誘餌」，引誘劉備到東吳成親，然後趁機將他扣為人質，以此交換荊州。

周瑜為什麼要單挑孫權的妹妹當誘餌呢？

道理很簡單，當時的婚配講究門當戶對。劉備早就躋身於封疆大吏的行列，確實只有孫權的妹妹才配得上他。只有這樣的結親，才具備足夠的可信度。換了別的女子，是很難蒙過劉備，誘其上當的。

孫權同意了周瑜的計畫，並且派呂範前去說合。

人在家中坐，福從天上來。這樣的好事劉備不止遇到過一次，比如當年陶謙的三讓徐州。這一次的天賜姻緣，並沒有讓劉備大感意外，但他的第一反應卻是拒絕！

劉備為什麼要拒絕呢？

這是「過度合理化效應」的必然反應。劉備占領荊州的行為，因為諸葛亮的言辭不當，而被蒙上了一層不光彩的面紗。老實人魯肅幾次三番被諸葛亮耍弄，讓劉備對東吳頗感愧疚。現在，東吳不但不以為忤，反倒要將一個正當妙齡的郡主來給自己當續弦，這就大大超過合理的限度了。劉備無論如何是不敢接受這一份天上掉下來的大禮的。

但呂範只用一句話就打動了劉備。

呂範說：「兩家共結秦晉之好，則曹賊不敢正視東南也！家國之事，兩全其美，何樂而不為？」

呂範的意思是，你這個老婆，不是為自己娶的，而是為曹操娶的。你要是和孫權成為郎舅之親，兩家和睦聯手，曹操就不敢再打江南的主意了。

劉備當然知道，曹操雖敗，實力猶存，覬覦之心，絕無停歇。自己雖然占了荊州，但如果同時與曹操、孫權為敵，腹背交困，前景堪憂。而如果自己與孫權結了親，共抗曹操，那麼，這荊州也就「借」得心安理得了。

劉備這麼一想，內心的結也就打開了。當然，他也不傻，肯定也會思考一下這會不會是一個陷阱。但轉念一想，誰又會拿自己親妹妹的婚姻大事開玩笑呢？也就相信了東吳方面的誠意。

劉備同意後，呂範還是面臨著另一個巨大的難題——請劉備到東吳成親。

按照一般的婚娶規矩，女方是被迎娶到男方家中成婚的，而不是相反。呂範的理由是：吳國太十分寵愛這最小的女兒，捨不得分離，因此要請皇叔到江東成親。

劉備並非從男歡女愛的角度，而是根據政治利益的考慮答應婚事的。為了一勞永逸地解決荊州爭端，與孫權建立堅固的抗曹聯盟，就是龍潭虎穴也要闖上一闖。而諸葛亮又適時地為他占了一個大吉大利之卦，給他打了包票。

信念是動力之源。劉備懷著對自己美好未來的信心和對於諸葛亮神機妙算的信心，踏上了那艘去東吳成親的命運之船……

> 心理感悟：對於絕大多數人來說，利益可以消除任何的恐懼。

46 溫柔是把殺豬刀

為了確保劉備此行安全無虞，諸葛亮做了精心安排。他派智勇雙全、精細過人的趙雲作為劉備的貼身保鏢，並且給了趙雲三個錦囊。這是諸葛亮第一次使用錦囊。如他所說：「你們什麼也不用知道，只要到時打開錦囊，依計照辦就可以了。」

到了江東，趙雲打開第一個錦囊，依計行事，將劉備前來東吳成親的消息廣為傳播。這也許是史上最早的「病毒式行銷」，利用人們好傳名人八卦的心理，很快就讓東吳首府人盡皆知。孫權、周瑜謀劃此策，是暗中行事，但一經公開，就成了事實。社會輿論壓力由此成了劉備的第一把保護傘。

孫權之母吳國太知道後，對孫權拿妹妹的終身大事開玩笑極為不滿，狠狠呵斥了孫權一頓。吳國太見劉備相貌堂堂，氣度不凡，十分喜歡，於是轉假為真，招認劉備為婿，成了劉備的第二把保護傘。

有了這把保護傘，劉備一時半會兒就死不了了。孫權不甘失敗，周瑜又想出了新的一計。

劉備與孫小妹成親後，孫權以關愛為名，大送金帛珍玩。沒想到，這一計的威力竟然比前一計要大得多。

劉備年少時貧困，起兵後又整天疲於奔命，為生存而拼搏，哪裡享受過如此安樂的生活呢？任何一個人，都難以抵擋貧困後得到的享樂之誘惑。劉備和孫小妹雖是政治婚姻，但也兩情相悅，孫權又刻意給他營造了紙醉金迷的氛圍，劉備可就徹徹底底失陷在溫柔鄉裡了。這是神機妙算的諸葛亮也始料未及的。

人生得意須盡歡，可劉備著實還沒有到得意的階段，卻「夢裡不知身是客，一晌貪歡」。這一段時光，是劉備坎坷一生中極為難得的一個休止符。從人性關懷的角度，我們不應該對劉備有任何指責。但是從一個奮鬥者，從一個政治家的角度，劉備確確實實是迷失在「溫柔鄉」中了。

忠心為主的趙雲看在眼裡，急在心裡，但就連他也不怎麼見得到劉備了。眼看光陰似箭，已到年底。趙雲打開第二個錦囊，依言緊趕找到劉備，詐稱曹操大兵壓境，殺向荊州。

對劉備來說，這是最有效的解藥，一下子讓他從溫柔鄉中驚醒過來。劉備頓時想起了自己的未竟夢想，馬上就想回到荊州去。但此時的他，已不再是心無掛礙。他和孫夫人濃情蜜意，如膠似漆，難捨難分。這是老男人新娶嬌妻的正常反應。劉備不想拋下孫夫人，私自和趙雲逃回荊州，但要想說服孫夫人和自己私奔，難度卻大得很。

因為孫夫人並不知道這看似美滿婚姻背後的政治黑幕。如果劉備想要帶著她一起走，孫夫人必然會向母親和兄長辭行而導致劉備的「私奔計畫」曝光。

那麼，劉備該如何來處理這個兩難的問題呢？

哭笑歌歎是最好的吸引注意力策略。劉備決定用「哭」來對付夫人。他回到內室，故意當著孫夫人的面暗暗流淚，以引起孫夫人的注意。

孫夫人果然發問：「丈夫為何煩惱？」

劉備說：「我一生飄零，活著不能侍奉雙親，真是大逆不道。眼看新年將到，想到不能祭祀祖宗，心傷難抑，因此流淚。」

劉備本想根據江南風俗，詐稱到江邊祭祖，騙夫人一起逃回荊州的。但孫夫人恰好聽到了趙雲和劉備的對話，她素來是頤指氣使的率直脾氣，說：「你不要瞞我了，我全都聽到了。剛才趙子龍說荊州危急，催你趕快回去呢。」

劉備一聽，心裡反而更加高興了。既然夫人已經知道情況危急，那就更容易說服了。

劉備立即跪了下來，對夫人求告說：「夫人既然已經知道了，我就不敢隱瞞了。荊州危急，我如果不回去，萬一荊州有失，豈不惹天下人笑話？可是如果我回去，又捨不得夫人。所以這才煩惱。」

劉備這樣說，話裡的潛臺詞是：回歸荊州，就意味著必須和夫人分離。孫夫人是被嬌寵慣壞的公主脾氣，一向認為自己無所不能，沒有任何規則可以束縛自己。劉備的潛臺詞立即激發了她的逆反心理。再加上她和劉備正處於感情的蜜月期，捨不得與丈夫分離，脫口就說：「我既已嫁給了你，自然是你去哪裡，我就跟去哪裡。」

劉備暗暗高興，順著話頭說：「夫人之心，我也了解。我也想和你一起走。可是，你母親和你兄長怎麼肯放你走呢？你若是可憐我，就先放我走。我就是戰死沙場，也會永遠記得你的恩德的。」

這句話又釋放了一句潛臺詞：如果你要跟我走，就必須徵得吳國太和孫權的同意。而這兩個人是不會放你走的。除非你能想辦法說服他們。

孫夫人果然再起逆反之心，說：「你用不著煩惱。母親向來寵我，等我向母親哀告，她一定會同意讓我跟你一起回荊州。」

劉備大喜，再進一步，說：「即使母親同意，恐怕你哥哥也不會同意啊。」

孫夫人其實並沒有想明白為什麼兄長孫權會不同意自己跟著劉備回荊州，但她的思考模式在劉備的誘導下已經走上了逆反之路，孫權越是不同意，她回荊州之心反而越強烈。

孫夫人說：「這有什麼要緊，眼看就是元旦。我和你告知母親，就說元旦日去江邊祭祖，然後借機而去，不告訴我哥哥不就行了？」

劉備大喜。第二天和孫夫人一起對吳國太稟明祭祖之事，然後在元旦日帶著趙雲等一干隨從，直奔荊州而去。

孫權隨後發現劉備不告而別，大怒中連續派出幾批人馬，追趕劉備。此時，孫夫人成了劉備的第三把保護傘。孫夫人借著自己平素作威作福的氣場，接連鎮住了孫權的幾路追兵，一路保護劉備平安回到荊州。

孫權和周瑜的算計再度落空。周瑜「賠了夫人又折兵」，氣得箭瘡復發，口吐鮮血。而孫權也是暴怒不已，想發兵攻打荊州，卻又忌憚曹操南下。冷靜下來做了一番安排之後，責令魯肅再去索討荊州。

劉備順利回到荊州，席不暇暖，魯肅又上門了。

劉備得了夫人又占地，覺得很過意不去，不知道該如何應對魯肅。諸葛亮給他出主意，說：「魯肅要是提起荊州之事，主公你就放聲大哭，剩下的事我來辦。」

在荊州歸屬這件事上，諸葛亮一錯再錯，出的都是餿主意。但就是再餿，劉備也得生吞下去。當然，這也不能全怪諸葛亮。劉備的要求太高也是很重要的因素。劉備既要面子，又要裡子；既要占據荊州，又不能影響名聲。這是很難做到的。但諸葛亮將自己包裝成了無所不能的化身，劉備對他有很高的期望也是情理之中的事情。

劉備見了魯肅，不得不按照諸葛亮的辦法，痛哭流涕，搞得魯肅一頭霧水，無所適從。諸葛亮在幕後聽了一會兒，覺得差不多了，就走了出來，問魯肅：「你知道我家主公為何痛哭嗎？」

魯肅茫然搖頭。諸葛亮說：「當初劉皇叔應許你取了西川，便還荊州。但又想到西川劉璋是宗族之弟，同為漢室骨肉，如果興兵去取，又擔心別人唾罵；如果不去攻打，還了荊州，又無處容身。可要是不還，尊舅（指孫權）面上又不好看。因此是多處為難，不甚煩惱，所以才會淚出痛腸啊！」

諸葛亮這麼說，是因為他已經意識到了自己的前言之失以及給劉備造成的困擾，故而加以彌補。但這番話，正好觸動了劉備的痛處。劉備剛開始還是半真半假地哭泣，被這番話一撩撥，真的傷心難掩，捶胸頓足，哭了個痛快。

都說男人最見不得女人落淚，但其實男人最見不得男人落淚。魯肅哪裡見過這陣仗，一時手足無措。魯肅這一次索討荊州，自然又是被諸葛亮忽悠過去了。不過，這雖然換來了短期的安耽，卻給劉備最為看重的名聲造成了長久的傷害。

> 心理感悟：匱乏是一種誘惑力，富足是一種免疫力。

47 玩笑開得太大了

此後，周瑜想用計策攻取荊州，卻被諸葛亮識破擊敗。急怒攻心，一病不起，英年早逝，東吳一時無力索討荊州。諸葛亮登門弔孝，並借機與滯留東吳的龐統會面，給了他一紙薦書，邀請他來為劉備效力。

龐統在東吳備受冷遇，自然萌生去意。龐統號稱「鳳雛」，是與諸葛亮齊名的人物，他見諸葛亮出山之後，發展順風順水，自然會有攀比之意。龐統滯留東吳，就是想在東吳做出一番事業。但魯肅雖然多次推薦，無奈孫權見龐統相貌古怪，又嫌他性格輕狂，不予採用。龐統又不願投奔曹操，別無選擇之下，只好來投劉備。臨別之際，魯肅給他寫了一封推薦信。

龐統拿著兩封重量級的推薦信，卻不想拿出來。在他看來，如果堂堂的鳳雛先生要靠著諸葛亮和魯肅的推薦信，才能得到劉備的重用，豈不是一個笑話？

龐統不聲不響地來見劉備。但即便龐統不聲不響，劉備也應該對這個名字記憶猶新，肅然起敬。此前，水鏡先生司馬徽對劉備說過「臥龍鳳雛，得一可安天下」。劉備對臥龍諸葛亮極為看重，十分禮遇，應該沒有任何理由輕視慢待與臥龍齊名的鳳雛。

但奇怪的是，劉備見龐統主動來投，竟然毫不激動，非常冷淡地就把他打發了。

劉備淡淡地對龐統說：「現在荊襄基本安定，一時也沒有什麼空缺。此處往東北一百三十里處有一個耒陽縣，還缺一位縣令，先委屈你到那裡去幹一陣吧。以後要是有什麼別的空缺，我再考慮安排。」

龐統聽了，內心冰涼，失望透頂，但卻一句話也沒有解釋，默默前去耒陽上任。

劉備的這一做法，哪裡還符合當初那個求賢若渴的明主形象？劉備這到底是怎麼了呢？

這主要是因為「睡眠者效應」在作怪。

我們知道，資訊來源對於資訊的說服力具有很強的相關性。同樣一個資訊，如果是由一個權威人士發布的，其可信度就會很強；相反，當發布者是一個無名小輩時，人們就不太容易採信。隨著時間的推移，當人們逐漸淡忘了資訊來源與資訊本身之間的聯繫後，就會出現說服效力的逆向變化。那些由權威人士發布的資訊的影響力會逐漸下降，而那些由無名小輩發布的資訊的影響力就會逐漸增大。這就是「睡眠者效應」。

「臥龍鳳雛，得一可安天下」這句話是司馬徽說的。司馬徽被劉備視為世外高人，其影響力當然是巨大的。但在睡眠者效應的作用下，這句話的說服力就慢慢減弱了。

與此同時，另外一個無名小輩說過的一句話的作用力卻大大加強了。這個無名小輩就是司馬徽家裡的小童。小童告訴劉備龐統和司馬徽是好朋友，兩人以兄弟相稱。兄弟舉薦兄弟，兄弟推崇兄弟，很難說其中沒有貓膩。

司馬徽和小童分別說的這兩句話，都發生了說服效力的逆向轉變，卻又形成合力，對龐統的形象矮化起到了疊加強化的作用。這也使得劉備之於龐統的能力判斷的「睡眠者效應」異常巨大。

這就是劉備對龐統十分冷淡的重要原因。而且，另外還有一個因素對此也有助推作用。

劉備在赤壁之戰後也自認為是天之驕子，其確信程度遠遠超過孫權。劉備占了大片地盤，不缺謀士，也不缺武將，有的是替代性選擇。劉備的心態不由也變得傲慢自得起來。這樣，他就更不把龐統放在眼裡了。

總之，龐統來得真不是時候。

但我們從龐統的悲慘遭遇中卻可以領悟到逆境的可貴性。劉備給人的印象一向是謙虛謹慎，禮賢下士的。但在事業小成之際，他也會變得庸俗，淪為當初他自己最看不起的袁術之流。我們可以由此推斷，如果劉備出身高貴，或者發展順遂，恐怕他的尾巴早就翹上天去了。可是，傲慢自大對於一個立志於建立雄大偉業的人是一種致命的傷害。曾經不可一世的袁術，早就灰飛煙滅了。這就是一個最有說服力的負面典型。劉備不是超人，他也會得意忘形，也會沉溺聲色，如果不是他這一路歷盡坎坷，恐怕他也走不了這麼久，走不了這麼遠。所以，他其實應該感謝逆境常在，讓他不至於小富即安，微功即驕。

不過拋開劉備本身的變化不談，如果諸葛亮就在近旁，提醒劉備一聲，龐統的遭遇也許不會如此淒慘。那麼，諸葛亮又到哪裡去了呢？

諸葛亮的行蹤頗為詭異，他自東吳弔孝回來後，早就稟明劉備，出去巡查荊襄諸郡了，而且遲遲不歸。這很難不讓人認為他故意避開龐統來投的這個時間節點。從他一貫喜好控制一切的做派推斷，他是有意避而不見，讓龐統不得不透過自己的推薦信得到劉備的任用。這樣，他就可以憑此恩惠，始終壓龐統一頭。

但是諸葛亮沒想到，龐統竟會如此硬氣，根本就不拿出推薦信，對劉備的冷淡也沒有半句嘲諷不屑，直接就來到了耒陽縣任上。

龐統其實是憋了一口惡氣。他到任後，故意不理政事，整天飲酒作樂。很快就有人將龐統的惡劣表現報告給了劉備。

劉備大怒，立即派張飛和孫乾去耒陽巡查驗證，一旦查實，當場處置。

張飛與孫乾來到耒陽，見龐統果然宿酒未起。張飛火冒三丈，派人將龐統叫到大廳上聽候發落。

龐統睡眼惺忪，衣冠不整地來到廳上。張飛怒道：「我兄長派你當縣令，你怎麼敢縱酒作樂，荒廢一縣大事？」

龐統哈哈一笑，道：「將軍認為我耽誤了縣裡的什麼事情？」

張飛怒道：「你到任多日，一天也沒處理過公事，怎麼還敢問我耽誤了什麼事情？」

龐統輕蔑一笑，說：「量這百里小縣，會有什麼大不了的事情？將軍你先坐一會兒，我現在就來發落。」龐統隨即叫來公差小吏，將多日積壓的公事全部呈報上來。

只見龐統手中批判，口中發落，耳內聽詞，曲直分明，並無分毫差錯，百姓全部叩首拜伏，把張飛、孫乾看得目瞪口呆。

龐統處理完畢，把筆一扔，對張飛說：「所廢之事何在？曹操、孫權，吾視之若掌上觀紋，量此小縣，何足介意！」

張飛這才見識到龐統的真才實學，知道大哥劉備看走眼了，虧待他了，連忙說：「先生大才，我真是有眼不識泰山。」

龐統隨即拿出魯肅的推薦信。張飛更是羞愧，帶著信，急忙回報劉備。

劉備聽了張飛的介紹，拆開魯肅的信一看，只見上面寫著：

> 龐士元非百里之才，使處治中、別駕之任，始當展其驥足。如以貌取之，恐負所學，終為他人所用，實可惜也！

劉備這才驚醒過來，想起當初司馬徽所說的「臥龍鳳雛，得一可安天下」，不由懊悔，連聲道：「屈待大賢，吾之過也！」

正在這個時候，諸葛亮回來了。他見了劉備，第一句話竟然是：「龐軍師近日還好嗎？」

劉備正在懊悔之中，聽了諸葛亮這句沒頭沒腦的話，先是一頭霧水，很快又清醒過來，明白了諸葛亮的潛臺詞。

劉備臉色一變，冷冷地說道：「我最近派他去當耒陽縣令，他整日飲酒作樂，不理正事。」

諸葛亮哈哈一笑道：「龐士元可不是百里之才，他胸中所學，不在我之下，我曾經給他寫過一封推薦信。難道他沒有給主公看？」

原來諸葛亮判斷，劉備看了自己的推薦信，肯定會按照優遇自己的規格，也任命龐統為軍師的。

劉備聽諸葛亮這麼一說，內心更是不豫。他有眼不知大才，冷落龐統，本來正在責怪自己愚蠢可笑，諸葛亮這麼一說，劉備自然就把責任歸結到他的身上了，以求心理平衡。

但諸葛亮也不能說是無辜的替罪羊。東吳弔孝後，諸葛亮早就該把龐統的相關情況完全告訴劉備。這樣，龐統來投，即便諸葛亮不在，劉備也不會做出安排龐統去當縣令這件足以讓天下人笑掉大牙的糗事來。

諸葛亮依仗過人才智，先後多次耍弄關羽、魯肅。劉備雖有所不滿，但並沒有太過在意。但這一次，諸葛亮實在是玩得太過火了。他故技重施，耍弄龐統，卻不想竟耍到了劉備的頭上。除了他自己悉知掌控一切之外，所有的人都被蒙在鼓裡，都成了他所導演的戲劇中的小丑！

劉備當然知道，諸葛亮確實是不世出的天才，自從請他出山後，自己確實交上好運了，形勢一天好過一天。但是，諸葛亮超強的控制欲和炫耀欲卻也讓劉備忍無可忍了。

此前，諸葛亮是無可替代的。但現在，與諸葛亮齊名的龐統也來了，還在誤打誤撞中強悍地證明了能力。劉備暗下決心，以後要好好任用龐統，以此制衡諸葛亮。

劉備當即請回龐統，拜他為副軍師中郎將，與諸葛亮共贊方略。

心理感悟：傲慢是一種會導致人際失明症的病毒。

大夢成真

相反也是一種模仿 / 誰是誰的棋子 / 心結是怎樣打開的 /
高手算不了自己的命 / 愧疚帶來的後遺症 /
又吃了一記悶棍 / 夢想在苦澀中成真

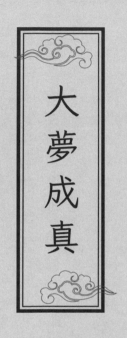

㊽——相反也是一種模仿

傲慢會將所有的幸運拒之門外。

因為傲慢，劉備差一點錯失讓「臥龍、鳳雛」二賢合璧的機會。而他的最大對手曹操，也為傲慢付出了慘重的代價。

赤壁慘敗後，曹操很快恢復了元氣，新近又擊敗了西涼馬超，曹操「勝必驕」的老毛病再次發作。西川張松千里迢迢，拿著整個西川的地形圖，主動要獻給曹操。但不巧正好趕上曹操的「發病期」。曹操十分傲慢，又見張松容貌醜陋，更是不屑，竟然沒給張松好臉色。張松獻媚不成，大傷自尊，出言不遜，頂撞曹操。曹操大怒，要將張松斬首。幸好楊修為他求情，但還是挨了一頓亂棒。

曹操就這樣錯失了一個攻占西川的良機。張松又氣又急，怎麼也咽不下這口氣，頓時起了強烈的報復之心。

張松盤算了一下，要靠自身的力量，直接報復曹操是不太可能的。那就只能透過幫助他的對手來實施間接報復。

曹操當前的主要對手就是劉備、孫權。張松一向眼界很高，唯有曹操，才是他心目中的天下雄主。但現在他要報復曹操，就只能考慮劉備、孫權了。而劉備「仁義」名聲遠播，人望很高，張松越想越覺得是最合適的人選，當下撥轉馬頭，直奔荊州而去。

再說諸葛亮占住荊州後，按照他的戰略設想，早就在惦記著西川了。這次他得知張松被曹操亂棍打出，轉而直奔荊州的消息，馬上做好了周密的安排，就等著張松入套。

張松剛到荊州地界，趙雲、關羽先後在路邊迎候。隨後，劉備又親率諸葛亮、龐統迎接。張松和劉備素昧平生，本無資格享受如此隆重的接待禮遇。在正常狀態下，過度合理化效應會提醒機敏過人的張松，其中必然有詐。但此時張松正好處於驗證性偏見占主導作用的心理狀態，劉備的這一系列禮遇，正好驗證了張松的內心傾向。張松不但不覺得過分，反而更加堅信劉備就是自己最值得投靠的主人。

在諸葛亮的授意下，劉備絕口不提西川之事，只是一味給張松戴高帽、說閒話，哄得張松心懷大暢。諸葛亮、龐統則一唱一和地訴說劉備無處安身的不平待遇。

一連三日，劉備只是好酒好菜好招待。張松要告辭而去，劉備又在十里長亭設宴為他送行，依然不提西川之事。

劉備既已充分表明自己無欲無求，他對張松的厚待禮遇，在曹操所為的襯托下，可就成了莫大的惠益了。張松不是個沒見過世面的人，如果不是曹操無意中為劉備抬轎子，這三天的禮遇未必就能感動張松。張松過意不去，心裡的話實在憋不住了，劉備卻又十分及時地添了一把火。

劉備說：「敘談三日，獲益良多。今日相別，不知何時能再聽到您的指教呢？」說完，竟然潸然淚下。

張松被深深感動了：「劉備如此寬仁愛士，這樣的主人錯過了豈不太可惜了！」於是說：「我也想朝暮侍奉在皇叔身側，只恨身不由己！我看荊州東有孫權、北有曹操，也不是長久之地。益州（西川）沃野千里，民殷國富，智能之士，久慕皇叔之德。如果起荊襄之眾，長驅西指，則皇叔霸業可成，漢室可興也。」

劉備連忙搖頭說：「我劉備何德何能？益州劉璋也是漢室宗親，恩澤久布，他人豈能動搖他的基業？」

張松正色道：「我可不是賣主求榮。今天遇到明公，不敢不披肝瀝膽，實話實說。劉璋雖擁有益州之地，但生性暗弱，不能任賢用能。再加上張魯在漢中，時時侵擾，益州人心離散，都在期盼明主。我這次出來，本想結納曹操，沒想到曹賊恣狂無禮，所以特地前來拜見明公。明公如果能先取西川為基業，再北圖漢中，收復中原，就能匡正漢室，名垂青史了。明公如果真有取西川之意，我願效犬馬之勞，作為內應！」

張松著重點明自己「不是賣主求榮」，但他的行為，無論是結納曹操還是輸誠劉備，都是不折不扣的「賣主求榮」。

這種否定性掩飾透過將可能引發負面影響的真實想法冠以一個否定性前綴以作掩飾，在人們的日常交往中屢見不鮮。

比如，「我不是要多管閒事……」、「我不是嚇唬你……」、「我不是想冒犯你……」等都是耳熟能詳的例子。但這些看似否定的表達，顯露的真實目的卻是肯定意味的。當你聽到這種否定性掩飾時，直接把否定詞去掉，就明瞭對方的真實意圖了。

人們之所以喜歡用否定性掩飾，是因為潛意識知道，將要表達的內容可能會給對方或自己帶來負面的感受或影響。

劉備一聽張松說得如此赤裸裸，深感不安，連忙說：「劉備深感厚意，只是劉璋與我同是漢室宗親，如果攻打西川，恐怕會惹天下人的唾罵！」

你所苦苦堅持的東西，往往會變成對你的束縛。劉備漢室宗親的身分障礙再一次發揮作用，成了束縛他手腳的繩索。

張松卻只將劉備的話語當作場面上的托詞，毫不掩飾地繼續說：「大丈夫處世，當努力建功立業。明公如果今日不取，等到被他人取了，後悔可就晚了！」

這句話是有潛臺詞的。放著這麼好的地盤，又有人誠心給你當內應，你如果還不動手，可就是傻子了！錯過了這個機會，以後你肯定會後悔！

一旁的諸葛亮、龐統暗自為張松叫好。他們早就想說這番話，但張松作為局外人，說出來的效果當然要好得多。

劉備似乎動心了，說：「我聽說蜀道崎嶇，車馬都不能並行，如果我想攻取，該用什麼辦法呢？」聽起來，劉備已經接受張松的提議了。否則，他為什麼要問攻取之策呢？但在場的張松、諸葛亮、龐統都誤解了他的真意。

劉備根本就沒有放棄自己的原則。他剛才的話，其實是一種以進為退的心理防禦機制，叫做「保護性轉移」。這是以貌似更為深入的接納來微妙地表達拒絕的一種心理防禦機制。

如果劉備繼續以自己堅守仁義道德為由，拒絕張松的提議，就會顯得愚蠢而不合時宜。劉備不願意自己的形象遭到汙化，就將話題轉移到另一個明顯超前的領域，以切斷原有話題。實施保護性轉移後，表面上進到了建立在原有話題基礎之上的延伸領域，但其實卻是一種不易覺察到的拒絕。在現實生活中，很多不明白這一心理防禦機制的人，往往做出錯誤的判斷。

張松一陣激動，連忙拿出當初本來要獻給曹操的圖冊。劉備展開一看，凡地理行程、遠近闊狹、山川險要、府庫錢糧，全都已一一注明。有了這一圖冊，攻取西川雖然不能說易如反掌，但也是容易很多了。曹操要是知道自己慢待張松，竟會失去這麼好的一個寶貝，一定會氣得吐血。

張松獻了地圖後，以為劉備已無異議，又說：「明公，您可速速進兵。我還有兩個心腹摯友，叫做法正、孟達，可以一起當您的內應！」

劉備既然已經選擇了「保護性轉移」，一時無法越軌，只能說：「青山不老，綠水長流。他日事成，必當厚報！」

張松大喜，告辭而去，一路上謀劃著如何幫助劉備儘快奪了西川。而在場的諸葛亮和龐統也十分高興。他們一直未能說服劉備克服仁義道德的束縛，沒想到竟被張松搞定了。兩人摩拳擦掌，準備在攻打西川的戰役中大展身手。

張松回到西川後，極力忽悠劉璋邀劉備入川，以攻漢中張魯。劉璋手下黃權、劉巴識破張松引狼入室的陰謀，苦苦勸諫，但劉璋暗弱不明，還是入了張松的彀。張松又建議劉璋派法正為使者，延請劉備入川。

法正與張松暗通款曲，到了荊州，自然大力勸說劉備趁機攻占西川。劉備眼看木將成舟，更加擔心自己聲譽受損，不敢再用「保護性轉移」，而是十分堅定地拒絕了法正的提議。

法正雖然不解，但還是理解為劉備的托詞。席散後，諸葛亮送法正回館驛休息，兩人密商如何奪取西川。

劉備久久坐著，並不離席。龐統就說：「當斷不斷，乃愚人也！主公高明，為何猶疑不決呢？」

劉備意味深長地看了龐統一眼，說：「今與我水火相敵者，曹操也！操以急，吾以寬；操以暴，吾以仁；操以譎，吾以忠。每與操相反，事乃可成。若以小利而失信義於天下，吾不忍也！」

相反也是一種模仿。

自從劉備領悟到效仿曹操只能成為曹操第二之後，他就決定和曹操對著幹。凡是曹操所為，他都從相反的方向去做。劉備透過「反曹論」，旗幟鮮明地樹立了仁德無匹的招牌。這塊招牌再加上漢室宗親的名頭，才成就了今天的劉備。

劉備以天下為己任，當然希望多占地盤。無論是荊州還是益州，他都是想要的。他希望身邊的絕頂謀士能夠幫他想出一個不違背仁義道德的奪地良策，而不是苦苦勸他不顧道德仁義的限制。他此前已經對諸葛亮表示過，但諸葛亮始終沒有領會他的深意。今天，他趁著和龐統獨處的機會，直截了當地說這一番話，並不是沒有用意的。

龐統聽了，若有所思。但他真的懂得了劉備的深意了嗎？

> 心理感悟：人們往往看不懂「以進為退」的把戲。

49 誰是誰的棋子

劉備囿於漢室宗親的身分障礙和道德仁義的限制，一再口頭拒絕搶占西川，但法正畢竟名義上是來邀請他「入川援手」的。這個「援川不奪川」的理由，恰如關羽當年的「降漢不降曹」，有效形成了「自我欺騙」，讓劉備得以用「援川」的名義消融內心的防禦而整點兵馬，準備入川。

人們總是習慣根據一個人的行為來判定他內心的真實態度。諸葛亮、法正，也包括曾被劉備耳提面命的龐統，無一例外地認為劉備最終還是被「奪川」的願景打動了。

諸葛亮十分興奮，摩拳擦掌，想要再一次大顯身手，實現自己在隆中時提出的戰略規劃。但沒想到，劉備卻給了他當頭一棒。

劉備決定，讓龐統擔任隨軍軍師，卻讓諸葛亮留守荊州。

諸葛亮一向以為入川作戰的軍師非他莫屬。沒想到，臥龍和鳳雛合璧之後，劉備擁有了選擇騰挪的空間，竟然讓諸葛亮鎮守荊州，而把開闢新疆域的立功機會給了龐統。

劉備的這一決定，用意極深。

眾所周知，在同等付出的前提下，攻與守的收益成效是很不一樣的。守成是題中應有之義，並無多少功勞可言。相反，攻則充滿了無知與風險，而一旦功成，就會名揚四海，光芒萬丈。此次劉備入川，打著援川旗號，劉璋毫無設防，再加上有法正、張松、孟達等關鍵人物當內應，成功的機率非常大。一旦功成，龐統的業績（攻取益州）就完全可以和諸葛亮（攻取荊州）平起平坐，也和兩個人的名望基本相符了。

很顯然，劉備這是要力挺龐統來制衡諸葛亮。諸葛亮想把龐統當棋子，沒想到自己卻成了劉備的棋子。

諸葛亮立即就想透了這一點，內心一陣冰涼，也深深地感到劉備的可怕。人總是會落入基本歸因錯誤的陷阱，諸葛亮只是覺得劉備變了，卻不知道劉備的變化正是因為他自己無節制炫智的直接後果。

在大將的選擇上，劉備也是別有用意。劉備選了魏延、黃忠兩人跟隨自己入川，關羽、張飛、趙雲這幾人都留守荊州。

劉備選擇魏延，還是要強化對諸葛亮的制衡。諸葛亮因為長沙之戰而對魏延有著極深的偏見，但劉備此舉意在表明，雖然諸葛亮對魏延不待見，但我劉備卻很看重魏延。這不但讓魏延感激涕零，而且在組織內部明確傳達了「諸葛亮說了不算，當家的永遠是劉備」的微妙信號。

劉備選擇黃忠，一方面是出於對他能力的信任（戰長沙時與關羽對戰不落下風），另一方面則刻意建立了一個由新人組成的團隊。關羽、張飛、趙雲是劉備起家的班底，跟隨劉備多年，屢立戰功，諸葛亮「新官上任三把火」，幫助劉備占有了荊州，也是功勳卓著。而龐統、魏延、黃忠初來乍到，為了爭得立身之基，當然有更大的動力去建功立業。

同時，關羽留在荊州，也是對諸葛亮的一種牽制。劉備知道，自從華容道事件後，這兩個人明著還算和氣，暗著卻互不服氣。有關羽在，諸葛亮自然不能隨心所欲。當然，這並不能算是劉備的妙手。任由手下的核心人物鬥氣比拼，看似有效，但實在不能說是組織之幸。

劉備的這番安排，讓諸葛亮大失所望，深受打擊，但一時也別無他策，只能眼睜睜地看著劉備帶著龐統、魏延、黃忠，在法正的陪同下，親率三萬大軍一路入川。

這一路上，龐統欣喜若狂。他在起步上已經輸給了諸葛亮，只能在後程發力追趕。龐統憋著勁兒要趕快建功立業，以證明自己身為鳳雛，與臥龍齊名絕非偶然。在興奮驅動下，龐統私下與法正頻頻商議，如何趁著劉璋不備，快速攻占益州。

行至半路，張松祕密派人送信給法正，約定等到劉備、劉璋在涪城相會之際，就除掉劉璋。法正急忙找龐統商議。龐統頓時想起了劉備那天對自己說的「反曹論」，立即說：「此事決不能現在告訴主公。等到二劉會面後，我再見機行事，稟告主公。」

二劉在涪城相會，各述兄弟之情，言談甚歡。劉璋全無心機，大笑道：「可笑黃權、劉巴等輩，不知宗兄您的心意，妄加猜疑。今日相見，宗兄真乃仁義之人也！得兄大助，我還怕什麼曹操、張魯啊！」

劉璋的話，會被很多人視為天真幼稚，但他這樣說，無意中強化了劉備的「仁義」標籤，更加束縛了劉備的手腳。

接風宴後，龐統決定對劉備攤牌。他對劉備說：「主公來日設宴回請劉璋。我暗中埋伏刀斧手一百人，聽主公擲杯為號，就在筵席上殺了他，然後一擁而入成都。」

劉備看了龐統一眼，知道他還是沒懂自己的心意，又想起劉璋一片赤誠地稱自己為「仁義之人」，不由冷冷地說道：「劉璋是我同宗兄弟，誠心對我，再加上我初到蜀中，如果這般行事，恐怕是天怒人怨。您的計謀，大為不義，就是春秋時的霸主恐怕也不會採用的。」

龐統臉上一紅，連忙為自己開脫道：「這不是我的意見。這是法正收到了張松密信，說事不宜遲，必須速戰速決。」這也是典型的基本歸因傾向。

正在這時，法正也來入見。法正唯恐劉備認定自己是賣主求榮，也為自己分辯道：「我們也不是為了自己，只不過是順從天命而已。」

劉備已被劉璋的標籤強力約束，只是一再堅守自己的「道德情操論」。龐統、法正二人無奈退下。龐統、法正眼看良機在前，大功在望，怎麼肯輕易放過呢？二人一番商議後，龐統立功心切，果斷地說：「事不宜遲，勢在必行，我們也由不得主公了！」當即吩咐魏延準備好在次日筵席上舞劍，尋機刺殺劉璋。

次日席間，魏延起而舞劍助興。劉璋這邊張任立即拔劍而起，說：「舞劍必須成對，我願做伴！」龐統隨即目視劉封。劉封拔劍加入。西川諸將冷苞、鄧賢等人也紛紛拔劍而起，場面一時大亂。劉備大驚，急忙站起喝道：「我們兄弟相會，又不是鴻門宴，哪裡用得著舞劍助興?!諸將趕快收劍，不從者，立斬之！」

諸人見劉備動怒，這才悻悻而退。劉璋深受感動，起身抱住劉備，垂淚道：「吾兄之恩，誓不敢忘！」劉璋做出迎劉備入川的決定，一直頂著內部巨大的反對。誰不願意自己的決定最終被證明是正確的呢？更何況劉璋是個懦弱的人，本身就極度缺乏承擔壓力的心胸呢。劉備的表現，正好可以證明他的正確，緩解他的壓力，這自然就使得他感激涕零了。傻人有傻福，這倒又增加了劉備內心的認知失調。宴罷，劉備就把火氣轉發到龐統身上，說：「我以仁義躬行天下，你再也不要這樣做了！」龐統受此訓斥，臉上一陣紅，一陣白，心情複雜難言。

劉璋這邊諸將，卻為己方成功粉碎了劉備的「鴻門宴陰謀」而歡呼鼓舞，並想趁勢勸說劉璋趕快清醒過來。但劉璋一心為劉備辯護，說：「吾兄劉玄德，絕不是這樣的人。」當然，這其實也是為他自己辯護。諸將說：「就算劉備沒有吞併之心，他手下的人未必就沒有這樣的想法！」劉璋說：「你們不要再多說了，誰也離間不了我們兄弟之間的感情！」諸將只能無言而退。

接下來，二劉在涪水關相聚歡飲多日，一直平安無事。這一天，忽有戰訊報來，漢中張魯兵犯葭萌關。劉璋就請劉備前往支援。劉備等了多日，終於等到了足可證明自己確實是為「援川」而來的機會，自然興奮不已，立即慨然應允，引本部兵馬殺往葭萌關。

劉璋手下諸將，反復勸劉璋嚴令各處大將緊守關隘，以防劉備兵變。劉璋開始不從，但架不住諸將輪番勸諫，只好命蜀中名將楊懷、高沛二人嚴守涪水關。劉璋隨後回到成都。

> 心理感悟：無論是讚美還是批評，都只不過是鐐銬的代名詞。

50 心結是怎樣打開的

劉備在葭萌關擊退張魯進犯後，一連數月無事。劉備想想自己遠離荊州，卻在蜀中無事可做，內心不免滋生焦慮。正在此時，曹操又再興兵，攻打東吳。對劉備來說，這本是坐山觀虎鬥的好事，但他卻既擔心曹操勝了之後會轉而攻打荊州，又擔心東吳勝了之後也會攻打荊州。於是找來龐統商議。

龐統得知這一訊息，電光火石間靈感乍現，突然想到了一個絕妙的辦法。他強忍興奮，口氣沉穩地對劉備說：「主公，你不用擔心。荊州有諸葛亮在，無須多慮。主公如今在葭萌關日久，只是消磨時間，不如借這個機會退歸荊州吧。」

龐統立功心切，在葭萌關無事可做的悠閒時光早已讓他心急如焚。他當然不是真的想勸劉備回歸荊州。他是想到了一個足以讓劉備克服心魔，打響征服西川第一槍的妙策。

劉備一直進退兩難。聽龐統這麼一提議，立即心動了，說：「這倒是個辦法。不過，我們怎麼對劉璋說呢？」

龐統說：「主公，你只需寫信給劉璋，說曹操攻打孫權，孫權向我方求救。我與東吳有婚姻之親，不能不幫。張魯不過是個無能之輩，無須多慮。我這次兵回荊州，要和孫權共破曹操，奈何缺兵少糧，望賢弟看在同宗面上，速發精兵三四萬，軍糧十萬斛，助我一臂之力。」

龐統的這個辦法是對互惠法則的巧妙運用。劉備親自率兵入川來幫劉璋，這是對劉璋的恩惠。現在，劉備有事了，反過來劉璋就有義務回報劉備。如果劉璋拒絕回報，內心必然愧疚。而只要一愧疚，就不能靦著臉再要劉備繼續為自己賣力了。

劉備一聽，覺得很有道理，當下如龐統所言，寫了一封信給劉璋，派人火速送往成都。

劉璋見了信，竟然不覺有詐，當即要按照劉備所說的數目準備兵糧。但他手下的一眾文武卻非常反對。劉璋軟弱，不能決定。一番爭議後，劉璋最後決定援助劉備老弱軍士四千，軍糧一萬斛。

龐統本來料定劉璋是不會答應的，因為他的一大幫手下都對劉備十分抗拒。這樣一來，他就可以借機煽動劉備的怒火，從而進一步說服劉備與劉璋開戰。而現在這四千老弱軍士和一萬斛軍糧也讓劉備勃然大怒，他對著使者破口大罵：「我費心耗力，為你破敵，等我有事了，你卻吝惜財物，簡直是忘恩負義！」順手就將回信撕了，嚇得劉璋的使者抱頭鼠竄，連夜逃回成都。

劉備一向以仁德、沉穩著稱，這一次為什麼會如此失態呢？

其實，這是劉備內心壓抑已久，兩極分化的情緒的必然噴發。雖然劉備一再強調自己奉行仁義，並打著「援川」的旗號入川，但他的潛意識中始終是覬覦西川的。入川之後，劉備一直被牢牢困在葭萌關，進退失據，內心十分窩火。此次劉璋在互惠往來上的欠缺，正好給劉備提供了一個很好的發洩口。

對劉備來說，最難的就是打開仁義的心結。這件事，諸葛亮忙活了很久，一直沒成功，但龐統卻成功做到了。

那麼，龐統是怎麼做到的呢？

龐統運用的策略叫做「道德排除」，即透過將對方置於道德失範的位置上，從而為己方實施譴責或攻擊提供合理的藉口。這是威力非常巨大的一招，可以硬生生地將攻擊「包裝」成反擊。

劉備並不是不能對劉璋發起進攻的。劉備只是不能置仁義於不顧，無緣無故對劉璋發起進攻。此前諸葛亮多次說服劉備搶占荊州失敗，也是這個原因。如今劉璋的行為不太符合互惠法則，等於讓自己違背了道德。劉備自然就有足夠的理由撕破臉皮，大光其火了。而只要這個心結一打開，接下來的事情就好辦了。

龐統一陣狂喜，此前設想好的第二步謀劃立即湧上心頭。龐統故意挑劉備說：「主公，您一向以仁義為重，如今該當如何？」

劉備一愣，喃喃道：「如今該當如何？」

上策是立即遴選精兵，連夜襲擊成都；中策是假稱回師荊州，誘騙涪水關守將楊懷、高沛前來送行，趁機將二人擒拿斬殺，先奪下涪水關，再向成都發起攻擊；下策則是連夜退回荊州，徐徐圖謀西川。

劉備略一思索，說：「軍師，你的上策似乎太急，而下策又太緩。只有中策，不急不緩，正好可以採用。」

劉備於是寫信給劉璋，偽稱曹操來攻，關羽不敵，只好親自回師，來不及面晤，只能寫信告辭。

劉備的這封信一寫，又引出來一個好幫手。這個好幫手徹底幫助劉備打開了心結，只是他本人卻付出了生命的代價。

這個好幫手就是張松。

當劉備的信送到成都後，張松第一時間得到了消息。張松以為劉備是真心要退兵，不免心急如焚，很不甘心自己謀劃已久的大事落空，急忙給劉備寫了一封信，極力挽留。不料這封信卻落到了張松之兄張肅的手上。張肅大驚，不敢隱瞞，立即向劉璋告發。

張松的信等於是坐實了劉備的偽善面孔。劉璋大怒，當即斬了張松全家，嚴令各處關隘，添兵把守，嚴防劉備。

劉璋的翻臉，其實是在幫龐統，也是在幫劉備。劉備由此徹底解開了內心的自我道德約束。

劉備大喜，隨即設計斬殺了楊懷、高沛二將，輕鬆拿下了涪水關。

劉備設宴犒勞三軍。他和龐統的心情都是暢快無比，兩人開懷痛飲，竟然喝得酩酊大醉。

劉備酒意滿滿，對龐統說：「軍師，我們今天這一次歡飲，可算上是人生樂事了吧？」龐統想起不久前劉備還是滿嘴仁義道德，現在卻已對劉璋刀兵相向，感到好笑。他又一向恃才傲物，不由說道：「討伐別人的國家卻以此為樂，這可不是仁者之兵！」

龐統也是得意忘形了，這個玩笑開得實在太大了！如果按照劉備一貫的風格，聽了龐統這句話，一定是羞愧難當。但是這一次他非但沒有羞愧，反而勃然大怒，說：「當年武王伐紂，前歌後舞，難道也不算是仁者之兵嗎？你剛才的話，實在太沒道理了，趕快給我退下去！」

劉備竟然沒有絲毫的理虧、愧疚，反而把自己當成仁義之師了！何況劉璋並沒有做什麼不仁不義的事情，怎麼能和荒淫無道的商紂王畫上等號呢？

看來，一個人往一個方向邁出的第一步是最難的。只要有了第一步，很自然就會有第二步、第三步。當然，劉備的步子邁得大了一點，連龐統一時也接受不了劉備的這一番驚人巨變。

龐統借著酒意，哈哈大笑，告退而去。左右侍從扶著劉備到內室休息。

第二天，劉備酒醒後，隱隱記得昨夜自己行為乖張，急忙把左右叫來詢問究竟。劉備得知詳情後，懊悔不已，深感酒後失德，將自己的仁義標籤毀於一旦。若龐統為此拂袖而去，損失可就太大了。劉備急忙請來龐統賠罪，誰知龐統也是懊悔自己出言不慎，可能導致劉備回到他多年堅守的道德之路上去，不免白忙一場。

兩人互致歉意，相視一笑，翻過了昨夜這不堪的一頁。

心理感悟：理由往往是做一件事的最好理由。

51 高手算不了自己的命

萬事開頭難，不論是好事，還是壞事。

劉備平生第一次痛快淋漓地擺脫了限制性信念的束縛，對劉璋橫刀相向，奪了涪水關，隨即又揮師直指雒城。

消息傳到荊州，一直密切關注進展的諸葛亮心情十分複雜。他沒想到龐統竟然解決了自己百思不得其解的難題，不由對龐統又是欽佩，又是眼熱。

他隨即夜觀天象，推算太乙神數，卻發現了一個極大的凶兆！諸葛亮急忙寫了一封信，派馬良快馬加鞭送給劉備。

劉備拆信一看，只見上面寫著：「亮夜算太乙數，今年歲次癸巳，罡星在西方；又觀干象，太白臨於雒城之分。主將帥身上多凶少吉。宜謹慎之。」

儘管劉備對諸葛亮已有防範之心，但對他神機妙算的能力還是深信不疑的。劉備看了這封信，不由心中一涼，急忙找來龐統商議。

龐統的第一感覺卻是：諸葛亮一定是擔心我幫助主公取了西川，故意用這個辦法來拉自己的後腿的。

太乙神數並不是諸葛亮的獨家專利，龐統也是很擅長的。龐統一聲不吭，也算了一遍太乙神數，然後對劉備說：「統亦算太乙數，已知罡星在西，應主公合得西川，別不主凶事。統亦占天文，見太白臨於雒城，先斬蜀將冷苞，已應凶兆矣。主公不可疑心，可急進兵。」

一個說「宜謹慎之」，一個說「可急進兵」，兩個都是了不起的高手，在太乙神數上的造詣不相上下，劉備到底該聽誰的呢？

當然是聽龐統的！

劉備當初挑選龐統入川，就是為了制衡諸葛亮。如果現在聽諸葛亮的「宜謹慎之」，那麼到底怎樣做才算是「謹慎」呢？是退兵回荊州，還是停止攻打雒城，原地按兵不動呢？無論是哪個，都和劉備已經被點燃的雄心不符，也背離了劉備重用龐統的原意。

龐統再三催促劉備進軍，劉備下了決心，對雒城發起進攻。但在進軍路上，龐統卻中了埋伏，被蜀將張任亂箭射殺，正好應了諸葛亮的推算。

為什麼在這一場「太乙神數推算比賽」中，諸葛亮成了贏家，而龐統卻成了輸家，並付出了生命的代價呢？

換言之，同樣的天象，同等的能力，為什麼龐統會把凶兆歸結在已經被斬殺的蜀將冷苞身上，而諸葛亮卻歸結在己方的將帥身上呢？

這並不是因為龐統的能力比不上諸葛亮，而是因為「選擇性認知」作怪！

人們往往傾向性地在外部資訊中選擇與自己的信念、態度、興趣、需求等相一致的資訊，而對與此相悖的信息視而不見，聽而不聞。

在龐統看來，諸葛亮早已功成名就，自己只有幫助劉備拿下西川，才能和諸葛亮平起平坐。建功立業就是龐統內心的傾向性。在這一傾向性的神祕驅動下，他必然會將天象解釋為有利於自己建功立業的資訊。而諸葛亮的善意勸告，也被龐統的選擇性認知理解為這是一種嫉妒，諸葛亮是想用這種方式來阻止自己建功立業。

選擇性認知就是有這麼大的效力，可以讓不同的人對同一現象做出完全不同的解釋。諸葛亮和龐統都是精擅太乙神數的高手，當他們為別人推演天機的時候，往往是精準如神。但是旁觀者清，當局者迷。當龐統為自己推算的時候，卻根本無法做到客觀冷靜了。

同樣，劉備也是有選擇性認知的。劉備一方面想要繼續扶持龐統，以制衡諸葛亮，另一方面則是要儘快拿下西川，擁有自己的地盤。在這樣的選擇性認知驅動下，劉備當然會聽從龐統的判斷。

但遺憾的是，在君臣兩人的「選擇性認知」的疊加強化下，龐統墜入命運的深淵，英年早逝。

龐統一死，劉備方寸大亂，被蜀軍打得大敗，只好退守涪水關。劉備悲痛不已，茫然不知所措。本來劉備征服西川的第一步已經很成功，但他生命中那個「福禍相依」的詛咒再一次應驗，讓他痛失了一位不可多得的天下奇才！

老將黃忠建議劉備趕快向荊州報訊，並請諸葛亮前來商議攻川大事。

劉備「以鳳制龍」的策略宣告失敗，為了拿下西川，只能再次起用諸葛亮。

諸葛亮的運氣真是好到了極點！此前，徐庶搶了他的位置，很快就被曹操詐走；此後，龐統搶了他的位置，很快就被死神請走。這個軍師的位置看來是非他莫屬的。

不過，在經歷了被劉備冷落後，諸葛亮的內心也發生了微妙的變化。他原本一直與關羽在硬碰硬地炫智鬥氣，但先後兩次在劉備的干涉下，都沒能成功。這也導致關羽氣焰日長，更加驕傲。這一次，劉備讓諸葛亮入川，那麼就必須選出一個荊州守將。要是按照諸葛亮以往的脾氣，他絕對不會把這一重任交給盛氣凌人的關羽，而是會將他帶在身邊，在入川作戰時找機會再修理他。

但現在諸葛亮已經明白了，和關羽強硬對抗根本不會得到劉備的支持，因而絕不是最佳選擇。所以，諸葛亮決定，就讓關羽鎮守荊州，自己帶著張飛、趙雲入川，支援劉備。這樣一來，荊州的防守力量一下子就削弱了很多，諸葛亮也十分擔心荊州會失守。於是，諸葛亮臨別之際，給了關羽一個八字方針——北拒曹操，南和孫權。為了不引發關羽的反感，諸葛亮沒有使用錦囊。這也顯露了諸葛亮有意緩和關係的意味。

諸葛亮與關羽交割完畢，入川支援劉備。劉備得了強援，勢不可當，一路打到成都城下。

劉璋眼看已成圍城之勢，對自己當初有眼無珠，不聽良言，引狼入室的昏庸之舉愧疚難言。劉璋本就不是個意志力強者，而愧疚又會消耗大量的意志力。劉璋無心再戰，只想開城出降。

董和說：「主公，城中還有士卒三萬，糧草夠用一年。況且滿城軍民，皆有死戰之心，主公為什麼不奮起一戰呢？」

劉璋一聲長歎道：「我父子兩輩，在蜀中二十餘年，並無恩德加諸百姓。自劉備入川後，已經征戰三年，多少血肉之軀，染血沃野。這都是我的罪過啊！我心裡難安，不如投降以保百姓。」

劉璋有這番想法，雖是出於無奈，但也可看出他確實是真仁義。但是，在殘酷的權力角鬥場上，真正的仁義是行不通的。只有那些明舉仁義旗號，暗行王霸之實的人，才能最大限度地攫取到仁義帶來的巨大利益。劉備雖然也想奉行仁義，但諷刺的是，他真正的政治利益還是來源於對仁義的背叛。這和他所鄙視的曹操並無二致。這也正是諸葛亮、龐統都不能為他找到不違背仁義道德的奪地良策的真正原因。

劉璋已經毫無鬥志，臣下苦勸無益，只能由他做主。劉璋帶著印綬文書，出城投降。劉備快步迎上，握著劉璋的手，流著眼淚說：「不是我不奉行仁義，實在是勢不得已啊！」

劉備的眼淚還不如不流，他的這句話還不如不說。因為事實就擺在那裡，你得了便宜還要賣乖，只能給自己貼上偽善的標籤。但劉備卻不能不流淚，不能不說這句話，因為他內心的認知失調已經達到了頂峰，非此不能緩解。作為一個政治人物，很多時候是不能完全按照自己的內心召喚行事的。當他們得到了利益的時候，不可避免地也要失去名譽。

劉璋為了保全百姓而選擇向劉備投降，看似軟弱無能，其實也是用「仁義」將了劉備一軍，給劉備出了一個大難題。劉備要想在蜀中站穩腳跟，只有「仁義」才能彌補虧欠，收攬人心。

這場關於「仁義」的考試，首先就體現在對劉璋的安置上，劉備會怎麼做呢？

> 心理感悟：政治與仁義是一對永遠也無法結合的怨偶。

52 愧疚帶來的後遺症

劉備得了益州，滿懷愧疚，很想把劉璋留在成都，善待他以作彌補。但諸葛亮卻提出了反對意見。諸葛亮說：「劉璋之所以失敗，就是因為他太過軟弱。主公，如果您也以婦人之仁，臨事不決，恐怕益州您也占不了多久！」

劉備知道諸葛亮說的是對的。如果劉璋繼續留在成都，他的舊屬也許會瞅準時機，作亂復辟。當初曹操受降荊州，也是把劉琮遠遠遷往青州。曹操對劉備的潛在影響還是巨大的，「反曹論」這一次失靈了。劉備根據諸葛亮的建議，硬著心腸，把劉璋遷到南郡公安居住，即日起行，不得停留。

劉備遂自領益州牧，終於擁有了真正屬於自己的地盤。這一年，他已經五十四歲了。經過三十年的苦苦奮鬥，歷經磨難與艱辛的劉備終於看到了開花結果的希望。

一應立功舊臣和新降文武，自然都得到了厚封重賞。其中諸葛亮被封為軍師將軍，關羽為蕩寇將軍，張飛為征虜將軍，趙雲為鎮遠將軍，黃忠為征西將軍，魏延為揚武將軍。

劉備還封了三個侯爵，其中兩個給了自己的兄弟。關羽被封為壽亭侯，張飛被封為新亭侯。當初關羽在曹營時，曾被封為漢壽亭侯，後來他掛印而走，等於自動放棄了這個爵位。現在劉備給了他同樣的爵位，當然前面的那個「漢」字就用不著畫蛇添足了（關於這個「漢」字的糾葛，詳見「心理三國三部曲」之《心理關羽》）。

令眾人沒想到的是，第三個侯爵卻給了新近從漢中張魯處來投的馬超。如果只能封三個侯爵，論功勞，也該是諸葛亮和法正靠前，怎麼也輪不到馬超啊。

馬超是名門之後。他的遠祖是東漢初期的伏波將軍馬援，他的父親是前將軍、槐里侯馬騰。馬超是不是因為沾了家門的光，而被劉備封侯呢？

真正的原因並不在此。

還記得當年的血詔黨嗎？

以國舅董承為首，糾集了一幫人要剷除曹操，輔助漢獻帝。劉備和馬超的父親馬騰，都是血詔黨的成員。劉備和馬騰都逃過了曹操的第一次大屠殺。但馬騰卻沒能逃過曹操的第二次大屠殺。血詔黨的唯一倖存者就是劉備。客觀地說，劉備並未為血詔黨做過任何貢獻，但卻盡享了血詔黨的榮耀。這麼多年來，劉備對血詔黨一直心懷愧疚。現在，劉備因為劉璋的主動投降以及安置問題引發了新的愧疚卻無以為報，最終落到了故人之子馬超的頭上。馬超因此被封為平西將軍、都亭侯。劉備的內心終於安寧了很多。

馬超莫名其妙得此厚遇，一下子自我膨脹，連劉備本人都不怎麼放在眼裡了。此後被張飛設計擺了一道，這才老實（詳見前文所引《智囊》之記載）。

馬超坐享榮耀，讓很多人都感到不舒服。但劉備得了益州後，威望大漲，沒人敢當面提出意見。但遠在天邊的一個人卻用一種獨特的方式發洩了自己的不滿。

這個人就是鎮守荊州的關羽。

這一天，劉備和諸葛亮正在閒坐議事，突然收到了關羽派關平帶來的口信。關平說：「父親聽說馬超武藝過人，想要入川來與他比試一番。」

劉備嚇了一大跳，說：「雲長這是要做什麼？他一入川，荊州若有個閃失，如何是好？況且馬超勇猛，雲長若和他比試，必有一傷，這豈不是無事生非嗎？」

諸葛亮知道關羽是對馬超初來乍到就受封侯爵不滿，而且一個遠離政治中樞的人也會比其他人更為敏感。諸葛亮也知道，關羽的這個想法確實很不合時宜。為了讓劉備心安，諸葛亮說：「主公不用焦急，我只要寫一封信，必定叫雲長回心轉意，安心鎮守荊州。」

劉備大喜，急忙叫諸葛亮寫好回信，連夜叫關平送回荊州。

諸葛亮的信是怎麼寫的呢？

> 亮聞將軍欲與孟起分別高下。以亮度之：孟起雖雄烈過人，亦乃黥布、彭越之徒耳；當與翼德並驅爭先，猶未及美髯公之絕倫超群也。今公受任守荊州，不為不重；倘一入川，若荊州有失，罪莫大焉。惟冀明照。

在這封信中，諸葛亮對關羽的態度來了一個顛覆性的變化。此前，他不斷設計激將關羽，最終激僵了兩個人的關係。但這卻導致劉備開始干涉鉗制諸葛亮。諸葛亮不得不改變了「對關策略」，從激鬥轉為安撫。

在上述這封信中，諸葛亮把關羽捧到了天上。而馬超則被他歸為黥布、彭越一類的人物，只是勇猛無敵，卻絕非超群絕倫，只能與張飛相提並論。這樣，馬超和關羽高下立判，如果關羽還想和馬超比武，就是自降身分了。

諸葛亮前後態度的顛覆性轉變，給了關羽極大的滿足感。關羽忍不住召集所有的部屬賓客，將諸葛亮的信公之於眾，連稱：「孔明深知我心啊。」自此再也不提入川比武之事。

劉備對於諸葛亮的這一處置方式十分滿意，也為手下兩大得力幹將回歸和睦深感高興。但其實劉備根本沒有看到真正的危害所在。

諸葛亮的這個做法大大地錯了！

如果拋開諸葛亮和關羽此前相互較勁的大背景，就這一單獨事件的應對處理，諸葛亮的信收到了較好的效果，但如果放到整個持續化的背景中去看，諸葛亮錯過了一個非常好的痛責關羽的機會！

諸葛亮根本就不應該對關羽大戴高帽，而是應該以大義責之。荊州如此之重，你的兄長劉備這才放心地將這個根基之地託付給你。你卻為了逞個人之能，不顧大局安危，要入川比武。你這樣做，對得起桃園結義的承諾嗎？你這樣做，還算是忠義之士嗎？

如果諸葛亮以此痛責他一頓，關羽必定服服帖帖，毫無還嘴之力，非但不敢再提入川比武，而且會對諸葛亮敬畏三分。

但諸葛亮偏偏施以懷柔策略，以至於關羽認為諸葛亮是服軟認輸了。這就極大地助長了關羽的驕傲之情。連神機妙算的諸葛亮都開始拍自己馬屁了，誰還會被關羽放在眼裡呢？荊州的風險從這一天起驟然大增。

劉備得了西川，還沒高興幾天，債主又開始惦記上了。

這位債主就是劉備的大舅哥孫權了。這門親事其實已經名存實亡。就在劉備全力攻川的時候，孫權痛恨劉備欺騙自己，將妹妹接回了東吳。情分既消，孫權自然就更加惦記著討回荊州了。

孫權找來一眾謀士，說：「當初劉備借荊州的時候，不是說過等取了西川就歸還的嗎？現在他已經坐擁巴蜀四十一州，你們誰能去把荊州要回來？」

張昭給孫權出了個很「惡毒」的主意：「借荊州這件事，前前後後都是諸葛亮在搗鬼。現在，正好有諸葛亮的胞兄諸葛瑾在此，主公為什麼不讓諸葛瑾去跑一趟呢？」

這確實是在給諸葛亮出難題。魯肅此前三番幾次被你耍弄，現在派你自己的親哥哥前來，看你還敢不敢再耍花招？

孫權一聽，這一招確實狠，馬上就採納了。

諸葛瑾不敢拒絕，心不甘情不願地前往成都，去見劉備和諸葛亮。荊州的歸屬確實是諸葛亮謀劃不當留下的隱患，劉備還是讓諸葛亮去處理應對。

諸葛亮雖然顧惜手足之情，但也只能以國家為重。他又與劉備唱了一出雙簧戲，假稱將長沙、零陵、桂陽三郡歸還東吳，讓諸葛瑾直接去找鎮守荊州的關羽交割。驕縱日長的關羽怎麼肯憑空割讓自己治下的地盤？自然是將諸葛瑾痛責一番，驅逐出境。

孫權及東吳眾人個個氣憤難平，發誓要用武力奪回荊州。

劉備的好運卻還沒有結束。他攻占了西川之後，曹操也出兵擊敗張魯，拿下了漢中。劉備隨即進兵漢中，順利擊敗了曹操，將漢中納入自己囊中。隨後，劉備又命劉封、孟達、王平等大將，攻取了上庸諸郡。一時間，劉備聲氣大振，地盤廣闊，達到了他這一生中的頂峰！劉備本人的心氣也達到了歷史最高水準，放眼天下，目無餘子。

這個時候，跟隨劉備的眾人都有推劉備為帝之意，但一時摸不準劉備的心意，紛紛來找諸葛亮商議。

諸葛亮在這一系列征戰中，連出奇謀，頻頻獲勝，自信心自然高漲。而且，他也感覺到，自從自己與關羽改善關係後，劉備對自己的防範心理日漸消除。在這兩個因素的綜合作用下，諸葛亮當著眾人的面，拍了胸脯，說：「這件事就包在我的身上了！」

那麼，劉備是不是做好了讓少年時的「羽葆蓋車之夢」變成現實的心理準備了呢？

> 心理感悟：人際關係中的轉彎也是很危險的事情。

53 又吃了一記悶棍

諸葛亮想好了一整套說辭，帶著法正等人自信滿懷地來見劉備。

事實早已證明，諸葛亮的說服力是超級強悍的。當年他一個人孤身闖東吳，舌戰群儒，硬是將東吳一眾英才說得灰頭土臉，無地自容。

他這一次能夠成功說服皇帝夢已經做了幾十年的劉備嗎？

諸葛亮對劉備說：「現在漢帝懦弱，曹操專權，天下百姓無主。主公您已經年過半百，威震四海，現已擁有荊襄、兩川，正可以應天順人，法堯禪舜，即皇帝位。名正言順之後，就可以討伐國賊曹操。此乃大合天理之舉，事不宜遲，就請擇吉日登基。」

諸葛亮的這段話有五層含義。

第一，大背景是漢獻帝被曹操控制，等於是天下無主。這就表明天下需要有一個明主站出來。

第二，劉備已經五十九歲了，再不抓緊可能就沒有時間了。這是用緊迫感來推動劉備做決定。

第三，劉備已經擁有了登基為帝的地盤與資本。

第四，效仿古時堯舜禪讓的方式，可以對抗天下的非議。

第五，這是符合天意天理的。

諸葛亮以為，有了這五條理由，劉備不可能不動心。但劉備卻拒絕了。

劉備大驚道：「軍師之言差矣！劉備雖然是漢室宗親，但不過是臣下之臣，如果這樣做了，等於是背反漢室。」

諸葛亮還是沒懂劉備內心的分裂。他當然不是不想當皇帝，但他需要的是一個無損於仁義道德的理由。只要你幫他找到了這個理由，他立即就會欣然登基。如果你不能幫他找到這個理由，你就是說破天，他也不會同意，或者說不敢同意。

諸葛亮當著一眾跟隨者的面，被劉備果斷拒絕，面子上很下不來，只能繼續為自己辯護：「主公，您說得不對。現在天下分崩離析，英雄並起，各霸一方。四海有才德的人，捨生忘死去侍奉他選擇的主公，不是為了名，就是為了利。如果主公您為了避嫌，遵守仁義而不登基，那麼追隨您的這些人恐怕會失望的。願主公深思！」

諸葛亮這實際上是在要脅劉備了。如果你硬是不當皇帝，那這些跟著你混的人還有什麼盼頭？回頭就作鳥獸散了。

劉備聽了，心裡很不高興，但還是不為所動：「僭居尊位，我實在不敢。你們還是再商議一下吧。」

諸葛亮目視眾人。眾人進一步勸道：「主公，您要是再推卻，人心就要散了！」

這相當於諸葛亮帶著一群人在逼宮了。劉備的臉色頓時就變了。沒有一個人肯心甘情願地接受屬下這樣的施壓，哪怕他們想要推動的是一件天大的美事。

諸葛亮敏銳地覺察到了劉備的心理變化，他知道，再逼下去，他自己就會再次成為劉備的眼中釘了，因為事情就是他挑頭整出來的。

諸葛亮話鋒一轉，說：「主公平生以義為本，不想現在就稱尊號。但主公現在擁有荊襄、西川、漢中之地，可以暫為漢中王，以正其位，方可用人！」

諸葛亮隨機應變的能力確實強！他的這番話，首先照顧到了劉備一貫的仁義需求（這已經成了一種巨大的束縛），讓他不至於過於難堪。其次，他勸劉備稱帝不成，退而求其次，讓劉備先當漢中王，也就是維護了自己的面子。否則，諸葛軍師當著眾人的面可就顏面掃地了。第三，他繼續激發眾人的名利之心。如果劉備不當漢中王，這些人還是名利無望。

劉備卻說：「你們想要尊我為王，但得不到天子明昭而為漢中王，也是僭稱！」

劉備的這句話裡隱含的意思其實是，你們不用苦苦逼我，誰要是能想個辦法，讓漢獻帝下個明詔，才是正途。

可是，漢獻帝被曹操所控制，怎麼可能堂堂正正地給你下明詔呢？

諸葛亮說：「離亂之時，宜從權變，若守常道，必誤大事！」

諸葛亮說得對。古往今來，那些在政治上成就大事的人，往往是最懂得靈活機變的人。當然，這一點對於想要成為道德完人的人並不適用。而劉備的人生目標並不是要當道德完人。只是劉備確實也有不得已的地方。一直以來，他從漢室宗親的身分中獲益甚多，但這並不是單向的，這一身分反過來對劉備的行為也形成了越來越強的約束力。一旦劉備自立為王，甚或登基為帝，那麼他此前一切誠意的堅守，都會被視為王莽式的偽裝。這是劉備所不能承受的。這也是他明明想要，卻偏要不斷拒絕的原因。

眼看要成為僵局，劉備的兄弟張飛跳出來說話了。

張飛大喝道：「異姓之人都想當皇帝，何況哥哥是漢室宗親！別說是漢中王，就是現在當皇帝，有何不可？如果不這樣做，半世辛勞不就成了一場夢了嗎？」（此前，曹操已經進位為魏王了）

眾人再度隨聲附和，劉備眼看眾意難違，只能點頭答應了。

諸葛亮大喜，立即命譙周寫表奏給漢獻帝。至於這表奏能不能送到漢獻帝手中，漢獻帝知道後會不會同意，這都不重要。重要的是，只要有這麼一個形式，劉備進位漢中王也就算是名正言順了。

劉備在五十九歲的這一年，又向他的終極夢想邁進了一步。但他的這一步，走得異常艱難。劉備的內心異常糾結。他最擔心的其實並不是天下人的非議，而是他自己對自己的非議。他非常懷念英年早逝的龐統。在這一生中，只有龐統幫他淋漓盡致地解開過一次心結。如果龐統還在，應該也能幫他解開進位漢中王的心結。

逝者已逝，再難復生。劉備能夠依賴的只有諸葛亮了。而諸葛亮在這一次勸進事件中，再一次表露出超強的控制欲。劉備敏感的神經再一次被啟動了。諸葛亮想控制，劉備自然就想反控制。

劉備晉升王位後，照例要封賞文武百官。劉備立唯一的兒子劉禪為王太子，又封許靖為太傅，法正為尚書令，諸葛亮為軍師，總督軍馬一應事務。關羽、張飛、趙雲、馬超、黃忠五人為五虎將。

這個封官令一下，劉備制衡諸葛亮的用意頓時昭然若揭，諸葛亮就像挨了一記悶棍，成了最失意的那個人。

諸葛亮在文臣中的排名一直是第一位的，而且他的業績也能完全支撐起這個位置。但是劉備成為漢中王後，諸葛亮的排名卻一下子掉到了第三名，排在了許靖和法正的後面。

許靖是當世名流，他和堂弟許劭都以評論當時的人物而聞名。入蜀後，許靖擔任過蜀郡太守。劉備攻占成都後，在法正的推薦下開始重用許靖。許靖雖然排在第一，但他所擔任的太傅一職，位高權不重，是個榮譽性的虛職。法正所擔任的尚書令，可是個權力很大的實職，有點類似於丞相。這本是諸葛亮最想得到的職位，但劉備卻給了法正。

要知道，當初勸進的時候，法正可是跟在諸葛亮屁股後面的。現在事成了，法正的位置反而跑到諸葛亮的前面去了。很顯然，劉備是想用法正來制衡諸葛亮。

諸葛亮滿心苦澀，卻又有苦難言。

劉備的招數還不止於此。在他起駕回成都之前，劉備又做出了一項讓眾人大跌眼鏡的安排。

劉備回川，漢中必須安排人選鎮守。大家都以為張飛是第一人選。此時的張飛已經是智勇雙全的猛將，完全可以擔此重任。這樣，荊州和漢中都由劉備的兄弟把守，劉備應該是最放心的了。

但劉備沒有這樣做，他竟然任命魏延為漢中太守！

魏延在蜀漢大將中排名靠後，連五虎將都擠不進去。就算劉備不讓張飛鎮守漢中，其他的選擇也很多，趙雲、馬超、黃忠都是勝任的人選，劉備為什麼非要任用魏延呢？

劉備還是在對諸葛亮釋放信號。

魏延是諸葛亮最不待見的人，但劉備偏偏就要重用魏延，以此暗示諸葛亮：收起你的控制欲吧，這是我劉備做主的地方！當然，魏延本身也確實是有這個才具的。劉備絕不會僅僅為了壓制諸葛亮而肆意妄為，走到事物的反面。只是劉備不知道，自己的這個安排竟然在日後為魏延帶來了殺身之禍。

諸葛亮想要控制一切，卻被劉備控制了一切，他的複雜心情自然是可想而知的。

控制是會上癮的。當一個人學會用控制、鉗制他人的手段來獲取安全感時，這個習慣就會慢慢變得根深蒂固。這樣做也許會帶來短期的快感，但就長期而言，無異於飲鴆止渴！

> 心理感悟：控制並不是療治恐懼的良藥。

54——夢想在苦澀中成真

再說曹操得知劉備自立為漢中王後，肺都氣炸了，大罵道：「這個織席販履的大耳賊，怎麼敢這樣做?!我要不滅了你，誓不為人！」

曹操的看法和張飛的看法恰是一對反例，相映成趣。曹操認為劉備出身卑微，是不夠資格當漢中王的，而張飛卻認為劉備是漢室宗親，別說當漢中王，就是直接當皇帝，也沒有什麼不可以。

這種對他人的身分資格感的不對等認知往往帶有階段性的個人偏好。當初，曹操以為劉備一切都已在自己的掌控之下，所以對他說：「天下英雄，唯使君與操耳。」當劉備背叛而去後，曹操就再也不會將劉備視為英雄了。

一個人最重要的是擺脫他人對自己的身分資格感的束縛，不受任何人影響。曹操認為劉備沒資格當漢中王，但從來不會認為自己沒有資格當魏王。而劉備漢室宗親的身分障礙感越來越強，這也影響到他將終極夢想予以實現的勇氣。

曹操準備舉全國之力，將劉備消滅。但司馬懿卻建議他尋求與東吳聯合，共同對付劉備。司馬懿看得很準，孫權是絕不願意看到劉備春風得意的。兩個「怨婦」一拍即合，因為共同的嫉妒而聯合在一起。

劉備得知訊息，與諸葛亮商議後，決定讓關羽進兵攻擊樊城，以擊破曹孫聯合的陰謀。關羽領命出征，隨即迎來了他這一生的巔峰時刻。他水淹七軍，擒于禁，斬龐德，威震華夏，一時間嚇得曹操要遷都以避。

劉備與孫權之間積累已久的領土矛盾也在這一刻大肆爆發。東吳呂蒙趁著關羽遠征，荊州空虛之際，偷襲得手，為東吳奪回了朝思暮想的荊州。關羽部將麋芳、傅士仁投降東吳。關羽敗走麥城，向劉封、孟達求救未果，不幸為東吳所擒。他寧死也不願向他所認為的江東鼠輩屈膝，最終被孫權斬殺！

孫權想嫁禍於曹操，將關羽的人頭送往許都。曹操見了關羽栩栩如生的人頭，想起兩人間一段段的恩怨往事，竟然受了驚嚇。此後一病不起。

「福禍相間」的魔咒再一次出現在劉備的生命中。他剛剛登上漢中王的寶座，但一個多月後，情逾骨肉的兄弟關羽就慘遭殺害，作為根本之地的荊州也落入東吳之手。

關羽之死對劉備的打擊是極其巨大的。劉備日夜痛哭，咬牙切齒，決意要剿滅東吳，為關羽報仇。但他的身體卻經受不住，一下子病倒了。

此後，曹操也撒手人寰。世子曹丕繼位為魏王。不久，曹丕就逼漢獻帝將皇帝寶座禪讓給自己。曹丕改元黃初，國號大魏。東漢世系，至此斷絕。曹丕囿於輿論壓力，並未殺害漢獻帝劉協，而是將他貶為山陽公。此後劉協又以山陽公的身分活了十四年。

當消息傳到蜀中時卻變了樣，說是曹丕弒殺了漢獻帝。這一消息到底是自然訛傳，還是有意訛傳，已經很難考證，卻給劉備提供了一個千載難逢的機會。

這對劉備來說，簡直就是天上掉下來的大餡餅！當初劉備曾經將夢想的實現投射在「禪讓」上，但現在的機會比「禪讓」還要好。曹丕逼著漢獻帝禪讓，千古罵名自然也落到他的頭上了。而劉備只需以討伐曹丕，興復漢室為名，就可以名正言順地登基為帝了。如果錯過了這個機會，劉備可能永遠也找不到一個可以讓自己順理成章地登上帝位的機會了。

劉備立即令百官掛孝，遙望許昌哭祭。真不知漢獻帝知道後，對於自己的這位英雄皇叔的作為，會是什麼樣的心情。

諸葛亮這一回徹底把準了劉備的脈！有意思的是，劉備用來制衡諸葛亮的法正不久前也去世了，諸葛亮再一次一枝獨大。勸進的事兒自然還是要落在他頭上。

諸葛亮與許靖商議後，帶著文武百官，請劉備即皇帝位，理由只有一個，但非常過硬。

這就是繼承西漢高祖、東漢光武傳承下來的漢室宗統。曹丕以魏代漢後，漢嗣中斷，如果劉備能夠挺身而出，繼承漢統，這非但不是千夫所指的僭越，反而是一種義不容辭的責任。

但當諸葛亮明確提出請求的時候，劉備還是責怪道：「卿等是想陷我於不忠不孝之地嗎？」

這也是必走的形式之路。曹丕明明是主動逼著漢獻帝下禪位詔書的，但還是要假模假式地推讓三次。劉備的社會評價顧忌要比常人大得多，這樣的推讓自然也是少不了的。

三天後，諸葛亮、許靖再次帶著文武百官入朝勸進。

許靖說：「現在大漢天子已經被曹丕弒殺，如果王上不即帝位，興兵討逆，那才是不忠不孝。現在，兩川百姓，都希望王上即位為君，為漢帝報仇雪恨。如果不從民意，會讓百姓大失所望的。請王上明察。」

劉備又推辭道：「我雖然是景帝之孫，實際上只是涿郡的一個村夫罷了。我於普天之下，率土之濱，從未有半分德澤撒布萬民。如果今天要登基為帝，豈不是逆篡之賊乎？我寧願死，也不做這不忠不孝之人！你們千萬不要讓我受這千秋萬代的罵名！」

此前，劉備一向以「漢室宗親」之名行走天下，從來不提自己「涿郡村夫」的出身。如果他只是靠著

「涿郡村夫」的出身，絕對是走不到今天的。那麼，劉備此刻為什麼要自曝家底，自我貶低呢？

實際上，這還是要減少登基為帝帶來的巨大心理衝擊。雖然這個看似不可能的夢想在劉備心裡懷揣了幾十年，但一旦到了即將實現的時刻，劉備還是有些忐忑難安的。他刻意貶低自己，是希望獲得外界更大的信心支援。劉備的推辭並不是真的拒絕，而是自信心不足的表現。

諸葛亮料定了這一點，精心設計了一個局，從此稱病不出。

劉備聽說諸葛亮病得很嚴重了，急忙趕去探視。

劉備問諸葛亮病情如何。諸葛亮裝出有氣無力的樣子，說：「我憂心如焚，可能命不長久了。」

劉備大驚，問：「軍師，你到底擔憂什麼？」劉備一連問了幾次，諸葛亮才緩緩說道：「我自從出茅廬之後，追隨主公，主公現已有了兩川之地，我也算是沒有辜負您的重托。現在，文武百官數百人，都希望主公登基為帝，共圖爵祿，光宗耀祖。不料主公堅決不肯，百官都有怨言，不久必將四散而去。若文武盡散，魏吳來攻，兩川就完了。一想到這，我怎麼能不憂心忡忡呢？」

相對於朝堂之上，諸葛亮的臥室就是一個弱情境。所謂弱情境，就是對人沒有過多約束的情境，身處其中的人可以更為放鬆地說出心裡話。

劉備就說：「我也不是有意推阻，實在是擔心天下人的議論啊。」

諸葛亮心中一喜，跟上話頭，說：「聖人云，名不正，則言不順；言不順，則事不成。現在主公您已經名正言順，為什麼還要拒絕呢？」

在這個弱情境下，孔聖人的話搬掉了堵在劉備心門口的最後一塊石頭。劉備說：「等軍師病好了，再來辦也不遲。」

此話一出，諸葛亮瞬間病態全消，立即坐起身來，將屏風一擊。屏風後面等候已久的一眾文武，全都拜服於地，說：「王上既已應允，就請擇日，以受大禮！」

劉備無可奈何一笑，說：「陷我受萬代罵名的，就是你們這些人啊！」

諸葛亮等立即選擇吉日，請劉備登基。劉備遂改年號為章武，國號大蜀。又立劉禪為太子，封諸葛亮為丞相，許靖為司徒。這一次，諸葛亮終於得到了「一人之下，萬人之上」的丞相之位。

這一年，劉備六十一歲。

五十多年前，當他還是涿郡樓桑村一個懵懂頑童時，就朦朦朧朧地有了皇帝夢。誰能想到，在風風雨雨五十年之後，這個根本不可能實現的夢想竟然成真了！

劉備這一路走來，經歷了多少挫折，經歷了多少失敗。只要他稍微有一點猶豫，稍微有一絲放棄，這個夢想早就夭折了。這些反反復復的挫折與失敗，幾乎耗盡了劉備的黃金年華，以至於他稱帝的這一刻，也讓他成為中國歷史上登基時年齡最大的皇帝。其間酸甜苦辣的百般滋味，也許只有劉備本人才能說清。

大夢成真的劉備其實並不怎麼快樂。兄弟關羽的大仇還沒報，他的心中有一股怒火在熊熊燃燒……

> 心理感悟：政治場上最不能缺少的就是遮羞布。

白帝落日

鮮血淋漓的教訓 / 算不清的身分賬 / 兩個被忘卻的教訓 /
英雄逃不脫末路 / 人生中的最大敗筆 / 備嘗艱辛的一生

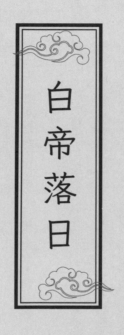

55 鮮血淋漓的教訓

劉備登基為帝，得償夙願之後，立即將為關羽報仇的事提上了議程。這一方面是桃園盟誓的必然要求，另一方面則是因為劉備在一連串的軍事勝利後，對自身的武力之威的自信達到了巔峰。

但當劉備對群臣宣示自己要起傾國之兵討伐東吳的意圖時，卻遭到了一貫忠心耿耿的趙雲的反對。

趙雲說：「現在曹丕篡逆漢室，竊居神器，天人共怒。陛下正應起兵討逆，關東義士必裹糧策馬，天下百姓必簞食壺漿，以迎王師。如果捨魏而伐吳，兵勢一交，難分難解，反倒讓曹魏得利了。願陛下深察。」

趙雲的判斷是很有道理的。此前曹操「挾天子以令諸侯」占盡了道統的優勢，而曹丕一逼著漢獻帝禪讓，等於「自廢武功」，將這項道統優勢拱手讓給了劉備。如果劉備趁著曹魏立足未穩，以討逆為名，收攏天下思漢之心，是很有利的。相反，蜀吳相爭，曹魏坐山觀虎鬥，反而漁翁得利。

趙雲的中肯之論並未引起劉備的共鳴。劉備怒道：「孫權害死朕的兄弟，我恨不得吃他的肉，滅他的族！」

趙雲說：「天下者，重也！冤仇者，輕也！願陛下詳察！」

沒想到劉備卻一下子激憤起來，說：「朕不與弟報仇，雖有萬里江山，何足為貴！朕意已決，你們都不要多說了！」

從兄弟之情來說，劉備這樣說，實是難能可貴。此時他的身分並不僅僅是關羽的結義兄長。更重要的是，他還是剛剛登基的蜀漢皇帝，身繫兩川萬民的利益，理所應當將社稷之重放在第一位，而不能僅僅考慮為關羽一個人報仇。劉備一意孤行，將兄弟之情置於一切之上，是會讓很多人失望的。

這還是那個從善如流、沉穩冷靜的劉備嗎？

實際上，這一幕和當初張飛醉酒誤事失了徐州後，劉備說出「兄弟如手足，妻子如衣服」那句話是完全一樣的心理機制，其背後都是劉備的深深自責。

關羽之死，歸根結底，還是劉備的決策失誤所致。

首先，關羽是奉劉備之命，進攻樊城，節節勝利之後，劉備應該立即派兵支援，穩固荊州防守。

其次，當時的形勢正應合了諸葛亮在隆中時描述的絕佳戰略時機。劉備已經拿下漢中，如果再派一支部隊出兵隴西，與關羽遙相呼應，兵威更盛，戰果更大。

再次，孫權將妹妹接回東吳，足以顯示吳蜀之間裂痕加深。劉備在向曹魏發動進攻時，理應提前緩和與東吳的關係，以防東吳背後偷襲。

上述三條，只要做到了一條，關羽就不會死。如果三條都做到了，劉備收復中原的目標甚至都能實現。

但劉備囿於自己的才識，又沉浸在奪了漢中的喜悅中，偏偏沒有做到以上任何一條。而他曾經最為看重的謀士諸葛亮，也因為受法正壓制而失去了積極性，並沒有向他提出任何有益的建議。

劉備是一個自我監控能力極強的人，他早已覺察到了背後的前因後果，深深為自己的毫無作為而自責。所以，他才會說出「朕不與弟報仇，雖有萬里江山何足為貴」這樣一句千古名言，以安撫自己的懊悔愧疚的心情。

那麼，諸葛亮對於劉備的伐吳又是什麼樣的意見呢？他的見識遠遠高於趙雲，趙雲能夠做出的判斷，諸葛亮也一定能看到。為什麼諸葛亮對於劉備的伐吳決策不置一詞呢？

這其中有兩個原因。

第一，在諸葛亮本人的戰略規劃中，荊州是一個非常重要的基點。失去了荊州，就失去了「兵出宛洛」的可能性。所以，諸葛亮內心也十分傾向於儘快收復荊州。

第二，諸葛亮的兄長諸葛瑾在東吳正受重用。如果諸葛亮反對伐吳，就有可能因手足之情耽誤國家大計而遭到質疑。所以，諸葛亮有所顧忌，不敢多言。

劉備計議已定，一方面開始操練兵馬，一方面派人去知會鎮守閬中的張飛。

再說張飛，自從得知關羽被害的消息後，睚眥欲裂，痛不欲生，恨不得立即起兵為二哥報仇。但他也知道，閬中重鎮，不可擅離職守，因此只好每日呼酒買醉，氣頭上來了，就拿下屬發洩，動輒鞭笞部下，一連打死了很多人。

劉備的使者剛一到來，張飛的第一個問題就是：「我哥哥的仇重如山岳，廟堂之上的那些重臣，怎麼沒有早早起奏陛下，興兵復仇？」

使者慌張說：「有很多人勸陛下先滅魏再伐吳。」

其實哪裡有很多人，也就是趙雲勸諫了一次。這個使者無意識地誇大人數，是想透過分散責任，形成一個群體，來對抗咄咄逼人的張飛。但他這麼一說，就把張飛的怒火激發出來了。

張飛大怒道：「這是什麼狗屁話！當初我們桃園結義時，誓同生死，現在二哥被害，我怎麼能獨享富貴！我要去面見天子，親為前部先鋒，掛孝伐吳，生擒逆賊，祭奠二哥。」說完，跟著使者就直奔成都而來。

劉備每天親自到校場操練兵馬，引起了很多公卿的擔心。他們紛紛找到諸葛亮，希望他負起丞相的責任，勸諫劉備不要意氣用事。諸葛亮沒法回絕，只好帶著文武百官到校場面見劉備。這樣做，看似人多勢眾，其實正是內心缺乏自信的表現。諸葛亮對自己勸阻劉備毫無把握，他只能退而求其次。

諸葛亮說：「陛下初登寶位，不便親歷矢石。如陛下決意復仇，命一上將統軍伐吳，不也是可以的嗎？」

諸葛亮這麼一說，劉備倒是心動了。但就在這個時候，張飛急如星火般趕到了成都。

張飛見了劉備，跪伏在地，抱著劉備的腿，一句話不說，痛哭不已。劉備手撫張飛的後背，也是哭個不停。

哭了良久，張飛嘶啞著聲音說：「陛下今日為君，是不是早就忘了桃園的誓言了？二哥的仇，為什麼還不報？」

這句話戳到劉備的心尖子上了。

說實話，劉備是因為稱帝的最佳時機的到來而暫緩了為關羽報仇一事。如果張飛明確指出這一點，劉備勢必無地自容。劉備只好說：「多人阻諫，未敢輕舉妄動。」

張飛一下子就怒了：「他人只知道坐享富貴，哪裡知道昔日之盟？如果陛下不去，我願領兵前去，為二哥報仇。如果不能報仇，我也就不回來見陛下了！」

張飛的這句話，建立了一條明顯的界限，把劉、關、張三人劃為一個緊密的小群體。因為關羽已死，這個小群體只剩下了劉備和張飛兩個人。本來，諸葛亮的建議已經打動了劉備，他開始思考派張飛作為復仇主將的可能性，但張飛的話又把他逼了回來。

劉備只能說：「朕與兄弟同往！」這正是當年桃園誓言中的應有之義。

張飛又添上了一句：「昔日之盟，誓同生死，天下皆知，陛下可不要惹天下人恥笑啊！」越是公開的承諾，越是具備強大的約束力。話已至此，劉備只能不惜一切代價了。

劉備說：「兄弟，你先回閬中，調集本部兵馬，到江州與朕會合。我們共同討伐東吳，為你二哥報仇！」

張飛臨走之前，劉備想到張飛疾惡如仇，且又有醉後鞭撻下屬的老毛病，忙又叮囑了一句。但憤怒充溢頭腦的張飛根本就沒有聽進去。

張飛回到閬中，命令部下范疆、張達二將，準備白旗白袍。范、張二人認為期限太緊，向張飛懇請寬限。張飛大怒，呵斥道：「我要報仇，恨不得明天就殺到逆賊地界，你們難道敢違背我的將令嗎？」說完，將二人綁在樹上，狠狠抽了五十大鞭。張飛打完了，還不過癮，說：「要是誤了期限，馬上就砍了你們的狗頭！」

范疆、張達眼見張飛兇神惡煞的模樣，想到絕對無法如期準備妥當的白旗白袍，不禁起了狗急跳牆的惡念。當夜，這兩人趁著張飛醉後不覺，偷偷摸進營帳，砍下了張飛的腦袋，直奔東吳而去。

范疆、張達對張飛畏之如虎，但張飛對他們不依不饒，逼得他們冒險一搏。一代名將，沒有死於兩軍廝殺的疆場，卻因自己的不良習性而殞命於床榻，真是令人無限唏噓。

噩耗傳至劉備處。劉備再失一臂，痛徹肺腑！桃園三人，只剩下他一人獨存。所有的責任，都已無可推脫，他只有一力承擔。但張飛用淋漓鮮血寫就的教訓，劉備卻絲毫沒有放在心上！

「關羽之死」和「張飛之死」成了劉備一生中最大的性情轉捩點。在此之前，我們看到的是堅忍寬容、不屈不撓、從善如流的劉備。而在這之後，我們即將看到的是一個性格暴烈、脾氣固執、一意孤行的劉備。

> 心理感悟：人們往往看到血中的憤怒，卻沒有看見血中的教訓。

56 算不清的身分賬

劉備點起七十萬大軍，水陸並進，浩浩蕩蕩，殺向東吳。

出征之前，學士秦宓以天時不當為由勸諫劉備不要討伐東吳。殊不知，劉備這一次出征，實質上就是在和老天爺賭氣。

劉備得登大寶，自然對天命在己深信不疑。但是「福禍相依」的魔咒一再靈驗，讓他痛失關羽、張飛兩位兄弟。這一重大的打擊，也讓劉備對上天充滿了憤怒。

劉備足足隱忍了幾十年，種種不可勝數的磨難帶來的情緒傷害，一層一層地積壓在他心底，從未真正釋放出來。當他終於登基成為天子，實現了終極夢想後，他再也無法忍耐了，他再也不想忍耐了。他要對一向十分眷顧他，卻又頻頻折磨他的老天爺發起挑戰，以傾瀉鬱積幾十年的憤懣。劉備一生從未圖過一時之快，這一次他可是要盡情放縱自己一次了。

劉備的精神在這一連串的打擊下，已經處於一種癲狂狀態，很難用常理推論了。在這樣的心態主導下，秦宓的勸諫適得其反，怎麼可能成功呢？劉備下令，將秦宓收監，等候處置。

對東吳來說，劉備的這一次進攻，氣勢恢宏，不啻當年曹操的百萬雄師下江南。劉備的這股氣勢，讓孫權本能地起了畏懼之心。他看看自己手下的將領，能堪大任的周瑜、魯肅早就不在人世了，而剛剛奪取荊州的呂蒙也已經死了，一時間無人可用。於是，他習慣性地採取了和柔政策，先派諸葛瑾去見劉備，希望能夠說服劉備罷兵。

劉備與孫權雖然曾經有郎舅之親，但現在已經將孫權視為不共戴天的仇人，根本就不想和東吳有任何往來，只想憑武力說話。

但黃權勸他說：「陛下可以先聽聽諸葛瑾到底想說些什麼，順便了解一下東吳的動向。有些什麼話，也可以透過他傳達給孫權。」

劉備於是同意與諸葛瑾會面。

諸葛瑾的首要任務就是要弱化關羽之死與孫權的干係。他的理由是這樣的：

第一，孫權主動向關羽求親，卻被關羽蔑視。呂蒙作為東吳主將，也多次被辱罵。這樣，孫權心裡確實不太高興。

第二，關羽攻打襄陽，曹操屢次以天子名義，要孫權偷襲關羽後方。孫權心裡很不贊同，但是呂蒙卻擅自興兵，攻占了荊州。這是呂蒙之過，不是孫權之失。

總之，諸葛瑾的意思是，關羽之死，他本人的傲慢驕縱也是原因之一。而東吳這方面，都是呂蒙一手遮天造成的，和孫權沒太大關係（反正呂蒙已經死了，一切罪責盡可推到他的頭上）。

諸葛瑾隨後又提出了幾條彌補措施，希望劉備能夠退兵不戰。

第一，孫夫人和陛下分開已經很久了，她很想念陛下，希望能再與陛下見面。這是用曾經的夫妻之情來打動劉備。一旦孫夫人回到劉備身邊，東吳和蜀漢的關係自然就會親密如初。

第二，東吳願意將荊州交割給劉備。這是用土地之利來打動劉備，這也體現了東吳求和的最大誠意。畢竟，荊州的歸屬是吳蜀爭端的最終根源。

第三，將背叛關羽的麋芳、傅士仁，以及殺害張飛的范疆、張達交給劉備處理。這是用復仇之便來打動劉備。

說實話，孫權給出的這份大禮包，無論是誠意還是成色，都是很足的。劉備兵不血刃就能得到這三大好處，顯然是很划算的。

但問題是劉備是來復仇的，不是來做生意的。東吳開出的條件再好，也不能讓關羽、張飛起死回生。劉備身上背負的是同生共死的桃園誓言，這不是任何物質利益可以交換的。

劉備當場就翻臉了：「你們殺害了關羽，廢了我的股肱，怎麼還敢巧言令色來說三道四？」

諸葛瑾一看這套方法不管用，急忙換招，說：「陛下是漢室皇叔，現在曹丕篡漢，您不興義兵，卻為了異姓之親，自領大軍，涉山川之險，這是捨大義而就小義也。願陛下深察。」

諸葛瑾這是拿局中的幾個人的身分說事。

每個人在社會體系中都有不同的身分。不同的身分背後，隱藏著不同的價值觀和責任利益需求。諸葛瑾著重點明劉備是大漢皇叔的身分。以這樣的身分，在漢室被曹魏逆篡的時候，理應承擔討伐逆賊，復興漢室的責任。而關羽只是劉備的結義兄弟（異姓之親）。為沒有血脈關係的兄弟報仇，雖也是分內的責任。但在正常的社會比較中，顯然比不上有血緣關係的漢室宗統更為重要。所以，諸葛瑾轉而用大義小義之辯來說服劉備。

可是，劉備在現階段，一直是在用兄弟身分思考問題的。在他眼中，兄弟關係高於一切，兄弟關係就是最大的義。其他任何的義都要為兄弟之義讓步。

換言之，劉備早已失去了理智。諸葛瑾的話再有道理，在不講理的人聽來，都是廢話。蜀漢內部趙雲早就用這個道理勸諫過劉備。趙雲碰了壁，諸葛瑾自然也好不到哪裡去。

東吳的卑言屈辭，反而激起了劉備更大的攻擊欲望。劉備不想再聽諸葛瑾囉唆了，怒喝道：「殺我兄弟之仇，不共戴天。如果要朕罷兵，除非等我死了！你趕快給我走人，今天如果不是看在你弟弟的面子上，先將你斬首示眾！我先放你回去，好好告訴孫權，洗頸待戮！」

諸葛瑾算不清這身分賬，只能狼狽逃回，如實報知孫權。劉備的這股狠勁兒讓孫權擔心不已。這時候，大夫趙咨給孫權出了個主意。

趙咨說：「主公，我願意出使許都，去見魏天子曹丕，陳說厲害，讓曹魏出兵，偷襲漢中，這樣劉備擔心後方有失，就只能退兵了。」

孫權大喜。但趙咨說：「辦法雖好，但還要主公受一些委屈。」原來，趙咨是要孫權向曹丕俯首稱與曹丕是不可能答應助吳襲蜀的。

孫權略一沉吟，答應了趙咨的請求。對曹丕稱臣，雖然有失顏面，但總比丟了江山丟了命要好得多。這正是孫權一貫採用的實用投機主義。

趙咨去的正是時候。曹丕剛剛篡位，最需要的是得到天下的承認。遠人來歸是他最願意見到的事情。此前，蜀漢的孟達因為沒有理會關羽的求救而擔心被劉備問罪，棄蜀投魏。曹丕十分高興，對孟達十分禮遇，經常是出則同車，食則同桌。這並不是因為孟達有多麼出色，而只是恰好迎合了曹丕的內在需求。

現在，趙咨代表東吳孫權來上表歸順。這顯然比孟達來降的分量更重。曹丕立即接受了孫權的表奏，並封孫權為吳王，恩加九錫。

大夫劉曄看出東吳的歸順並非誠心誠意，只是事急權宜之計，因此勸曹丕不要封孫權為王，以免助長貪念。誰知道孫權狡猾，曹丕更狡猾。他對劉曄說：「封王不過虛銜，只是為了安孫權之心。這樣孫權心無旁鶩，就能放手與劉備決戰。吳蜀相爭，朕既不助吳，也不扶蜀，只看他們交兵。若滅了一國，只有一國，那時朕再除之，又有何難？」

三國博弈，劉備的這兩個對手，都是翻雲覆雨的高手，唯獨劉備，一門心思要為兄弟報仇，絲毫沒有圓融變通的餘地。曹丕、孫權的應對，都是從政治大局的利益考量出發的。而劉備則是從兄弟情義出發的。從這一點來看，劉備是個夠義氣的好兄長，但肯定不是好的政治家。

心理感悟：義氣用事往往等同於意氣用事。

57 兩個被忘卻的教訓

劉備對東吳發起猛烈進攻，一開始是勢如破竹，節節勝利。這個時候，東吳內部發生了微妙的變化。

一般而言，當一個組織遭受外部巨大壓力時，往往會出現兩種傾向。一種是放下分歧，團結一心，共禦外侮；另一種則是分崩離析，各自盤算。

這時，東吳出現的是第二種。這對劉備來說，當然是好消息，但凡事都有兩面性，這也更進一步將劉備推向了過度自信。

東吳內部的這一變化是孫權採取和柔策略所致。孫權先是派諸葛瑾向劉備求和，後又派趙咨向曹丕輸誠。這種自降身段的策略，在尚未取得以柔克剛的成果時，肯定會遭到組織內部的誤解。很多人因此對孫權信心不足，尤其是那些利益關係最容易受到衝擊的人。

[illegible]不足，信念自然會動搖。當初被東吳勸降的蜀將糜芳、傅士仁就是最早動搖的人。他們見劉備勢

不可當，東吳早晚要被攻滅，立即起了投降回歸之念。

糜芳知道，劉備一向極重情誼，這一次為關羽興兵更是最好的例證。而他本人是劉備的糜夫人之兄。仗著這一層關係，糜芳認為劉備還是有可能赦免自己的。於是，糜芳與傅士仁商議殺掉當年親手擒獲關羽的馬忠，以此作為贖罪之功。

糜芳、傅士仁帶著馬忠的首級，回歸蜀營，向劉備訴說自己受了呂蒙詭計欺詐，不得已而降的苦衷。劉備根本不為所動，認為糜芳、傅士仁只是迫於自己的兵威而降的，毫不容情地將二人千刀萬剮，祭奠關羽英靈。

劉備的做法進一步加大了東吳的恐慌。這已經不是一個可以用常理來匡算的人。

孫權急忙召集謀士商議。

步騭給孫權出了一個主意，說：「劉備所痛恨的，是呂蒙、潘璋、馬忠、糜芳、傅士仁這幾個人。因為關羽就死在他們這幾個人手上。現在，這幾個人都已經死了。我們手上現在還有殺害張飛的范疆、張達，不如擒了這兩個人，再送上張飛的首級給劉備。這樣劉備的憤怒也就消解了。我們再把夫人送回，交付荊州，兩家聯合，共圖曹魏。」

步騭真是被劉備嚇破膽了，也是嚇昏頭了。

而孫權早已彷徨無策，只能按照步騭所言，派大夫程秉為使者，用沉香木匣裝著張飛的首級，押送范疆、張達，去見劉備。

劉備照單全收，參照糜芳、傅士仁的「待遇」，將范疆、張達千刀萬剮，祭奠張飛。對於東吳提出的送還夫人、交付荊州、兩家講和的請求卻置之不理。

但實際上，如果劉備真的能夠冷靜下來思考一下，就會發現，這已經是東吳所能開出來的最好條件了。接受東吳的條件，其實最符合蜀漢的全域利益。蜀漢不但重新擁有荊州，而且從此還將擁有凌駕於東吳之上的氣勢。在今後的吳蜀聯盟中，蜀漢的話語權將會前所未有地強大，從而在共圖曹魏的過程中占據引領性優勢。一旦擊破曹魏，蜀漢再騰出手來對付東吳，也將擁有慣性優勢。那麼，劉備就很有可能成功實現復興漢室的宏偉藍圖而名垂青史。

隨軍謀士馬良看到了這些好處，勸諫劉備說：「現在仇人都已殺了，關羽和張飛的仇也就報了。陛下應該接受東吳的求和，兩家永結親情之好，共同對付魏國。這才是上策。」

但是劉備已經被仇恨沖昏了頭腦，又被東吳的軟弱撐大了胃口，根本不想就此罷兵。劉備說：「朕的仇人不是別人，而是孫權！我恨不得吃他的肉，喝他的血！如果今天與東吳講和，就是辜負了桃園的盟誓。朕一定要先滅吳，再滅魏，一統天下！」

說完，就要將東吳使者程秉斬首，以示絕情。幸得馬良等多人苦勸，程秉才撿回一條命，抱頭鼠竄，回去向孫權匯報。

劉備一方面仇恨滿胸，一方面驕縱成狂，卻沒有想到，這既是東吳所能開出的最好的條件，也是他們的底線。孫權確實是塊軟骨頭，如果劉備狡猾一點，再多向他索要一些東西，他還是會答應的。但你要滅他的國，吃他的肉，喝他的血，這就把他逼到絕路上了。

劉備其實已經忘記了張飛是怎麼死的。

張飛真的是范疆、張達殺掉的嗎？不是。

范疆、張達見了張飛，就像老鼠見了貓一樣，怎麼敢在太歲頭上動土？要不是張飛把他們逼得無路可走了，范疆、張達絕對不敢行刺張飛。所以，張飛其實是死在了自己手上。

劉備曾經告誡過張飛，不要對部屬刻薄寡恩，不留後路。這個道理用於對手其實也是一樣的。如果你把對手逼到死角，不給他一點逃生的可能，他就只能困獸猶鬥，拼個你死我活。

劉備沒有汲取張飛以生命為代價驗證的這個教訓。他放縱情感，盲目驕狂，終於把孫權逼到了退無可退的地步。

孫權聽了程秉的稟報，跌坐良久，終於決定要奮起一戰！

那麼，由誰來擔任抗蜀主將呢？

大夫闞澤向孫權推薦了陸遜。

關羽敗亡，與陸遜的計策直接相關。

當初，荊州防線嚴密，名不見經傳的陸遜巧妙設計，說服了呂蒙將與荊州防線對峙的陸口守將之位讓給他。陸遜上位後，立即給關羽寫了一封極其謙卑的問候信。關羽從此再也不把無名小輩陸遜放在眼裡，放心大膽地將荊州主力抽調到襄樊前線，結果導致荊州空虛，被呂蒙白衣渡江，輕鬆偷襲得手。

東吳成功奪回荊州後，功勞全被記在了呂蒙的頭上，孫權幾乎把陸遜給忘了。但現在國家危難，終於有人又想起陸遜了。

闞澤的建議卻遭到了東吳重臣張昭、顧雍、步騭等人的集體反對，理由還是看不起陸遜。但除了陸遜，東吳確實無人可用。闞澤重提荊州故事，並以身家性命擔保，孫權這才決意起用陸遜為大都督。

消息傳到劉備耳中。劉備根本就沒聽說過陸遜這個無名小輩，就向馬良探詢。

馬良說：「陸遜是江東的一介書生，年幼多才，深有謀略。此前偷襲荊州，就是這個人的詭計。」

劉備一聽，元凶尚未除盡，勃然大怒，道：「可恨豎子，害死朕的兄弟，朕一定要將他碎屍萬段！」當即就要進兵攻打。

其實，劉備要是資訊靈通點，早一點指明要陸遜人頭，方才退兵，孫權很有可能是會拱手送上的。只要陸遜一除，東吳可能真沒救了。

馬良急忙勸道：「陛下，陸遜之才，不亞於周瑜，不可輕敵。」

劉備大怒，說：「朕用兵多年，難道還不如一個黃口孺子嗎？你不用多言，且看朕將他生擒活捉，為兄弟復仇！」

當初，關羽正是中了陸遜的示弱之計，過於輕敵，才會大意失荊州。關羽和張飛一樣，也用自己鮮活的生命為劉備提供了一個教訓。但可惜的是，劉備依然沒有領會到這個彌足珍貴的教訓。

教訓是不能輕易忘卻的。當你對他人的教訓視而不見，置之腦後時，教訓就會變成深不可測的陷阱。接下來，劉備會為自己漠視這兩個血淚般的教訓而付出什麼樣的代價呢？

心理感悟：太過容易得到的滿足，其實是一種更大的誘惑。

58 英雄逃不脫末路

劉備搦戰，百般辱罵，陸遜卻只是堅守不出。

一連幾個月過去了，季節也從春入夏，劉備焦躁不安，馬良借機進言說：「陸遜謀略深遠，他閉門不戰，一定是等待我軍之變。陛下在此已僵持數月，必須當心陸遜別有他謀。」

劉備早就認定了陸遜是個無能之輩，不敢出戰，輕蔑一笑，說：「他有什麼謀略？不過是膽怯罷了，哪裡敢與朕交鋒。」

此時天氣轉熱，酷暑難當，軍士取水不便，先鋒馮習請示劉備該如何處置。劉備下令將各營寨移屯於山林茂盛之地，靠近山澗小溪，以便取水避暑，等到入秋以後，再發起進攻。

馬良隱隱覺得劉備的移營之策不妥，但他多次勸諫都無果而終，況且行兵布陣也不是他的強項，於是他委婉規勸劉備說：「陛下，何不將各營移居之地畫成圖本，請教一下諸葛丞相？」

劉備傲然一笑，說：「朕素知兵法，又何必去問他呢？」從攻占西川開始，到擊敗曹操奪得漢中，再到伐吳初期的勢如破竹，這一系列勝利，早已讓劉備志得意滿，過度自信，渾然忘了自己在請諸葛亮出山之前打了多少敗仗。

馬良溫言道：「兼聽則明，偏聽則暗。望陛下深察。」

劉備說：「你要畫營寨之圖就去畫吧。畫好之後，你親自送去給丞相看。如果確實有些不對勁的地方，趕快回來報知。」

誰知不只馬良把劉備移屯的四十多個連綿七百里營寨畫成了圖本，魏國的細作也這樣做了。魏主曹丕看到了劉備的安營圖，第一句話就是：「劉備看來真是不懂兵法啊！這世上哪有連營七百里而能破敵的呢？況且，包原隰險阻而結營，此兵家之大忌也。劉備看來是要死在陸遜的手上了！」

「包原隰險阻而結營」的意思是，在把軍隊鋪開駐紮在地勢過於複雜的大片地方。（包，草木叢生的地方；原，高平之處；隰，低濕的地方；險阻，地勢險要的處所。）

曹丕的父親曹操是個傑出的大軍事家。曹丕從小耳濡目染，因此會有此判斷。曹丕料定蜀軍必敗，於是著手安排攻吳。

再說馬良，將圖本呈給諸葛亮。諸葛亮一看就叫苦：「這是誰給陛下出的主意？此人當斬！」馬良歎了口氣說：「這是主上自己的主意，不是他人之謀。」

諸葛亮頓時長歎一聲，道：「漢朝氣數休矣！」馬良驚問其故。諸葛亮說：「連營七百里，難道不怕陸遜舉火嗎？陸遜堅守不出，就是為了等這一刻。你不用多問了，趕快趕回前線，告訴陛下絕不可如此屯兵！」

等到馬良急急趕回，一切都已太晚了！

陸遜果然如諸葛亮所料，火燒連營七百里。這一戰史稱「夷陵之戰」，和當年的「火燒赤壁」一樣，都是以少勝多、以弱勝強的經典戰例。陸遜經此一戰，名揚天下，再也不是那個可以被人隨意輕視的無名小輩了。後來，陸遜一直當到了東吳的大丞相。

而劉備只能生生咽下他這一生中最為苦澀的惡果。劉備的部下拼死保護他殺出重圍，一路退至白帝城，但他號稱七十萬的軍隊，幾乎盡數葬身火海。他征戰一生的英名，也和那些曾經鮮活的生命一樣，付之一炬。

一個人的傳奇，往往是另一個人的悲劇。陸遜就這樣踩在劉備椎心泣血的無邊痛苦之上，成就了他這一生的傳奇。

如果不是曹丕出兵襲吳，吳兵一路追擊，劉備可能連命都保不住。但魏兵一出，陸遜擔心腹背受敵，就停止了追擊。劉備才得以在長江邊上的小城——白帝城苟延殘喘。

劉備沒有汲取兩個兄弟的血訓，一意孤行，終於收穫了這一戰的最差結果。不但沒有絲毫獲益，反而折損了蜀漢的精銳力量。劉備越想越懊悔，越想越丟人，無顏再回成都，就一直停駐在白帝城。

劉備驚魂初定，又得到了一個壞消息。鎮守江北的黃權因為歸路被截斷，結果向曹魏投降了。按照軍法，黃權降敵，他留在蜀中的家屬是要被株連抄斬的。根據劉備這一段時間以來睚眥必報的脾性，劉備一定會對黃權憤恨不已。但奇怪的是，劉備卻只是歎了口氣，說：「黃權是不得已才投降曹魏的。是朕辜負了他，他並沒有辜負朕啊！又何必歸罪於他的家屬呢？」

簡直判若兩人！劉備這又是怎麼了？是不是當初那個仁德寬厚的劉備又回來了呢？

不是的。在經過了這一場刻骨銘心的慘敗後，當初的那個劉備已經永遠不可能回來了。主導劉備心態的是另一種終極性的情緒——習得性無助。

一般而言，當個體的多次努力都無法取得控制權或改變不良現狀，就會出現絕望冷漠、逆來順受的思維定式。

美國心理學家塞里格曼在對狗進行電擊實驗時發現了這種後天習得的無助性反應。當狗發現無論自己如何跳躍躲避，都不能逃脫電擊後，就放棄了努力，轉而逆來順受，任由痛苦在自己身上一再發生。

後來，塞里格曼在人的身上也發現了同樣的現象，並成功地透過實驗給被試塑造出了習得性無助的心理狀態。

塞里格曼把一群大學生被試分為三組：讓第一組學生聽一種雜訊，但這組學生無論如何也不能使雜訊停止。第二組學生同樣也聽這種雜訊，但他們透過努力，可以使雜訊停止。第三組是對照，不給被試聽任何雜訊。

當被試在各自的條件下進行實驗浸泡後，第一組學生的習得性無助已經形成。塞里格曼隨即開始了另一個實驗。實驗裝置是一個「手指穿梭箱」。當被試把手指放在穿梭箱的一側時，就會聽到一種強烈的雜訊，放在另一側時，就聽不到這種雜訊。

實驗結果表明，在原來的實驗中，能透過努力使雜訊停止的被試，以及從未聽過雜訊的對照組被試，他們很容易就找到了把手指移到箱子的另一邊，使雜訊停止的辦法。但第一組被試，卻聽任刺耳的雜訊一直響下去，不會試著把手指移到箱子的另一邊。

習得性無助實質上就是一種意志力缺乏之症。一般而言，一個人要失敗多次之後，才會出現意志力渙散。

劉備這一生中的失敗簡直不可勝數，但此前的每一次失敗之後，他總是樂觀從容，奮鬥不止，期待著下一次的崛起。但是夷陵之敗，卻是他和老天爺之間的一場豪賭。在這場天人大賭戰中，劉備輸光了所有的勇氣，也認識到了自己的人生極限。

在此前的失敗中，無論多麼慘痛，劉備從未怨天尤人，所以他能夠重振意志，一再奮起。但這一次，他痛定思痛，思檢自己的失敗，卻認為「吾乃為遜所折辱，豈非天邪」。他始終認為陸遜這個無名小輩不過是趕上了好運而已，他也始終不認為是自己的驕縱自大、麻痺大意導致了慘敗。他認為這是天意使然。既然是曾經賜予他無限好運的老天決定要讓他失敗，天意難改，這樣的警示，只需一次就足以讓他淪為習得性無助惡魔的獵物了。

劉備心灰意冷，沉浸在無盡的傷痛之中，身體漸漸地垮了下去。

是啊，他畢竟已經是一個六十三歲的老人了。光陰飛度，壯心消去，英雄不可避免地走向了遲暮。和他情同手足的關羽、張飛已先行別去，和他一起掀動天下風雲的曹操、袁紹、公孫瓚、呂布等豪傑人物也早已作古。回顧自己這一生的跌宕起伏，劉備曾經以為已經實現了夢想的全部，但現在才清醒地發覺，自己剛剛才走到半路。只是，上天已經不會再給他更多的時間了。

但在與這個世界最終告別之前，他還有一件放不下的心事。這是他一生必須要做好的最後一件事……

心理感悟：一個人的傳奇，往往是另一個人的悲劇。

59 —— 人生中的最大敗筆

劉備最後念茲在茲的大事就是托孤！

雖然火燒連營將劉備的基業燒成了一個爛攤子，但兩川依然在手，易守難攻，多少是劉備奮鬥一生留下的家底。劉備不得不為自己的身後之事做好安排。

劉備的兒子阿斗這一年已經十七歲，但依然懵懂無知。說實話，劉備對這個兒子是不怎麼滿意，也不怎麼放心的。但是劉備又是別無選擇的。死對頭曹操一共生了二十多個兒子，其中文采武藝冠絕一時的不在少數。當初曹操選接班人的煩惱在於不知道哪一個更好。而劉備一共只有三個兒子。除了阿斗，還有入蜀後侍妾給他生的另外兩個兒子。但這兩個兒子年齡更小，更不能託付大任。

而且，劉備對阿斗還抱有一份深深的愧疚。他自己的事業跌宕起伏，連帶著兒子也跟著顛沛流離。在兒子的教育問題上，劉備幾乎沒有花費過什麼心力。

既然這一份家業只能交給阿斗，既然阿斗本人的才具不堪大任，那麼就必須為他安排強有力的輔佐人選。

諸葛亮就是這樣一個能力超群的最佳人選，而且是唯一人選。

劉備對諸葛亮的能力是非常認可的，但是只要一想起諸葛亮遠超常人的控制欲，劉備就感到一陣陣心悸。以阿斗的才具，是根本不可能駕馭諸葛亮的。蜀漢的整個軍政大權最後都會落入諸葛亮的手中，而阿斗則會成為一個不折不扣的傀儡。這當然是劉備最不願意看到的景象。

劉備必須拿出全部的智慧來安排好托孤這件事。

劉備是經歷過托孤事件的，並且深有感觸。那是在荊州，劉表病重之時，曾經對他托孤。劉備一回想起來，當時的情景依然歷歷在目。

劉表對劉備說：「賢弟，我已病入膏肓，今托孤於賢弟。我子無能，我死之後，賢弟可攝荊州。」這句話曾經讓劉備倍感壓力。

劉備反復玩味著劉表這句極具奧妙的話語，不覺有了主意。

這一日，劉備偶感痢疾，連續拉了幾天肚子後，覺得自己體力耗盡，即將走到生命盡頭。他再不猶豫，立即傳令太子劉禪居守成都，丞相諸葛亮、尚書令李嚴以及劉備另外兩個幼子劉永、劉理星夜趕來白帝城。

諸葛亮頓時明白，劉備的最終時刻來臨了。

對於劉備，諸葛亮的心情也是很複雜的。劉備對他確實有知遇之恩，三顧草廬，給了他施展才華的大舞臺。但後來，劉備卻一再對他節制，令諸葛亮意興索然。這一次劉備夷陵慘敗的消息傳到成都，諸葛亮的第一句話竟然是：「法孝直若在，則能制主上，令不東行；就復東行，必不傾危矣。」

諸葛亮的意思是，如果法正還活著，就能勸諫劉備不要東征。即便東征了，也不會招致如此慘重的失敗。諸葛亮其實是在微妙地表示，劉備其實更看重法正，自己的地位比不上法正。這當然有為自己沒能成功勸阻劉備而開脫的嫌疑，但諸葛亮不是劉備面前的第一紅人也是不爭的事實。

歷史的重擔終於還是落到了諸葛亮的身上，因為劉備再也沒有其他更合適的人選了。

諸葛亮懷著忐忑的心情來見劉備。

劉備躺在病榻上，已經氣息奄奄，看到諸葛亮到來，強撐著坐起，令諸葛亮同坐於龍榻之上，用病弱無力的手輕撫諸葛亮的後背。這一剎那，諸葛亮又找回了剛剛出山時君臣之間的那種「食則同桌，寢則同榻」的美妙感覺，禁不住濕了眼眶。

劉備飽含深情地說道：「朕自得丞相，成就帝業。誰想到智術淺陋，又不聽丞相良言，自取其辱，自取其敗，朕無顏再回成都，與丞相相見。今天，朕已病危，不得不請丞相來相托大事啊！」

諸葛亮出山後，與劉備朝夕相處十六年，感情不可謂不深。當劉備明明白白地開始臨終囑託的時候，諸葛亮的眼淚再也抑制不住了，他抽泣著對劉備說：「唯願陛下保重龍體，以符天下之望！」

劉備長歎一聲，正要開口，舉目四顧，忽然看到馬良的弟弟馬謖也在一旁，於是傳令除諸葛亮外，所有人等一律退下。

劉備隨即問諸葛亮：「丞相，你看馬謖這個人的才能怎麼樣啊？」

諸葛亮如實回答說：「馬謖也算得上是當世英雄了。」

劉備卻搖了搖頭，說：「不然。朕看這個人，言過其實，不可大用。丞相你可要深察。」

這可是劉備即將告別人世的臨終時刻，時間是何等的寶貴！劉備為什麼要對於馬謖這樣一個算不上舉足輕重的人物的任用安排而特意對諸葛亮諄諄告誡呢？

很多人後來因為諸葛亮沒聽劉備的忠言，重用馬謖，最終壞了北伐大局而感歎劉備眼光之毒，但其實這是一個天大的誤解。

劉備的眼光其實也沒那麼超前，可以精準預判十數年後的事情。更大程度上，這只是一個巧合。因為劉備差評馬謖的真實用意並不在此。

任何一個君主，最擔心的就是大臣結黨營私。劉備召令諸葛亮趕至白帝城，而馬謖得以和諸葛亮同行，並且跟著諸葛亮進了劉備的寢宮，足見兩人關係之親密無間。事實上，這兩人確實意氣相投，相互欣賞。諸葛亮剛才也毫不隱晦地確認馬謖是當世英雄，給了他很高的評價。劉備本就忌憚諸葛亮在他死後憑藉能力而專權，這個時候當然要借馬謖為例，敲山震虎，明示諸葛亮日後不得任人唯親。

劉備敲完警鐘後，隨即強撐精神，寫好了給劉禪的遺詔，交給諸葛亮，讓他轉交給劉禪，說：「煩請丞相將詔書付與劉禪，以後就要丞相多多教導他了。」

諸葛亮泣拜於地，說：「臣等誓死以效犬馬之勞，以報陛下知遇之恩。」

至此，劉備的托孤應該是很成功的。但劉備隨後又說出了一句他深思熟慮的話來。正是這句看似精妙，實則多餘的話，讓這一場感天動地的托孤變了味，掉頭走向了另一個詭異的方向。

劉備請諸葛亮站起身來，一手握住諸葛亮的手，一手輕輕擦拭自己的眼淚，說：「朕今天要死了，還有一句心腹的話，要對丞相講啊。」

諸葛亮說：「陛下勿隱，臣當拱聽。」

劉備流著眼淚說道：「君才十倍於曹丕，必能安邦定國而成大事。若嗣子可輔則輔之；如其不才，君可自為成都之主！」

諸葛亮聽了，頓覺如五雷轟頂一般，冷汗遍體，心跳驟急，立時跪倒在地，泣拜道：「臣安敢不竭盡全力，鞠躬盡瘁，死而後已！」說完，磕頭如搗蒜一般。

劉備嘴角微微露出了一絲不易覺察的微笑。這句話，是他反復揣摩劉表的臨終遺言後的青出於藍之作。當初，諸葛亮曾經惋惜劉備沒有借劉表的這句話趁勢拿下荊州。但到了他自己經歷相同場景的時候，才真正體會到托孤時這樣的一句話會給受託者帶來何等巨大的壓力！

劉備自以為得計，卻不知道，這句話已經深深地傷害了諸葛亮！

劉備的一切安排，都是圍繞劉禪的接班繼承而進行的。諸葛亮本來已經接受了這樣的安排，並為劉備在最後時刻選擇自己為托孤重臣而深深感動時，劉備卻來了這麼一出！這擺明了劉備對他依然是很不信任的。而且，劉備隨後還任命尚書令李嚴為中都護，統管內外軍事。李嚴正是劉備精心思量，繼龐統、法正之後，用來制衡諸葛亮的第三顆棋子。

隨後，劉備又讓兩個兒子劉永、劉理將諸葛亮當作父親一般侍奉。這自然是劉備以情動人的另一手。但心靈受傷的諸葛亮卻不會有絲毫的感動了。

在當時的特殊情境下，諸葛亮一心要證明自己的忠誠，根本沒有時間來回味劉備對他的傷害。但是當劉備故去，諸葛亮真正執掌大權後，這一傷害的後遺症就從諸葛亮的潛意識中掙脫出來，並在不知不覺中影響到諸葛亮所有的行為與決策。

所謂托孤，本意是要輔助幼主成長，最終讓他擁有獨當一面的能力。但是，諸葛亮卻從來沒有在調教劉禪上花費一點心力。劉備在世時，諸葛亮還曾手抄《申子》、《韓非子》、《管子》、《六韜》等書給劉禪看。但劉備去世後，諸葛亮根本就沒有對劉禪實施繼續教育。劉禪最後成了史上最不成器的君主之一，世稱「扶不起的劉阿斗」。但事實上，包括諸葛亮在內的所有人，根本就沒有扶過他。

諸葛亮確實做到了對蜀漢鞠躬盡瘁，死而後已。但除此之外，劉備所有的告誡與期望，都被他拋到了腦後。他肆無忌憚地釋放著他的控制欲，大權獨攬，將劉備用來制衡他的另一位托孤重任李嚴廢為平民，讓阿斗成為一個只知道花天酒地的弱智傀儡，重用劉備明令不得重用的馬謖……

從最終的結果來看，劉備的托孤，雖然一直被萬世傳頌，但其實是他的人生敗筆……

心理感悟：人際礦藏中最稀缺的珍寶就是信任。

60 備嘗艱辛的一生

一代梟雄劉備在白帝城這個長江邊上毫不知名的小城黯然畫上了人生的句號。這個小城也因此成為中國歷史上代表英雄末路的標誌性地點之一。

縱觀劉備這一生，如果用四個字來概括，那就是「備嘗艱辛」。當年他的父親為他取名為「備」，是希望他具備所有的美德，但沒想到他卻嘗遍了人世間所有的奮鬥艱辛。

古往今來，成就帝業的開國雄主中，再也沒有另一個人的帝位得來比劉備還要艱辛的。不妨以他的兩位先祖劉邦、劉秀為例，做一簡單對比。

劉邦雖起步較晚，四十八歲才起兵反秦，但僅僅八年後（五十六歲）就擊敗了勁敵項羽，登上了皇帝寶座。劉秀二十八歲起兵，加入綠林軍，反對新朝王莽，三年後就稱帝了。即便再算上他完全平定全國所花費的十年時間，劉秀也才不過四十一歲。

劉備從二十四歲從軍，整整蹉跎了二十三年，直到四十七歲，才遇到了諸葛亮。其間的困頓掙扎，遠遠超過了最大限度的想像。其後，又經過了長達十四年的征戰，劉備才最終實現了幼年時就初現雛形的「羽葆蓋車之夢」。這時的劉備已經是六十一歲的蒼髯老者了。

再來看看其他的開國雄主。

唐太宗李世民十八歲起兵，二十八歲就已君臨天下，只用了十年時間。宋太祖趙匡胤陳橋兵變，幾乎不費什麼力氣就得了天下。他坐上皇帝寶座的時候也不過三十四歲。明太祖朱元璋二十五歲投軍，從底層士卒開始，到了四十一歲就身登大殿，也只用了十六年時間。而劉備用了整整三十四年的時間才成就帝業，這也讓他成為中國歷史上登基最晚的皇帝。

再從「三劉」各自遭遇的對手來看。

劉邦最大的對手項羽有勇無謀，當時天下最傑出的人才如張良、蕭何、韓信、陳平等又盡數歸於劉邦手下，劉邦得以速勝。劉秀的時代，群雄混戰，但劉秀一枝獨秀，幾乎沒有遇到什麼像樣的對手。優秀的人才「雲台二十八將」也盡歸劉秀所有。此外，時人對於讖緯之說深信不疑，劉秀巧妙地利用了讖緯中的「劉秀當為天子」的預言，更催化了自己的成功。

反觀劉備，他最大的對手曹操，正是中國歷史上不世出的雄才，放到任何一個歷史時期，曹操文韜武略的綜合素質都能排進三甲。而且，當時大多數的優秀人才也已被曹操先行收攏。他的另一個對手孫權，憑藉地利之勢，在綜合實力上也勝過了劉備。但劉備依然還能爭得三分天下，絕對是一個奇蹟。

劉備的成功，絕不是命運必然的傑作。

上天確實對他不薄，賜給他很多奇蹟般的際遇，讓他得以在草莽中脫穎而去，從一介布衣，在人生的階梯上拾級而上，最終登上巔峰。但上天對他也很殘酷，搭送了那麼多的磨難與挫折。在多得不計其數的失敗中，劉備只要有一次選擇放棄，這個世界上就絕不會留下劉備的名字。

多少起點比劉備更高、運氣比劉備更好的人物，都已在歷史的滾滾洪流的滌蕩下，消失無蹤。所以，劉備的成功既是天命，也是一個人堅持不懈、永不放棄的奮鬥結晶。這才是我們今天不惜筆墨書寫劉備的立意所在，這才是劉備作為一個標籤性歷史人物的價值所在。

從劉備的個人特性來看，劉備擁有很多優點。他堅韌不拔，機謀靈變，寬厚仁德。但是他也並不完美，有著與生俱來的缺點。我們看著他面目清晰地一路走來，但走到最後，卻變得面目模糊了。這是因為，伴隨著成功而來的利益衝突和情感糾葛，一再放大了他的人性弱點和人格分裂。

他曾受益於他自己創設的漢室宗親身分，卻也在這一身分廣為人知後一再受制於身分障礙。他曾得益於桃園兄弟的忠誠無私，卻也不得不為兄弟情義犧牲了家國大局。

你得他的好，必也得他的壞，你受他的益，必也受他的弊。也許，這就是生命中無處不在的微妙平衡。

他曾明確提出了反曹論，但始終沒能擺脫曹操對他的潛在影響。他曾努力奉行仁義，但他的利益卻只能來自對仁義的悖逆。

他的夢想與現實、原則與利益、雄心與資源，始終存在著矛盾與衝突。但他還是義無反顧，一路前行。只是，囿於他在個人才識和情緒情感上的不足，他雖然登上了帝位，但作為一個皇帝，卻沒有什麼像樣的作為。這也決定了他身後的蜀漢不可能天祚綿長。在成功之路上，他最多只是走了一半的路。諸葛亮後來評價他，「先帝創業未半，而中道崩殂」，確實是一個中肯的看法。

假如，他能多一點幸運，沒有浪費那麼多的時間一再清算歸零。

假如，他能多一點智慧，妥善處理好諸葛亮和關羽之間的矛盾。

假如，他能多一點理智，認清與東吳之間脣齒相依的關係。

假如，他能多一點信任，不再動輒制衡約束諸葛亮。

假如，他能多一點預見，早早做好對兒子阿斗的素質教育。

……

他的生命是不是就會大不相同？他的成就是不是就會燦爛奪目？他的一生是不是就不會留下這麼多的遺憾？

當然，歷史是不能假設的。這些假如對劉備來說毫無意義，但對現在的我們，卻是值得深深思索的角度。

回顧歷史，劉備最大的價值，其實不在於他的經歷，不在於他的奮鬥，不在於他的成功，不在於他的失敗，而在於他將他所有的經歷、奮鬥、成功與失敗凝練而成的一句話。

這句話就寫在他給兒子劉禪的遺詔中。任何一個父親，只要有可能，都會將他認為的最寶貴的東西留給他的兒子。劉備留給阿斗的就是他所認為的人生瑰寶：

勿以惡小而為之，勿以善小而不為。惟賢惟德，可以服人。

這句話其實就是三國版的「破窗效應」，比現代心理學家和社會學家的總結早了一千七百多年。

美國史丹佛大學心理學家菲利普・津巴多在1969年做了一項實驗。他找來兩輛一模一樣的汽車，把其中一輛停在加州帕羅奧圖的中產階級社區，而另一輛停在秩序比較混亂的紐約布朗克斯區。津巴多把停在布朗克斯區的那輛車的車牌摘掉，天窗打開，結果車子上的很多零部件就被人拆走了，整輛車當天也被偷走了。而放在帕羅奧圖的那一輛，一個星期內都無人理睬。後來，津巴多故意用錘子把那輛車的玻璃敲了個大洞。結果幾個小時後，這輛車也被盜了。政治學家威爾遜和犯罪學家凱琳在此基礎上，提出了「破窗效應」理論，認為，如果有人打壞了一幢建築物的窗戶玻璃，而這扇窗戶又沒能得到及時的維修，其他人就可能受到某些示範性的縱容而去打爛更多的窗戶。久而久之，這些破窗就會給人造成一種無序的感覺，最終，大量的犯罪行為就會滋生。

破窗效應就是指對於任何細微行為的漠視放任，不加干預，會導致累積效應，帶來破壞性極大的後果。

而劉備的總結在精神內涵上比現代的破窗效應更為豐富，不僅適用於社會管理層面，也適用於個人品行的修煉；不僅提到了好的一面，也提到了壞的一面。就行善而言，是集腋成裘；就遠惡而言，是防微杜漸。正所謂是小善累積，必成大善；小惡不作，必遠大惡。遠惡近善，即為賢德。賢德皆備，大業必成。

劉備這一句人生忠告，不但在理論邏輯上絲絲入扣，而且在實踐層面上行之有效。任何一個人，如果能夠按照劉備所說的去做，無論是立功還是立德、立言，都不可能沒有成就。劉備的這句話，在千年之後，依然閃耀著永不磨滅的人性光輝。這就是劉備對於整個世界，對於今天正在人生之路上奮力前行的人們的最大貢獻。

最後，讓我們把《孟子》裡的一段名言送給劉備，也送給我們自己吧。

故天將降大任於斯人也，必先苦其心志，勞其筋骨，餓其體膚，空乏其身，行拂亂其所為，所以動心忍性，曾益其所不能。

只要星漢一直燦爛，只要地球一直轉動，逆境就永遠不會消失，風雨必然常伴身邊。願今天的人們，都能從劉備的堅忍足跡中汲取更多的人生智慧和精神力量，冷靜從容，談笑應對現實的挑戰。

> 心理感悟：真正的成功就是一直在路上的那份心態。

本書主要心理學概念解讀

（括號內數字為所在篇目）

1 **刻板印象**：人們往往根據直接或間接的經驗，將某一些性格特徵賦予某一類人，從而不假思索地形成對屬於這一類別的個體的頑固性的第一印象。（1）

2 **結伴需求**：人們在預期到恐懼或痛苦即將來臨時，傾向於尋找同病相憐的夥伴來共同面對。（1）

3 **啟動效應**：先前的某一刺激對人們隨後的無意識活動的一種正相關激發。（2）

4 **心理防禦機制**：個體在面臨挫折或衝突的緊張情境時，在其內部心理活動中具有的自覺或不自覺地解脫煩惱，減輕內心不安，以恢復心理平衡與穩定的一種適應性傾向。（3）

5 **幻想替代**：個體透過暫時脫離現實，用想像中的成功或成就來彌補、修復在現實生活中遭受的挫折與痛苦，以緩和情緒困擾，達到心理平衡。（3）

6 **自我實現預言**：預言對相關者形成的社會預期和社會壓力最終導致了預言的實現。（3）

7 **占位效應**：透過率先將自己與某一群體普遍擁有或共有的資源連結定位，造成一種唯我獨占的認知錯覺。（4）

8 **親緣稱呼效應**：對並無血緣、親緣關係的人採用親緣稱呼，有利於喚醒對方潛意識中的親緣意識而迅速拉近彼此的距離，並促進親密關係的形成。（5）

9 **群體極化**：當幾個持有相同觀點的個體聚集成群後，就會傾向於將原先的觀點推向擴大化、極端化。

（5）

10 **百分之五領導法則**：當有著明確目標的少數派在整個群體中的比例達到或超過了百分之五，即便不公開宣示，少數派也能在不知不覺中成為沒有明確目標的多數派的領導者。（5）

11 **不對等認知**：人與人溝通中的關注點基於各自的立場或需求，並不完全對等。（6）

12 **肢體接觸**：在社會交往中，恰到好處的肢體接觸能夠有效地促進親密關係的形成。（6）

13 **自我監控能力**：因應外部情境的變化而對自我言行予以調整的敏感性和適應性。（7）

14 **信念固著**：當人們被灌輸了一種信念，並基於這種信念而進行了後續的思考及行動後，這種信念就會變得牢不可破，很難被相反的證據說服而改變立場。（7）

15 **虛假共識效應**：人們傾向於把自己的思維方式投射向他人，認為所有人都像自己一樣以同一方式思考。（8）

16 **強情境**：身處其中的個體具有強制約束力的情境。（10）

17 **外表拒絕敏感度**：過於關注自己的外表，擔心自己外表不夠出眾而遭到冷遇的一種心理狀態。（10）

18 **中間立場策略**：採取不相干的第三方立場，有利於撇清利益干係，增強說服力。（12）

19 **意志力衰竭**：在某一項任務上投入過多的心智資源後，人類的意志力會走向衰竭而失去控制力。（14）

20 **疏離性表達**：透過一些不夠親密的詞語，來表達內心與某一事物或人的疏離關係。（14）

21 **過度合理化效應**：當一個人的所得遠遠超過了他的應得，就會引發內心的認知失調，並影響此後的行為。（15）

22 **體驗認知**：我們身體的知覺會對我們的思維方式產生強烈影響。（15）

23 **道德自洽機制**：人們的道德水準在不同的領域或不同的事件上並不完全保持一致。當道德出現盈餘的時候，人們往往會心安理得地做一些不道德的事情。（16）

24 **基本歸因錯誤**：人們傾向於對他人的行為進行性格歸因。（17）

25 **初成功膨脹**：一個人剛剛取得成功後，其心態會出現自我膨脹，對自己更自信，並大幅度高估自己的個人魅力與操控力。（17）

26 **獨特性衝擊**：當他人影響到了自己個性或才能上的獨特性，就會引發針對這一特定他人的強烈偏見。（17）

27 **最小化策略**：將導致現實痛苦的事件的意義或價值極度縮小，直至最小，以減輕心靈衝擊的一種心理防禦機制。（19）

28 **外周路徑說服**：透過情感、感覺等感性方式來實施說服。（20）

29 **中心路徑說服**：透過論證、辨析等理性方式來實施說服。（20）

30 **驗證性偏見**：人們傾向於將既定的事實解釋為有利於強化自己業已形成的觀點。（21）

31 **自我設限**：人們因著先前的直接經驗或間接經驗，主動過濾、刪除、放棄了更多的應變可能性。（21）

32 **自殺干預**：為了阻止或防止人自殺的企圖而採取的介入措施，以減少自殺的風險。（23）

33 **相同立場策略**：站在被說服者的立場，用他本人的利益需求來達成說服的目的。（23）

34 **選擇性恩惠記憶**：一個人往往傾向於記住自己施與他人的恩惠，卻很容易忘了自己對他人的傷害。（23）

35 **行為否認**：透過行為來象徵性地表達此前的錯誤並非事實的一種心理防禦機制。（25）

36 **特質推論**：人們傾向於從一個人的行為快速判斷他的性格特質。（26）

37 **身分障礙**：一個人的身分對其言行的一種約束。（26）

38 **後悔分化效應**：在短期內，「有所作為」更令人後悔；從長期來看，「不作為」更令人後悔。（27）

39 **生存性自私**：一種以維持生命的存在為第一優先目標的信念規條。（27）

40 **自我貶低策略**：有意讓自己以卑微、無能的形象出現，以減小自己可能對他人造成的威脅感。（27）

41 **優勢緩解**：高自尊的個體在遭受失敗後，往往會透過對自身優勢項目的高度關注來舒緩失敗對自尊的衝擊與損傷。（28）

42 **書寫宣洩效應**：將個人的痛苦用筆寫下來，可以有效地發洩負面情緒，緩解心靈的重負。（29）

43 **相反立場策略**：說服者透過站在與自身利益相反的立場來說事，以加強說服效力。（29）

44 **知覺轉換**：當一個人或一個組織成為我們的敵人後，我們會迅速將他（他們）的形象負面扭曲。化敵為友後，又會將他（他們）的形象恢復正面。（30）

45 **向上提升策略**：透過將論辯提升至更高的道義層面，讓自己獲得道德優勢，從而在說服中處於上風的一種說服策略。（30）

46 **標籤約束效應**：將一些內涵價值觀準則的詞彙當作標籤賦予某一個人，以圖約束其行為的說服策略。（31）

47 **示範效應**：將某個具體形象的模範個體當成標籤來約束他人的行為，亦即標籤的擬人化。（31）

48 **評價顧忌策略**：對社會評價的顧忌會讓個體增加積極正面、符合主流價值觀的行為，並約束或減少消極負面、與一般道德觀念不符的行為。（31）

49 **好心情效應**：一個人心情處於愉悅狀態時，往往採用積極思維模式，也會放鬆戒備心理，從而更容易被他人說服。（31）

50 **投射**：將自己的情感、衝動或願望歸結到另一個人身上的一種心理防禦機制。（32）

51 **袒露互惠效應**：在人際交往中，率先吐露自身祕密的人等於施惠於他人，往往會獲致對方在言行上的信任回報。（33）

52 **情境性歸因**：將失敗的原因歸結為天時、命運、環境、他人等自己所不能控制的因素，以維護自尊，達致心理平衡。（34）

53 **反向歧視**：由於某種社會評價顧忌的存在，人們用雙重標準來對待不同群體的成員，導致某一本可能遭到歧視的群體成員反而受到了優待。（35）

54 **想像成真效應**：僅僅是想像某一行為，就會讓人認定這些事情極有可能發生。（37）

55 **聚焦性錯覺**：當一個特定選擇的某一方面在人們的腦海中特別突出時，人們會傾向於忽視該選擇的其他方面。（37）

56 **中斷效應**：某種愉悅體驗在經歷了短暫的中斷後，反而能給人帶來更大的愉悅感。（38）

57 **最小興趣法則**：在任何關係中，對於發展、維持關係興趣較小的人擁有更大的權力。（38）

58 **替代性選擇**：替代性選擇存在與否，會極大地影響到人際關係間的操控與平衡。（38）

59 **稟賦效應**：一旦人們擁有了某樣東西，不管是一件具體的物品還是一種抽象的權力，人們對這樣東西的價值評估就會大大增加。（39）

60 **進步陷阱**：人們在完成某個目標過程中取得的進步，會導致人們精神鬆懈，並影響最終目標的實現。

（39）

61 **蜜月效應**：在感情升溫階段，親密關係人的任何要求都有可能得到許可。（40）

62 **數字錨定效應**：人們往往會無意識地將一些並不相關的資料作為其他重要判斷的基準。（44）

63 **睡眠者效應**：當人們淡忘了資訊來源與資訊本身之間的聯繫後出現的說服效力的逆向變化。（47）

64 **否定性掩飾**：將可能引發負面影響的真實想法冠以一個否定性前綴，以作掩飾。（48）

65 **轉移性保護**：以貌似更為深入的接納來微妙地表達拒絕的一種心理防禦機制。（48）

66 **基本歸因傾向**：人們總是習慣於把成功歸功於自己的能力或努力，而把失敗歸結為環境或他人的影響。（49）

67 **道德排除**：透過將對方置於道德失範的位置上，從而為己方實施譴責或攻擊提供合理的藉口。（50）

68 **選擇性認知**：人們往往傾向性地在外部資訊中選擇與自己的信念、態度、興趣、需求等相一致的資訊，而對與此相悖的信息視而不見，聽而不聞。（51）

69 **弱情境**：對身處其中的人沒有過多約束的情境。（54）

70 **冒險傾向**：當損失已經無可避免的時候，人們往往會選擇冒險，以博求生機。（55）

71 **習得性無助**：當個體的多次努力都無法取得控制權或改變不良現狀，就會出現絕望冷漠、逆來順受的思維定式。（58）

72 **破窗效應**：對於任何細微行為的漠視放任，不加干預，會導致累積效應，帶來破壞性極大的後果。（60）

後記

風雨十年心何往

「心理三國（繁中版：用心理學趣讀三國）三部曲」即將推出十周年紀念版，在這個特殊的時刻，不免撫今追昔，往事歷歷，湧上心頭。不過，記憶經過時間的加工，可能早已不是原來的模樣。

十年來，「心理三國」系列以多個版本、數種文字暢銷中國大陸和港澳臺地區以及韓國等東亞文化圈，還有北美、澳大利亞等華人密集處，這是出乎我的意料的。

這部作品是我人生中的一個大事件，是沉寂兩年後的自動噴發。所有的文字就像是流淌出來的，在鍵盤上打字的速度根本就跟不上腦海中文字奔湧的速度。只是，當時我並沒有想到，這部無意中誕生的作品，竟在十年間成為我的代表作之一，並順帶開創了「心理說史」這種獨特的寫作形式。

這十年來，我的生活跌宕起伏、變化多端，彷彿只有不確定才是唯一確定的。

風雨十年心何思？

一個人若不曾跌落低谷，永遠不可能體會人世真相；一個人若不曾歷經滄桑，永遠不可能洞察人性真相；一個人若不曾在絕望處看見光明，永遠不可能探明人生真相。

這十年中，我思考了很多很多。這些思考帶來了巨大的痛苦以及痛定之後不可思議的心性提升。

這十年中，我領悟到，風雲亦只是尋常。我們慣常將目光投注於英雄人物，為他們的成功擊掌，為他們的失敗痛惜，為他們的智慧讚歎，為他們的失誤惋惜。我們往往以為英雄人物與販夫走卒大為不同，但其實在心理學的手術刀下，英雄與凡夫並無二致。人類喜怒哀樂的心理機制、趨吉避凶的人性邏輯，都逃不脫固有的幾個模式。

所以，從心理學意義上來看，每個人的一生都是一個傳奇。所謂歷史，其實只是每個人自己的故事。「心理三國」借用了「英雄人物」的標籤，講述人人都可以代入的人生成敗、悲歡離合。當初我在書中寫到的「三國不僅僅是一段歷史，也是千百年來人們將自己的道德偏好、價值判斷投注其上的一個心靈樣本。我們每個人身上或多或少都有這些三國人物的文化基因和行為記憶。讀懂了他們，就認清了你自己，也就認清了你身邊的人」，這一再得到了時間的驗證。英雄即凡人，凡人亦傳奇。這一領悟也滲入我此後所寫的「心理說史」系列的其他作品中。

佛陀在《金剛經》裡提出了一個「如何安住此心」的人生大命題。

風雨十年心何住？

反躬自省，這十年來，我的心一直住在哪裡呢？

整個「心理三國」系列，我寫下的第一句話就是「關羽是不可能投降的」，實際上，這句話完全是我當時潛意識的反映。

當時，我以靈魂之痛，深刻體會到了人性的複雜多變，但我的心還是住在對抗中，不願意與俗流妥協，不願意對壓力屈服，不願意向逆境投降。

但是黑白分明的抗爭姿態是很消耗能量的，對自己的身心也是一種莫大的傷害。而最關鍵的是，這樣做並不能安住那顆躁動而彷徨的心。

孔子說，人分為三種：一種是生而知之的，一種是學而知之的，還有一種是困而知之的。我生性愚笨，應該是屬於那種困了很久才略有所知的。

抗爭，非但沒有讓我免於痛苦，反而讓我陷入了更大、更漫長的痛苦中。我的心被困於抗爭之中，這等於是自設的心牢。如何才能越獄而出？

物極必反，在黑暗的極點，我明白了，抗爭何如接納？就如納爾遜．曼德拉，也是在看不到頭的牢獄生涯中，明白了必須用包容去迭代抗爭。

接納並不是投降，並不是沒有原則，更不是和稀泥、當好好先生。接納其實是一種最柔軟的抗爭。抗爭是一分為二，接納是合二為一，而一個人在三維世界中所能達到的最高心性境界就是「一」。

當一個人安住在接納之中，自然也就消解了恐懼，消解了憤怒，消解了孤獨。當一個人安住於不確定之中，也就是活在當下了。當一個人安住於包容之中，哪裡還用得著對抗呢？山川萬物皆是我，無限風光由心造，那是一種何等美妙的體驗！

十年間，我出版了三十多本書（包括「心理三國．逆境三部曲」、「心理吳越三部曲」），但我自己知道，有太多的時間並沒有用於創作，而是在和自己的心性做鬥爭。以我的創造力，本可以寫出更多的作品。計畫中的「心理楚漢三部曲」、《心理戰國》（七卷本）、《心理孔子》、《心理秦始皇》、《心理蘇東坡》、《心理岳飛》等之所以未能如期完成，也緣於此。不過，這也是必不可少的「浪費」。好在，我還沒有放棄；好在，我還有時間。

風雨十年，心裡充滿了感恩。對我來說，夜空中最亮的星，就是那些忠實的讀者們。這些素不相識的書友，借助網際網路時代的通信便利，用各種方式表達了他們對作品的喜歡和對我的支持。他們看似微不足道的一句問候，卻彌足珍貴，暖炙我心，給了我繼續前行的力量。在這裡，要對這些書友們道一聲誠摯的感謝。

走過十年，就像一首歌所唱的：孤獨站在這人生的大舞臺，心中有無限感慨。多少青春已不在，多少情懷已更改，但我卻依然擁有你們的愛，無論天上人間，無論天涯海角。

要特別感恩的是師父和陳國瑛老師，他們給了我無數的鼓勵，陪伴我走過了漫漫長路。另外，厚朴先生和馨文女士在重要時刻的熱心幫助，也讓我銘記在心。

俱往矣，時間不會停留，但會開花結果。生長十年，「心理三國」初具模樣，也留下了一些遺憾。但無論如何，「心理三國」一定會活出它自己最茂盛的樣子。

風雨十年心何往？

再過幾天，就將進入21世紀20年代了，人類社會正在發生翻天覆地的變化，技術似乎占據了主導地位，但我始終相信，太陽底下，並無新事；人性心理，千年如一。無論技術如何演變，關於人和人性，仍將是恆久的話題。

展望未來，我還是會繼續用「心理說史」這種形式來「看透歷史，講透人性」。或許，這就是我重要的人生使命吧。

最後，我想說，在上一版的後記中我把這套書獻給我故去的公公婆婆。十年過去了，時間並不能割斷我對他們的思念，也不可能磨滅我對他們的敬意。

謹以此書寄託我對他們不變的愛，雖然我再也沒有機會親口告訴他們。

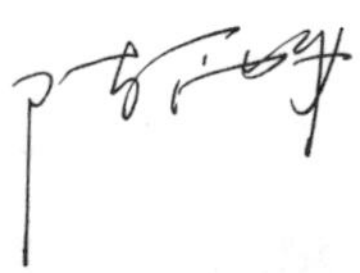

2019年12月24日星期二於北京空港融慧園1912

2020年2月16日星期日於別館13B補定

初版後記

時間會改變很多東西，包括信念、情感和一些看似堅定的決定。

五年之前，我完成了「心理說史」的開創之作「心理三國三部曲」（《心理關羽》、《心理諸葛（繁中版：用心理學趣讀三國！軍師界頂流傳奇——諸葛亮）》、《心理曹操》）後，決定不再涉及三國題材。因為，上下五千年，最不缺的就是歷史。弱水三千，各具資采，何必鎖定一瓢而飲呢？那些取之不盡、浩瀚汪洋、波瀾壯闊、奇譎巧絕的歷史事件或歷史人物都可以供心理說史選材之用。

五年來，我構思了多部作品，也完成了心理說史的另一個大系列——「心理吳越三部曲」（《鞭楚》、《辱越》、《吞吳》）。讓我始料不及的是，三國竟然再一次魂牽夢縈般地走進了我的心靈。

也許是三國的獨特魅力，也許是讀者的殷切期盼，也許是師友的良言指教，也許是說不清道不明的什麼理由。總之，五年之後，這一套「心理三國・逆境三部曲」（《心理劉備（繁中版：用心理學趣讀三國！善用眼淚打江山的梟雄——劉備）》、《心理孫權》、《心理司馬》）彎道超車，搶在其他作品之前，出現在大家的面前。

不過，這個三部曲和之前的三部曲有一些明顯的不同。生也有涯，光陰勝金，簡單重複是我唯一不屑去做的事情。我選擇劉備、孫權、司馬懿來書寫三國新篇，是因為這三個人的際遇代表了三種不同類型的逆境。

劉備身無憑依，在匱乏資源的情況下去實現偉大夢想；

孫權驟逢變亂，在毫無準備的情況下不得不力擔艱巨；司馬懿懷才難遇，在備受壓制的情況下圖謀著脫穎而出。

人世間的逆境大抵超不出上述三種類型及其不同分量的組合。劉備、孫權、司馬懿與逆境抗爭的人生經歷有著很強的代表性。

逆境來自追求。沒有追求，就沒有逆境。劉備追求的是地位，孫權追求的是認可，司馬懿追求的是權力。

面對逆境，劉備的奮鬥動力是夢想，孫權的奮鬥動力是責任，司馬懿的奮鬥動力是生存。他們的逆境祕訣也各有不同，劉備是「永不放棄」，用心創造機會；孫權是「以柔克剛」，精心選擇機會；司馬懿是「隨形就勢」，耐心等待機會。

劉備就像是一條游來游去的魚，心懷夢想，到處尋找水草肥美的江湖，合則留，不合則去，在顛沛流離中終於魚躍龍門，克成大業；司馬懿就像是一棵站在原地的樹，即便缺乏陽光雨露，即便時有狂風暴雨，依然不為所動，倔強生長，最終成為參天巨木；孫權則像是一個幸運的孩子，無意中得到了一把鑰匙，他試著用這把鑰匙去開所有的門，竟然幾乎無一落空。當然，世事從來趨於均衡。最後，孫權也嘗到了幸運的苦果。

這就是這三位三國英雄打動我的逆境故事。

逆境有著永恆的魅力。只要星漢一直燦爛，只要地球一直轉動，逆境就永遠不會消失。既然我們永遠無法拒絕逆境的降臨，我們為什麼不去找尋更好的心態與方法，來面對逆境、認知逆境、改變逆境呢？

愛斯基摩部落一位名叫依格加卡加克的巫師曾經說過：「只有困厄與苦難才能使心眼打開，看到那不為他人所知的一切。」

這句話點破了逆境的價值與意義。其實，這就是我創作「心理說史」的初衷，這就是我從來也不會被時間改變的初心。

好了，關於心理三國，我已經寫了太多，說了太多了，還是就此告一段落吧。長路漫漫，初心不改，就讓我們在下一段歷史中相逢吧。

2014年8月31日星期日早10：47於杭州嘉綠苑

國家圖書館出版品預行編目（CIP）資料

用心理學趣讀三國！善用眼淚打江山的梟雄——劉備／陳禹安著．-- 初版．-- 臺北市：臺灣東販股份有限公司，2023.07
356 面；14.7×21 公分
ISBN 978-626-329-886-6（平裝）

1.CST:（三國）劉備　2.CST:三國演義　3.CST:傳記　4.CST：研究考訂

782.825　　112008316

用心理學趣讀三國！
善用眼淚打江山的梟雄——劉備

2023 年 7 月 1 日初版第一刷發行

著　　者　陳禹安
主　　編　陳其衍
美術設計　黃瀞瑢
封面插畫　陳郁涵
發行人　若森稔雄
發行所　台灣東販股份有限公司
＜地址＞台北市南京東路 4 段 130 號 2F-1
＜電話＞ (02)2577-8878
＜傳真＞ (02)2577-8896
＜網址＞ http://www.tohan.com.tw
郵撥帳號　1405049-4
法律顧問　蕭雄淋律師
總經銷　聯合發行股份有限公司
＜電話＞ (02)2917-8022